改訂新版

保育内容「言葉」
言葉とふれあい、言葉で育つ

編著

大越 和孝
安見 克夫
髙梨 珪子
野上 秀子
齋藤 二三子

東洋館出版社

まえがき

　新幼稚園教育要領では、総則に新設された「幼児期の終わりまでに育ってほしい姿」の「思考力の芽生え」で以下のような姿を期待している。
「身近な事象に積極的に関わる中で、物の性質や仕組みなどを感じ取ったり、気付いたりし、考えたり、予想したり、工夫したりするなど、多様な関わりを楽しむようになる。また、友達の様々な考えに触れる中で、自分と異なる考えのあることに気付き、自ら判断したり、考え直したりするなど、新しい考えを生み出す喜びを味わいながら、自分の考えをよりよいものにするようになる」
　ここにあげられたすべては、言葉とともになされる活動であり、一人一人の子どもの言葉の発達によって、より豊かさと深さを増していくものである。
　本書に一貫して、「言葉の教育は、人間教育そのものである」という理念のもとに編集されてきたが、幼児教育のあるべき姿が同じ方向をめざしていることが確信できる。
　これらの理念を大事にするならば、「ほうっておいても言葉は自然に身に付く」「年齢とともに言葉を覚えるのだから、余計なことはしなくてもよい」とは言えないはずである。それゆえ、幼稚園教育要領や保育所保育指針の領域「言葉」の重要性を認識して日々の保育に臨むのは、当然のことであろう。
　ところで、現在の日本社会の言葉の実態はどのようなものであろうか。
　言葉の乱れと無関心は、あまりにもひどいと言わざるを得ない。若者たちの活字離れ、読書離れは当然のこととなり、コミュニケーション力不足と見なされる成人たちも増加することはあれ、減ることはない。このような現状を考えると、乳幼児期の言葉の教育が、ますます重要になってきている。
　では、保育の場では、何をどのように学習していけばよいのであろうか。
　それに応えるべく発刊されたのが本書であると自負している。机上の空論を廃し、保育の場で経験豊かな実践家が実際にやってきて、効果のあった事例を数多く紹介しているからである。本書は、指導する、教え込むという発想ではなく、子どもが活動する、実際に体験するという原則を大事にして編集されている。
　これから、乳幼児の教育に関わろうとしている学生にとっても有効な書であるし、現在、保育現場で活躍している向上心のある実践家にとっても必読の書である。
　子どもたちの成長と言葉の発達に、明るい未来が訪れることを編著者一同願っている。
　最後になったが、編集の労をとっていただいた東洋館出版社の大場亨氏に感謝申し上げる。

　　　2018年1月

編著者

目　次

まえがき ……………………… 1

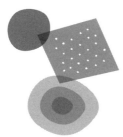

理論 編

第1章　幼児と領域「言葉」

第1節　幼児と言葉のはたらき ……………………… 8
第2節　言葉の教育の移り変わり ……………………… 13
第3節　領域「言葉」の移り変わり ……………………… 20
第4節　言葉の教育としての幼小の関連 ……………………… 35

第2章　言葉の獲得過程とその特徴

第1節　人にとって言葉とは ……………………… 42
第2節　人が言葉を獲得していくとき ……………………… 46
　　1　言葉のはじまりから喃語の時期
　　　（0歳から4か月頃まで） ……………………… 46
　　2　模倣から自己モニタリングする時期
　　　（2か月から1歳頃まで） ……………………… 48
　　3　二語文から三語文を構成する時期
　　　（1歳から3歳頃まで） ……………………… 50
　　4　多弁期から文章を構成していく時期へ
　　　（3歳から6歳頃まで） ……………………… 54

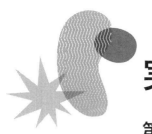

実践 編

第3章 言葉を豊かにする保育

第1節 乳児期の育ちと遊び ……………………………… 72
第2節 幼児期の遊びと生活 ……………………………… 76
第3節 保育者の言葉表現 ………………………………… 90
第4節 園と家庭と地域をつなぐ ………………………… 98
第5節 言葉の発達に課題がある子ども ………………… 108

第4章 言葉を楽しむ―言葉と心―

第1節 お話の世界を楽しむために ……………………… 119
　1　言葉の世界 ……………………………………………… 119
　2　絵本を楽しむために …………………………………… 120
　3　幼年童話・昔話を楽しむために ……………………… 130
　4　紙芝居を楽しむために ………………………………… 135
　5　お話（ストーリーテリング）を楽しむために …… 139
　6　手作り絵本を楽しむために …………………………… 145
　7　障害児と絵本 …………………………………………… 150

第2節 表現の世界を楽しむために ……………………… 154
　1　劇遊び …………………………………………………… 154
　2　パネルシアター ………………………………………… 157
　3　ペープサート …………………………………………… 162
　4　人形劇 …………………………………………………… 169
　5　エプロンシアター ……………………………………… 174
　6　視聴覚機器の取り入れ方 ……………………………… 178

第 3 節　言葉遊びの世界を楽しむために ……… 185
　1　言葉遊びとは ……… 185
　2　伝承遊びとしての言葉遊び ……… 185
　3　ごっこ遊びとしての言葉遊び ……… 188
　4　話し言葉から書き言葉へ ……… 189
　5　書き言葉で楽しむ ……… 190
　6　文字遊びの実践 ……… 192

資料編

幼稚園教育要領（抄） ……… 199
保育所保育指針（抄） ……… 206
幼保連携型認定こども園教育・保育要領（抄） ……… 215
小学校学習指導要領（抄） ……… 228

理論編

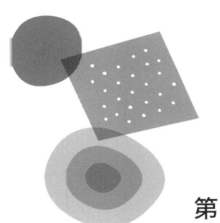

理論編

第1章

幼児と領域「言葉」

第1節 幼児と言葉のはたらき

本章では、言葉のもつ認識、思考、想像（創造）、伝達の機能を幼児の生活や成長とともに論じている。また、江戸時代から現在までを見通し、幼児の言葉の教育がどのように移り変わってきたか、「幼稚園教育要領」や「保育所保育指針」の領域「言葉」の変遷と、それらが幼児の教育に果たしている役割と言葉の指導の望ましい姿を述べている。さらに、言葉の指導の観点から、幼稚園と小学校の関連についても考察している。

1　言葉の教育の大切さの理解

新幼稚園教育要領では、「指導計画の作成上の留意事項」の (3) を新設し、言葉の教育の大切さを以下のように示しているが、適切な改訂といえよう。
「言葉に関する能力の発達と思考力等の発達が関連していることを踏まえ、幼稚園生活全体を通して、幼児の発達を踏まえた言語環境を整え、言語活動の充実を図ること」

また、以下に紹介するヘレン・ケラーの幼少時代の話も、言葉の教育の大切さを如実に表している。

地主の家に生まれたヘレン・ケラー（Helen Adams Keller; 1880-1968）は、生後19か月のときに熱病にかかり、聴力と視力を失い、話すこともできなくなってしまう。後に、体の不自由な人々のために一生をささげ、「光の天使」「三重苦の聖女」と讃えられた彼女は、幼い頃、次のような体験をしている。

> 部屋でいらいらして人形を壊してしまったヘレンは、サリバン先生とともに、井戸小屋のほうへ歩いていく。
>
> そこでは、誰か水を汲んでいた。先生は、ヘレンの手を取ってポンプの口へ持っていった。流れる水に彼女の手をあてさせながら、もう一方の手に文字をつづった。初めはゆっくりと、次には速く「水」と。先生の指の動きに集中していた彼女は忘れていたものを思い出すように、ふいに、（「水」というのは、手の上を流れる冷たいもののことなのだ。）と気づいた。
>
> この「水」という一つの語が、ものには、みな名前があることを理解させ、眠っていた魂を目覚めさせるのである。その日、「母」「父」「妹」「先生」などという言葉を、次々に覚えた。
>
> その夜のヘレンは、ベッドに横になりながら、言葉を覚えた喜びに浸りながら、生まれて初めて、朝がくるのが待ち遠しかったという。

このことから、我々は、言葉のもつ力とその大切さを理解することができる。もし、彼女にこの体験がなかったら、そして、言葉を得ることができなかったら、後の教育家や社会福祉家としての偉大な功績はなかったであろう。

さらに、我々が見落としてはならないことがある。それは、ヘレンのこの体験が偶然の出来事ではないということである。彼女の手に「水」とつづったサリバン（Anne Sullivan）は、パーキンス盲学校を優秀な成績で卒業した（失明寸前だったことがある）若い20歳の女性である。その後50年にわたってヘレンを支えていくが、よき教師としてのサリバンにめぐり会うことがなければ、後のヘレンもなかったということである。

このことから、我々が忘れてはならないのは、「言葉は成長とともに自然に身についていく」という成り行きまかせではなく、「言葉は系統的、計画的な学習によってよりよく身につく」という考え方である。

このように大切な言葉は、どのような意味をもち、どのようなはたらきをしているのだろうか。言葉の教育とは、言葉のしつけだけをすることではないし、伝達や言語交際の道具としてのみ学習させるものでもない。子どもたちが、確立した個として成長していくという観点が大事である。そのためには、「認識」「思考」「想像」「伝達」の機能をもつ総合体としてとらえなければならない。これらのはたらきを正しく豊かに身につけるようにさせることが、これからの幼児の言葉の教育の基本といえよう。

2 言葉で知る

我々は、人の話を聞いて、相手が何を言っているかを理解しようとし、自分なりに理解をしている。これは音声を媒体とした言語の理解である。また、文章を読んで、書いた人が何を述べているかを理解しようとし、自分なりに理解をしている。これは文字を媒体とした言語の理解である。

当然のことながら、言語を理解し始めた幼児には、書いてあるものを読んで理解することは不可能だし、話されたことでも複雑な内容を理解することはできない。だが、2歳前後になると、「コレナニ」「ダレ」「ドコ」のような質問をうるさいくらいするようになる。このような行為で、子どもなりに、自分の身の回りにある、物や人や場所を知ろうとしているのである。

幼児は、犬や犬の絵を見るたびに、周りの大人から「ワンワン」という言葉を繰り返して聞くことにより、「ワンワン」という言葉と実際の犬とが結びつくようになることを経て、犬と猫との区別がつくようにもなってくる。やがて、「ワンワン」という言葉を聞いただけで、頭の中に犬の姿が浮かんでくるようになるのである。

このようになった段階は、言葉によって事物をきちんととらえることができるようになったということである。2歳の半ばを過ぎると、「ウレシイ」「カナシイ」のような気持ちを表す言葉、「アカルイ」「ヒロイ」のような状態を表す言葉、つまり、抽象的な言葉の理解へと発展していく。

幼児の事物を知ろう（認識）とする行為も、知った言葉を表現しようとする行為も言葉を通して行われている。このように、言葉には、言葉で事物や物事を認識する機能がある。

3 言葉で考える

　言葉を習得することは、思考の方法や手段を得ることでもある。

　ある幼児の家でメダカを飼っていて、「メダカ」という言葉を覚えたとしよう。この子の頭の中では、メダカそのものと「メダカ」という言葉は結びついているが、まだ、他の魚の名前や「サカナ」という言葉のあることは知らない。やがて、「キンギョ」「コイ」などのような言葉を知り、これらをまとめる言葉が「サカナ」であることを知るようになる。

　成長していくとともに、魚が「ドウブツ」であることをその言葉とともに知り、タンポポやチューリップが「ショクブツ」と呼ばれることをその言葉とともに知っていく。やがて、動物や植物をまとめる言葉として「セイブツ」という言葉のあることを知る。

　この子は、言葉とともに物と物との関係には、上位概念と下位概念のあることを理解するようになったのである。下位概念から上位概念へ、上位概念から下位概念への往復の中で、さまざまな物と物との関係が整理されていくようになる。

　この例からも、考えの道筋のできていく過程で言葉の果たしている役割の大きなことがわかる。O．F．ボルノーは、言葉の習得の意味を次のように論じている。

> 　ある人間の言葉が貧弱であるか豊富であるか、未分化であるか分化しているか、混沌としているか明晰に秩序立てられているか、ぼんやりとしているか、それともはっきりと規定されているかは、同様にまた、それを話す人間が貧弱であるか、豊かであるか、混沌としているか秩序立てられているか、ぼんやりしているか、それともはっきりしているか、ということである。

　言葉の習得は、単に伝達としての手段を得るだけにとどまらず、思考そのものの手段や方法を得たことになるのである。

　はじめは、相手に対する伝達の手段だけであった言葉は、その子の成長とともに二つの役割をもつようになるといわれる。一つは、伝達の手段としてますます磨かれるようになり、もう一つは、思考の手段としての役割が徐々に大きくなっていくということである。

　幼いときには、大人の指示で行動していただけの子どもたちが、やがて、「独り言」や「内言語」としての言葉に発展させ、自分なりに考えて行動するようになってくる。それゆえ、一人ひとりの子どもの成長を見つめながら、時と場に応じて、褒めたり励ましたりしながら、自ら考える機会を多くしていかなければならない。

　人間は、言葉によって思考し、思考することによって成長していくという特性をもっているのである。このように、言葉は思考の機能をもっている。

4　言葉でつくる

　言葉を通して、感受性や連想力、想像力を育てていくことは、創造の力を高めていくことに直結する。それゆえ、日常的に、語感や言葉のリズム感をはたらかせたり、言葉と言葉の響き合いを感じさせたりする機会を多くしていくことが大事である。

　前述したように、「ワンワン」という言葉を身につけた子どもは、犬が目の前にいなくても、言葉を聞くと犬の姿を思い浮かべることができる。はじめは、言葉からそのものの一つの姿しか思い浮かばないが、やがては、場面や動きをともなって想像できるようになってくる。

　男の子が、積み木を電車に見立てて、「ゴットンゴトン」と言いながら動かしたり、「デンシャ、ハッシャシマス」と車掌になったりするのは、まさに、想像によって成り立っているのである。女の子が、人形を抱きながら母親になりきっているのも、同じように想像を十分にはたらかせているのである。

　幼児のこのような行動は、実際には目の前に見えてはいなくても、具体的な姿を頭の中にイメージ豊かに思い描くことができるという想像のはたらきによって成立しているのである。より幼い頃には、動物や乗り物が具体的に描かれている絵本に興味を示していた子どもが、ストーリーのある絵本や童話に惹かれるようになっていくのは、想像力の発達との関連が深いのは明らかなことである。

　また、子どもたちは、言葉の発達とともに、自分の内面を表現しようとする意識が強くなってくる。表現には伝達するはたらきだけでなく、表現するために自分の考えをまとめるはたらきもあるが、忘れてはならないのは、自己の内面を充実させるはたらきである。表現することを通して、精神的な充足を得ていると同時に、豊かな内面に成長させているのである。

　絵を描くことは表現であり、身振り手振りも表現であるが、言葉による表現や想像は、創造でもあり、人間性を高めていくことになるのである。幼児は、毎日の生活の中で、自分の言葉を育て、その子でなければという輝いた言葉を生み出すこともある。そのような言葉は、心を動かされたことを、素直に自分の感じたままに言葉として表出したときに生まれる。このように考えると、子どもたちの心の動く体験、価値ある体験を重ねていくことが大事なことがわかる。

　言葉には、このように想像と創造の機能がある。

5　言葉で伝える

　コミュニケーション（communication）とは、「共通している」「共有している」という意味のラテン語「communicare」から生まれた語であり、社会生活を営む人間が互いに意思や感情や思考を伝達し合うことである。

　コミュニケーションの手段としては、言葉だけではなく、表情や身振り手振りなども含

まれるが、前述のヘレン・ケラーの例からも明らかなように、言葉が大きな役割を果たしていることは論を待たない。

　また、言葉による伝達は、文字言語である「書くこと」「読むこと」と、音声言語である「話すこと」「聞くこと」があるが、幼児の段階では当然のことであるが音声言語が中心になっている。

　言葉を覚えたばかりのはじめの段階では、「ワンワン」のような単語で話すが、その一語の中には、いろいろな意味が込められていることが多い。「あそこに、犬がいるよ」ということを伝えたいのかもしれないし、「白い大きな犬だね」や「遠くで、犬の鳴き声がするよ」ということを伝えたいのかもしれない。だから、聞き手になっている大人は、周りの状況をよく把握して、幼児の単語（一語文）を「そうだね、白い大きな犬だね」のようにふくらませて答えることが大事になってくるのである。

　その他にも、幼児が言葉の伝達機能を獲得していくためには、いくつかの大事なことをあげることができる。話は独り言以外は、相手に向かってなされるものである。したがって、安心して心を開いて話すことのできる聞き手が、いつでもそばにいることが大事になってくる。また、集団生活の場では、保育者は、リラックスして話すことができる聞き手になると同時に、子どもたちがお互いに安心して話すことができる雰囲気をつくり出すことが大切な仕事になってくるといえよう。一人ひとりの子どもが、自分の気持ちを素直に表せるような環境を設定することが大事だということである。このことなしには、真の意味でのコミュニケーションは成立しないのである。

　言葉には、このように伝達の機能もある。

〈大越　和孝〉

第2節 言葉の教育の移り変わり

1　江戸・明治・大正の言葉の教育

(1) 江戸時代の言葉の教育

　江戸時代前期の儒学者である貝原益軒（1630-1714）は、『益軒十訓』と言われる書物を表した。そのうちの一つである『和俗童子訓』（1710）には、次のような記述が随所に見られる。

「小児の時より多く父母兄長につかへ、賓客に対して礼をつとめ、読書・手習・芸能をつとめて学びて、悪しき方に移るべき暇なく、苦労さすべし」

「幼き時より、心言葉に忠信を主として、偽りなからしむべし。もし人を欺き、偽りをいはば、きびしく戒むべし」

「幼き時より、必ずまづ、其このむわざを選ぶべし。このむ所、尤も大事也」

　ヨーロッパで、最初に幼児教育の重要性を論じたのはコメニウス（1592-1670）だといわれるが、ほぼ同時代に幼児教育に着目していたのは称賛に値する。

　益軒の論の特徴は、児童の発達に応じた教育法（随年教育法）であり、ものを食べ、ものを言い始めるときからの教育の必要性を説いている。過保護を戒めたり、言葉の大切さに目を向けたり、幼児教育のカリキュラムを述べていたりし、その後の寺子屋教育や明治以降の小学校教育にも少なからず影響を与えている。

　だが、教育は、時代の大勢によって決定されるのが常である。封建社会においては、創造的な人間よりも、社会の体制に従い、上に忠実な人間の育成が求められたのも当然のことである。言葉の教育もその流れの中にあったといえよう。

　幼児前期における言葉に関する教育は、手習いのための準備期であるとともに、ものの大まかな意味内容（概念）を教えることが主であった。そのために、三つの教法を用いることが一般的であった。遊びを取り入れながら教えていく遊戯的教法、取り立てて指導することなしに教育していく自然教法、絵本を読む前に絵本に興味をもたせたり、文字を書く前に筆で興味をもたせたりする興味的教法である。

　幼児後期における言葉に関する教育は、子どもの能力によっては読み書きや素読も行われていた。文字を習わせるのは何歳からと決まっていたのではなく、その子の発達に応じてなされていた。

　以上のような教育は、武士や裕福な商人、僧侶、医師、神官などの一部の子どもだけになされていた。農工や一般の商人の子どもは、教育を受ける機会がほとんどなかったことも忘れてはならない。

(2) 明治時代の言葉の教育

　1872（明治5）年　「学制」の公布
　1876（明治9）年　日本で最初の幼稚園の誕生
　1899（明治32）年　文部省令「幼稚園保育及設備規程」の制定
　1900（明治33）年　「貧民幼稚園」としての私立二葉幼稚園の開園
　1904（明治37）年　各地に出征軍人遺家族のための保育所の設立

　明治政府は、近代的な統一国家の建設をめざした。そのために、教育に力を入れ、全国を八の大学区に分ける学制を実施した。中でも、「男女ノ子弟六歳迄ノモノ小学ニ入ル前ノ端緒ヲ教ル」とし、就学前の教育施設として「幼稚小学」の設立を図ろうとしたのは注目に値するが、実現はしなかった。

　我が国に、本格的な幼稚園（東京女子師範学校附属幼稚園）が誕生したのは、1876年のことである。日本の幼稚園史上の重要な出来事であるが、園児はみな裕福な家庭の子女であり、一般の人々とは無関係の教育機関であった。

　翌年制定された規則には、保育時間は4時間、定員150名、保育科目は「物品科」「美麗科」「知識科」の3科目であること等が記されている。入園資格は、満3歳以上6歳以下となっていたが、実際には2歳の子や6歳以上の子も在園していたようである。

　設立当初の言葉に関する内容としては、「知識科」に含まれていた「説話」をあげることができるが、教訓的な修身話を聞かせることが中心であった。また、裕福な家庭の子女ということから、行儀作法や言葉遣いが重要視され、言葉の頭に「お」を付けることが多かった。これが、現在の幼児教育にも根強く残っていると考えられる。

　我が国に初めての幼稚園の法令として定められたのが、「幼稚園保育及設備規程」である。この法令は、学校教育法（1947）の制定まで、50年弱にわたって幼稚園教育の方向を決めてきたのである。

　「第六条」には、「保育ノ項目」として、「遊嬉」「唱歌」「談話」「手技」が定められている。言葉に最も関係深い内容としては、「談話ハ有益ニシテ興味アル事実及寓言、通常ノ天然物及人工物等ニ就キテ之ヲナシ徳性ヲ涵養シ観察注意ノ力ヲ養ヒ兼テ発音ヲ正シクシ言語ヲ練習セシム」とある。

　明治時代の幼児教育としては、小さな借家で15名の園児から出発し、後に250名余りの施設へと発展した二葉幼稚園（幼稚園という名称であるが、貧しい人々のための保育施設）、日露戦争時に出征軍人の遺家族の生活の擁護のためにつくられた全国各地の臨時の保育所等の果たした役割も忘れてはならない。

(3) 大正時代の言葉の教育

　1918（大正7）年　鈴木三重吉『赤い鳥』創刊
　1926（大正15）年　「幼稚園令」の公布

　大正デモクラシー運動の流れの中で、子どもの個性、自発性、創造性を尊重した新教育

運動が展開された時代である。エレン・ケイの『児童の世紀』をはじめ欧米の自由主義的な教育理論が次々に紹介された。幼児教育の世界でも、多くの新しい保育の試みがなされている。

1917年に東京女子高等師範学校附属幼稚園主事となった倉橋惣三は、自由遊びを重んじた「誘導保育」を提唱した。小林宗作は、フランスで学んだ「リトミック」を保育に取り入れた。橋詰良一による建物を持たない「家なき幼稚園」、土川五郎による「律動遊戯」、河野清丸やアウインによる「モンテッソーリ教育法」などが実践された。

『赤い鳥』第1号

従来のおとぎ話や国語教科書の読み物は、道徳的で子どもの心をとらえてはいなかった。また、唱歌も徳育主義を国家が強制したために、文学的、音楽的に優れたものが生まれにくかった。このような状況の中で、文学性の高い子どものための童話や本当の意味での芸術的な近代童謡を創り出そうとした運動が生まれた。

鈴木三重吉は、1918年に『赤い鳥』を創刊した。三重吉は、その折に、「世間の小さな人たちのために、芸術として真価ある純麗な童話と童謡を創刊する、最初の運動を起したいと思ひまして」と述べている。この雑誌には、小川未明、坪田譲治、与田準一などが童話を書き、北原白秋、西条八十、野口雨情などが詩を書いている。『赤い鳥』からは、「赤い鳥小鳥」「雨」「あわて床屋」「からたちの花」「この道」（北原白秋）、「かなりや」「お山の大将」（西条八十）などの多くの童謡が生まれている。さらに、1919年には『金の船』、1920年には『童話』が創刊されている。

この時代に次々と世に出た童話や童謡が、一般の家庭や幼稚園で読まれ、歌われ、自然に言葉の教育となっていったことは大きな功績であったといえよう。

この期に「幼稚園令」が制定（1926）されたことは、特筆すべきことである。これまでのような「小学校令」に含まれていたものではなく、単独に制定されたところに意味がある。幼稚園の存在の意義が、教育界だけでなく広く社会に認められたことになるからである。これは、この後に幼稚園が急速に増設されたことからも明らかである。また、幼稚園保母の資格及び処遇が以前よりは改善されたことも、意義あることといえよう。

さらに、保育内容がこれまでの4項目から、「遊戯、唱歌、観察、談話、手技等」の5項目となったことも忘れてはならない。末尾に「等」の文字が加わったのは、各幼稚園の裁量によって、適当な内容があれば実施してよいということであり、自由さの表れとみることもできる。園によっては、「園外保育、体育、恩物、読ミ方、書キ方、数ヘ方、しつけ」などが行われている。

大正期に、幼児劇や人形芝居などが多くの幼稚園で行われるようになったのも、新しい教育の思潮であり、自由保育が盛んであったと位置づけることができる。これらは、言葉の教育という視点からも評価することができる。

だが、いくつかの幼稚園では、明治後期の「富国強兵」「忠君愛国」の流れのもとに、

厳しいしつけや鍛錬を重んじる教育が行われていた。「強くて、賢くて、立派な人物、そして、お国のために働く人物」の象徴としてのおとぎ話の桃太郎を理想とした、「桃太郎主義」の教育がその一つである。

2　戦前・戦時下の言葉の教育

(1)　戦前の言葉の教育

　　1927（昭和2）年　『キンダーブック』
　　1930（昭和5）年　『幼児のための人形芝居脚本集』
　　1931（昭和6）年　無産者託児所の設立
　　1935（昭和10）年　『系統的保育案の実際』

　観察絵本『キンダーブック』が、1927年にフレーベル館より創刊された。この本は、月刊絵本の最初であり、幼児教育の場で昭和前期に最も活用されたものである。観察絵本の名のとおり、科学的な面ですぐれていただけでなく、芸術的な面からもすぐれていた。

　ほぼ同時代に、倉橋惣三の監修により、『幼児のための人形芝居脚本集』がフレーベル館から刊行されている。

　これらを通して、子どもたちが、児童文学、童謡、児童画などの新しい文化を享受したことは、言葉の教育の面からも注目に値する。だが、これらの児童文化の成果が、日本のあらゆる階層の子どもたちのものとなりえなかったのは残念である。

　1930年前後には、無産者託児所運動が展開された。だが、弾圧による労働運動、文化運動の衰弱により、託児所を閉鎖せざるをえない状態になっていく。この運動は、庶民の協力による託児所の設立という観点から、歴史上意義あることとして評価されることもある。

　この期は、教育が正常な形でなされなかった不幸な時代であったと位置づけることができようが、幼児教育も例外ではなかった。

(2)　戦時下の言葉の教育

　　1937（昭和12）年　日中戦争起こる
　　1942（昭和17）年　『観察絵本キンダーブック』の改題
　　1944（昭和19）年　空襲が激しくなり、東京都は幼稚園閉鎖令を公布

　1931年に満州事変が起こり、翌年の上海事変、そして、1937年には日中全面戦争へと突入していく。前述したように、大正時代は自由主義的な保育が主流であったが、1935年頃から戦争色が出はじめてくる。

　教育の場でも、毎朝の国旗掲揚、宮城遥拝、君が代斉唱、訓話などが重視されるようになってくる。また、鍛錬や体育が強調され、規律、訓話、行儀、挨拶などのような、いわゆるしつけの教育が重点になってくる。お国のために役立つ子どもを育てる教育、国家意識を高める教育が至上命令であったとまとめられよう。このあらわれとして、談話などでも、子どもたちに日本国民という意識を植えつけるものばかりがなされるようになった。

1942年には、『観察絵本キンダーブック』が、『観察絵本ミクニコドモ』と改められるが、これも、戦時下の状況をよく表している出来事である。敵国の言葉である英語は、使用を厳しく禁じられたためである。現在では、普通に見られる横文字を使用した幼稚園名も、すべて日本名に変えられている。

　1944年には、大都市ばかりでなく日本全国に米軍による大空襲の危険が迫ってきた。東京都は、4月19日に都内の全幼稚園に閉鎖令を出さなければならない戦況になった。子どもたちの生命を守るために、長野県、群馬県、埼玉県などに集団疎開させた。

　福知トシは、保母として、埼玉県の桶川駅から約6km離れた荒れた寺で疎開保育の体験をしているが、「いつまで続くか果てしない戦争のこの生活。生きる屍のような子どもたちと、追いつめられていく生活が苦しく、わたしは卑怯にも、いつ抜け出そうかと度々考えるのだった」と語っている。53名の幼児に、保母8名で創意工夫し、全力を尽くすが、飢えは子どもたちから泣き声さえも奪っていったという。幼児たちまでもが、戦争の影響を受けた暗黒の時代であった。

3　戦後の言葉の教育

　1946（昭和21）年　「日本国憲法」の公布
　1947（昭和22）年　「教育基本法」「学校教育法」「児童福祉法」の制定

　11月3日に公布された「日本国憲法」は、児童の教育を受ける「権利」と、保護者に対する教育を受けさせる「義務」を明確に規定している。

> 第26条 1　すべて国民は、法律の定めるところにより、その能力に応じて、ひとしく教育を受ける権利を有する。
> 　　　　2　すべて国民は、法律の定めるところにより、その保護する子女に普通教育を受けさせる義務を負ふ。義務教育は、これを無償とする。

　また、「教育基本法」は、前文に「ここに、日本国憲法の精神に則り、教育の目的を明示して、新しい日本の教育の基本を確立するため、この法律を制定する」とあり、第1条で教育の目的、第2条で教育の方針、第3条で教育の機会均等を示している。

　さらに、「学校教育法」では、以下のように新しい教育の出発を明確に位置づけている。

> 　第1章　総則
> 第1条　この法律で、学校とは、小学校、中学校、高等学校、大学、高等専門学校、盲学校、聾学校、養護学校及び幼稚園とする。
> 　第7章　幼稚園
> 第77条　幼稚園は、幼児を保育し、適当な環境を与えて、その心身の発達を助長することを目的とする。

> 第78条　幼稚園は、前条の目的を実現するために、次の各号に掲げる目標の達成に努めなければならない。
> 　4　言語の使い方を正しく導き、童話、絵本等に対する興味を養うこと。

　第9章の「罰則」には、「幼稚園令」の廃止も明示されており、まさに、新しい幼児教育が打ち出されたといえよう。上に示されている目標が、幼児の言語教育の指針とされたのは当然のことである。
　一方、「児童福祉法」の第3章「事業及び施設」の第39条の規定によって、保育所が厚生省所管の児童福祉施設となる。このことが、幼稚園と保育所の二元化に結びついたことを見逃すことはできない。

4　教育基本法の改正と言葉の教育

2006（平成18）年　「教育基本法」の改正
2007（平成19）年　「学校教育法」の改正
2018（平成30）年　「幼稚園教育要領」「保育所保育指針」「幼保連携型認定こども園教育・保育要領」全面実施

　教育基本法は、昭和22年の制定からおよそ60年ぶりに全部が改正され、前文に「我々日本国民は、たゆまぬ努力によって築いてきた民主的で文化的な国家を更に発展させるとともに、世界の平和と人類の福祉の向上に貢献することを願うものである。（中略）ここに、我々は、日本国憲法の精神にのっとり、我が国の未来を切り拓く教育の基本を確立し、その振興を図るため、この法律を制定する」としている。そして、第1条は、教育の目的、第2条で教育の目標、第3条で生涯学習の理念、第4条で教育の機会均等を示している。
　また、改正された「学校教育法」では、以下のように幼稚園教育について述べている。

> 第1章　総則
> 第1条　この法律で、学校とは、幼稚園、小学校、中学校、義務教育学校、高等学校、中等教育学校、特別支援学校、大学及び高等専門学校とする。
> 第3章　幼稚園
> 第22条　幼稚園は、義務教育及びその後の教育の基礎を培うものとして、幼児を保育し、幼児の健やかな成長のために適当な環境を与えて、その心身の発達を助長することを目的とする。
> 第23条　幼稚園における教育は、前条に規定する目的を実現するため、次に掲げる目標を達成するよう行われるものとする。
> 　4　日常の会話や、絵本、童話等に親しむことを通じて、言葉の使い方を正しく導くとともに、相手の話を理解しようとする態度を養うこと。

さらに、学校教育法施行規則（平成19年改正）第3章幼稚園第38条においては「幼稚園の教育課程その他の保育内容については、この章の定めるもののほか、教育課程その他の保育内容の基準として文部科学大臣が別に公示する幼稚園教育要領によるものとする」としている。

平成30年度には、幼稚園教育要領、保育所保育指針、幼保連携型認定こども園教育・保育要領が、1年間の周知期間をおいて施行される。

幼稚園教育要領第1章総則第2において、幼稚園教育において育みたい資質・能力および「幼児期の終わりまでに育ってほしい姿」を明示している。そこで、「言葉」の領域においては、「経験したことや考えたことなどを自分なりの言葉で表現し、相手の話す言葉を聞こうとする意欲や態度を育て、言葉に対する感覚や言葉で表現する力を養う」こととしている。

また、保育所保育指針においては、保育所が子どもが生涯にわたる人間形成にとってきわめて重要な時期にその生活時間の大半を過ごす場であることをふまえ、第1章総則1 保育所保育に関する基本原則 (2) 保育の目標アの(オ)において、「生活の中で、言葉への興味や関心を育て、話したり、聞いたり、相手の話を理解しようとするなど、言葉の豊かさを養うこと」を述べている。

さらに、就学前の子どもに関する教育、保育等の総合的な提供の推進に関する法律（平成18年。以下、「認定こども園法」）に基づき、幼保連携型認定こども園の教育課程その他の教育及び保育の内容に関する事項が定められ、指導計画の作成にあたっては、言語に関する能力の発達と思考力等の発達の関連性をふまえ、言語環境を整え、言語活動の充実を図ることとしている。

「各幼保連携型認定こども園においては、教育基本法、児童福祉法及び認定こども園法等に従い、教育と保育を一体的に提供するため、創意工夫を活かし、園児の心身の発達と幼保連携型認定こども園、家庭及び地域の実態に即応した適切な教育及び保育の内容並びに子育ての支援等に関する全体計画を作成するものとする」としている。

〈林　嘉瑞子〉

第3節 領域「言葉」の移り変わり

　本節では、幼稚園教育要領の変遷を中心に、保育所保育指針や幼保連携型認定こども園教育・保育要領で示される、領域「言葉」の移り変わりについて見ていきたい。幼稚園、保育所、幼保連携型認定こども園各施設はその所管省庁、設置基準や制度、依拠する法令が異なり、それぞれの歴史的経緯がある。使用される語句、専門用語等に異なる表現が見られ、教育・保育内容にはそれぞれの施設が独自にもつ理念や目標、特徴や機能がある。平成29年3月、新しく幼稚園教育要領、保育所保育指針、幼保連携型認定こども園教育・保育要領が同時に告示され、平成30年4月1日に実施される。このように同時告示されたのは初めてのことであり、またその保育内容はよりいっそうの整合性が図られている。まず、幼稚園教育要領、保育所保育指針、幼保連携型認定こども園教育・保育要領の全体的な改訂（定）の流れについて取り上げ、さらに領域と領域「言葉」の変遷についてまとめていく。

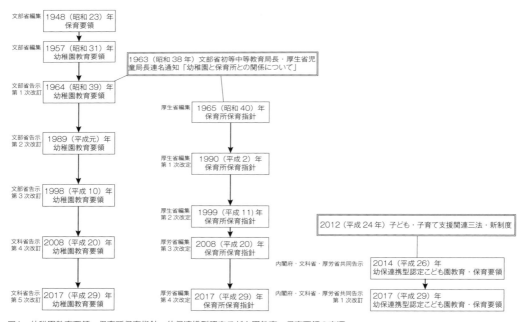

図1　幼稚園教育要領、保育所保育指針、幼保連携型認定こども園教育・保育要領の変遷

1　保育要領

　まず、現在の幼稚園教育要領などのもとになったのは、昭和23（1948）年に文部省によって編集刊行された『保育要領―幼児教育の手びき―』である。『保育要領』は第二次世

界大戦後、民間情報教育局ヘレン・ヘファナン（Heffernan, H.）が提示した概要（Suggestion for Care and Education in Early Childhood）に基づいて作成された。幼稚園教育の目標や方法、内容を扱っているが、幼稚園のためだけでなく、「その他の施設において幼児保育に当たっている人々や、家庭の母親たち」にとっても、幼児の特質をふまえ幼児に最もふさわしい環境を整え成長発達を助ける実際の工夫が習熟できるわかりやすい手引書となるように編集されている。

　明治32（1899）年の幼稚園保育及設備規定（省令）では幼稚園教育の内容は保育4項目（1遊嬉、2唱歌、3談話、4手技）、大正15（1926）年の幼稚園令（勅令）では保育5項目（1遊戯、2唱歌、3観察、4談話、5手技等）として示されていたが、『保育要領』では「六　幼児の保育内容―楽しい幼児の経験―」として具体的に幼児教育の在り方を示した次のような12項目が取り上げられていた。

> 1見学　2リズム　3休息　4自由遊び　5音楽　6お話　7絵画　8製作
> 9自然観察　10ごっこ遊び・劇遊び・人形芝居　11健康保育　12年中行事

　その前の保育5項目と比べ、幼児の生活全体を保育の対象としたこと、保育の内容を楽しい幼児の経験であるとしたこと、「一日の生活は自由遊びが主体となる」と述べられているように、幼児の自発的な意志に基づく自由遊びなどを重視していること、などが特徴である（森上、1998）。

2　幼稚園教育要領

(1)　昭和31（1956）年の改訂

　『幼稚園教育要領』は昭和31（1956）年に刊行された。その背景として、1951年平和条約が締結されると戦後教育の見直しが行われ、系統学習や基礎学力が強調されるようになり、「保育要領」の見直しも行われたことがある。この改訂の主旨に、「1．幼稚園の保育内容について、小学校との一貫性を持たせるようにした」「2．幼稚園教育の目標を具体化し、指導計画の作成の上に役立つようにした」「3．幼稚園教育における指導上の留意点を明らかに示した」とある。このときに、「保育要領」の12項目ではなく小学校との一貫性を重視する観点から6つの領域が設けられた。ここで初めて「領域」という語が使われたのである。領域区分ごとに「幼児の発達上の特質」と「望ましい経験」が示されることとなった。

> 1健康　2社会　3自然　4言語　5音楽リズム　6絵画製作

　幼稚園教育の内容として6領域を示す際、「幼児の具体的な生活経験は、ほとんど常に、これらいくつかの領域にまたがり、交錯して現れる。したがってこの内容領域の区分は、

内容を一応組織的に考え、かつ指導計画を立案するための便宜からしたものである」と述べられている。また、「小学校以上の学校における教科とは、その性格を大いに異にするということである」「小学校の教科指導の計画や方法を、そのまま幼稚園に適用しようとしたら、幼児の教育を誤る結果となる」とも説明されている。しかし一方で、この頃の幼稚園急増の背景もあいまって、保育実践の場では領域を小学校の教科のように考えて領域別の指導計画作成、指導を行うことも多くみられたという（森上、1998；小田、1999）

表1 昭和31年と昭和39年の幼稚園教育要領　教育内容及び領域「言語」の比較表

昭和31年	昭和39年
第Ⅱ章　幼稚園教育の内容 　幼稚園教育の内容として取り上げられるものは、幼児の生活全般に及ぶ広い範囲のいろいろな経験である。それは第1章で述べた目標を達成するために有効適切な経験でなければならないことはいうまでもない。そのためには、幼児の発達上の特質を考え、目標に照して、適切な経験を選ぶ必要がある。 　ここでは、さきに述べた五つの目標に従って、その内容を、1．健康　2．社会　3．自然　4．言語　5．音楽リズム　6．絵画製作の六領域に分類した。しかし、幼児の具体的な生活経験は、ほとんど常に、これらいくつかの領域にまたがり、交錯して現れる。したがってこの内容領域の区分は、内容を一応組織的に考え、かつ指導計画を立案するための便宜からしたものである。 　ここに注意しなければならないことは、幼稚園教育の内容として上にあげた健康・社会・自然・言語・音楽リズム・絵画製作は、小学校以上の学校における教科とは、その性格を大いに異にするということである。幼稚園の時代は、まだ、教科というようなわくで学習させる段階ではない。むしろこどものしぜんな生活指導の姿で、健康とか社会とか自然、ないしは音楽リズムや絵画製作でねらう内容を身につけさせようとするのである。したがって、小学校の教科指導の計画や方法を、そのまま幼稚園に適用しようとしたら、幼児の教育を誤る結果となる。 　以下、教育内容の領域区分に従って「幼児の発達上の特質」と、それぞれの内容領域において予想される「望ましい経験」を表示しておく。	第2章　内容 　健康、社会、自然、言語、音楽リズムおよび絵画製作の各領域に示す事項は、幼稚園教育の目標を達成するために、原則として幼稚園修了までに幼児に指導することが望ましいねらいを示したものである。しかし、それは相互に密接な連絡があり、幼児の具体的、総合的な経験や活動を通して達成されるものである。 　幼稚園においては、各領域に示す事項によって、全期間を通じて指導しなければならない事項の全体を見通し、望ましい幼児の経験や活動を適切に選択し配列して、調和のとれた指導計画を作成し、これを実施しなければならない。この際、各領域に示す事項については、幼児の年齢の違い、教育期間の相違および地域の実態などを考慮して、その程度を適切に決めなければならない。また、特に必要な場合には、各領域に示す事項に基づいて適切なねらいをくふうし、それを各領域に加えて指導することができる。しかし、指導する事項をいたずらに多くしたり、程度の高すぎるねらいを達成しようとしたりして、幼児の負担過重とならないようにし、また、その趣旨を逸脱しないように、慎重に配慮する必要がある。なお、幼稚園教育の特質に基づき、各領域は小学校における各教科とその性格が異なるものであることに留意しなければならない。
4　言　語 (1)　幼児の発達上の特質 　○発声諸器官の発達はじゅうぶんでない。 　○幼児語やかたことがとりきれない。 　○場に応じての話し声の大きさの調整ができにくい。 　○俗語や品の悪いことばと、普通のことばとの良否の区別ができにくい。 　○知っている人や友だちとはよく話しても、未知の人がいるとだまりこむことが多い。 　○自分がしたこと、友だちがしたことなど、自分の見たり聞いたりした直接的な経験や行動について発表することを好む。 　○話すことばの省略が多く、そぼくな身振や表情によって、ことばを補う不完全な表現をする。 　○1000語ないし3000語程度の日常語の意味が聞いてわかる。 　○聞く能力の発達程度はまだ低いから、むずかしいことば、長い話、興味のない話、自分に関係のうすい話は聞こうとしない。	言　語 1　人のことばや話などを聞いてわかるようになる。 　(1)　先生や友だちの話を親しみをもって聞く。 　(2)　人の話を注意して聞く。 　(3)　簡単なさしずに従って行動する。 　(4)　友だちといっしょに話を聞く。 　(5)　先生の話す童話を喜んで聞く。 2　経験したことや自分の思うことなどを話すことができるようになる。 　(1)　先生や友だちに親しみをもって話す。 　(2)　したいこと、してほしいことをことばで表現する。 　(3)　したこと、見たこと、聞いたこと、感じたことなどを話す。 　(4)　疑問をもったことについて尋ねる。 　(5)　簡単な伝言をする。 　(6)　相手にわかるように話し、また話す態度に気をつける。 　(7)　友だちと話し合う。 　(8)　幼児語、幼児音などを使わないで話す。

○大ぜいといっしょに話を聞くことはむずかしい。
○ひとの話を終までで聞こうとしないことが多い。
○絵本を見ようとする興味が出てくる。
○童話や劇などを聞いたり見たりすることを喜ぶようになる。

(2) 望ましい経験
1　話をする。
○名まえを呼ばれたり、仕事を言いつけられたとき、返事をする。
○簡単な問に答える。
○自分の名まえや住所、学級の名、教師の名などをいう。
○簡単な日常のあいさつ用語を使う。
○きのうあったことや、登園の途中で見たことなどを、みんなの前で話す。
○友だちの名を正しく呼ぶ。
○友だちといっしょに話し合う。
○相手の顔を見ながら話す。
○ひとの話が終ってから話す。
○ひとから聞いた話を、ほかのひとに話して聞かせる。
○ことば遊びをする。
○疑問や興味をもつものについて、活発に質問する。
○教師の指導（表現意欲を害しない程度）に従い、正しいことばや語調で話す。
2．話を聞く。
○教師や友だちの話を聞いたり、友だちどうしの話合いを聞く。
○ラジオや教師の童話などを喜んで聞く。
○多くの友だちといっしょに聞こうとする。
○話をする人のほうへ向いて聞く。
○いたずらや私語をしないで、静かに聞く。
○幼児語・方言・なまりや下品なことばと正常なことばとの区別をだんだんに聞き分ける。
3．絵本・紙しばい・劇・幻燈・映画などを楽しむ。
○絵本を喜んで見る。
○絵本について、教師や友だちと話し合う。
○紙しばいや人形しばいをしたり、見たりする。
○劇や幻燈・映画などを見る。
○劇遊びをして、自分の受け持つせりふをいう。
○多くの友だちといっしょに、劇や映画を静かに見る。
○紙しばい・人形しばい・劇・幻燈・映画などを見たあとで、感じたことを発表する。
4．数量や形、位置や速度などの概要を表わす簡単な日常用語を使う。
○グループの友だちの人数を数える。
○ひとつ・ふたつと、一番目・二番目を使い分ける。
○日常経験する事物について、数・長さ・広さ・高さ・重さ・形などを表わす簡単な日常用語を使って話す。（いくつ・なんにん・なんびき・ながい・みじかい・ひろい・せまい・たかい・ひくい・おもい・かるい・まるい・しかくなど）
○遠近・方向・位置・速度などを表わす簡単な日常用語を使って話す。（とおい・ちかい・むこうへ．こちらへ・うえに・したに・まんなかに・まえに・あとに・はやい・おそいなど）

3　日常生活に必要なことばが正しく使えるようになる。
　(1)　名まえを呼ばれたり、仕事を言いつけられたとき、返事をする。
　(2)　簡単な日常のあいさつができる。
　(3)　自分や友だち、先生や幼稚園などの名まえが言える。
　(4)　身近な事象の名まえが言える。
　(5)　遊びその他の生活に必要なことばが使える。
　(6)　日常生活に必要な簡単な標識や記号などがわかる。
4　絵本、紙しばいなどに親しみ、想像力を豊かにする。
　(1)　絵本、紙しばい、放送などを喜んで見たり聞いたりする。
　(2)　絵本、紙しばい、放送などを見たり聞いたりして、その内容や筋がわかるようになる。
　(3)　見たこと、聞いたこと、感じたことなどを紙しばいや劇的な活動などで表現する。

　上記の指導にあたっては、次のことに留意する必要がある。
ア　1に関する事項の指導にあたっては、適切な機会をとらえて身近な人のことばに親しみをもちながら聞き、しだいに友だちといっしょに童話や人の話を注意して聞くような態度を養い、幼児の発達の程度に応じて、ことばの意味や内容を正しくあくできるようにすること。
イ　2に関する事項の指導にあたっては、身近な人に親しみをもって話しかけたり、尋ねたり、人に伝言をしたりできるようにするとともに、しだいに自分の話す態度に気をつけて、経験したことや、自分の思うことなどをはっきりと話すことができるようにすること。
ウ　3に関する事項の指導にあたっては、幼児の年齢や発達の程度に応じて、日常生活に必要なことばに慣れさせ、正しいことばで表現しようとする意欲を目ざめさせ、しだいに正しい言語習慣を身につけるようにし、さらに日常生活に必要な簡単な標識や記号などに慣れさせ、文字への興味や関心をも育てるようにすること。
　なお、幼児のことばの指導は、聞くこと、話すことを中心として行ない、文字については、幼児の年齢や発達の程度に応じて、日常の生活経験のなかでしぜんにわかる程度にすることが望ましいこと。
エ　2および3に関する事項の指導にあたっては、教師は常に個々の幼児のことばにじゅうぶん注意し、適切な機会をとらえて、ことばで表現する意欲を高めるとともに、相手のことばをよく聞き取る態度を養うようにすること。
オ　4に関する事項の指導にあたっては、絵本および紙しばい、スライド、放送などの視聴覚教材を精選し、喜んで見たり聞いたりするような態度を養うとともに、幼児の経験を広め、豊かな情操を養うようにすること。

(2) 昭和39（1964）年の改訂

上述したような実践の混乱を改善するため、昭和39（1964）年に改訂された「幼稚園教育要領」では、領域は「幼稚園教育の目標を達成するために，原則として幼稚園修了までに幼児に指導することが望ましいねらいを示したもの」とされた。総合的に指導すること、各領域に示す事項は幼児の年齢や教育期間の相違や地域の実態などを考慮して程度を適切に決めること、必要な場合には適切なねらいを工夫し加えて指導することができるが、指導事項をいたずらに多くしたり「程度の高すぎるねらいを達成しようとしたりして，幼児の負担過重とならないようにし，また，その趣旨を逸脱しないように」配慮することが必要と説明されている。しかし、各領域名は変わらず、望ましい経験や活動を保育者が「選択し配列」して教えるという文言から、保育者の考える指導計画を子どもに下す、という考えをもつ傾向が広がってしまったという。また、当時文部省は『幼稚園教育指導書　一般編』（1968年）という１冊の総合的な指導書を出した一方で、領域編として６領域ごとの指導書も出しているため、昭和31年と昭和39年の教育要領の間にあった矛盾点が払拭されないまま引き継がれてしまったという指摘もある（小田、1999）。

(3) 平成元（1989）年の領域「言葉」

25年ぶりとなった平成元年の改訂では、今までの６領域から５領域となった。従来からの小学校の教科に準ずると誤解される弊害や批判から、新たな組み立てとなっている。ねらいは「幼稚園修了までに育つことが期待される心情、意欲、態度など」であり、内容は「ねらいを達成するために指導する事項」であると明示した。また、各領域の構成がねらいと内容に分けられたのも平成元年からである。「ねらいは幼稚園における生活の全体を通じ幼児が様々な体験を積み重ねる中で相互に関連をもちながらも次第にこの達成にむかうものであること」、「内容は具体的な活動を通して総合的に指導されるものであること」と述べられている。

> 1健康　2人間関係　3環境　4言葉　5表現

そして、この改訂から今日にも続く領域名である「言葉」となった（表２参照）。以前に示された領域「言語」には、すでにある言語体系を正しく順序立てて教えていくという考えが背景にあり、「正しい」言葉や語調、意味内容、言語習慣（表１参照）に重点が置かれ、あいさつ、話し合い、言葉遊びなど、形式的側面が強調されるおそれがあると言える。この点について、元年の改訂で示された第１章幼稚園教育の目標と昭和39年の第１章の基本方針で示された目標の言葉の箇所を比較してみると、その変化がわかるだろう。

> 【昭和39年　第１章総則　１基本方針】
> （4）　人の話を聞く正しい態度を養うとともに、人にわかることばを使おうとする意欲

を育て、ことばの正しい使い方を身に付けるようにすること。

【平成元年　第1章総則　2幼稚園教育の目標】
(4)　日常生活の中で言葉への興味や関心を育て、喜んで話したり聞いたりする態度や言葉に対する感覚を養うようにすること。

　改訂により、「日常生活の中で」という文言が付け加わっているのは、幼児が主体的に環境とかかわりながら生活体験を通して言葉を獲得していく過程を重視していることがわかる。幼児のことばの指導や文字の扱いについても、昭和39年の幼稚園教育要領でも「聞くこと、話すことを中心」、「幼児の年齢や発達の程度に応じて、日常の生活経験のなかでしぜんにわかる程度」とされており、内容の(10)、留意事項の(2)に見るように、幼児自身の興味・関心に沿い、感覚を養うということが強調されている。

(4)　平成10年、20年、29年告示の領域「言葉」

　続いて表2に示す幼稚園教育要領領域「言葉」を比較し、変遷について要点をまとめてみよう。平成10年の領域「言葉」では「経験したことや考えたことを<u>自分なりの言葉で表現し</u>」（下線筆者）というように、幼児自身がその子なりの言葉を見つけようとし、たとえ正しく適切な表現でなかったとしても、自分が心動かされたこと、自分の思いやイメージを伝えようとする姿をまず尊重し、自分の心身を通した言葉を日常の生活、遊びの中で使って語ろうとすることを大切にしている。ねらいと内容は従来のように構成されているが、内容の取扱いは従来の留意事項を構成し直して2項目から3項目に増え、より具体的にわかりやすく述べられるようになった。また、文字に関して、伝えたいという欲求と伝え合う喜びが前提となっており、文字を書くことが大切なのではなく「自分の思いを、文字などによって伝える喜び」を味わえるようにすることを重視している。幼児期は、体験を通して書いてみたい、読めるようになった、伝わった、もっとやってみたいという興味・関心・意欲を重視している。繰り返し使ってみる中で楽しみ、喜びを感じる経験こそ重要である。鏡文字や誤字などは多く見られるものの、それを逐一訂正したり指導したりすることで、幼児の興味・関心・意欲を失わせることがあってはならないだろう。

　次の平成20年の改訂では、身近な人と言葉で伝え合う喜びを味わうことの大切さと、伝え合いには話すことだけでなく人の言葉をよく聞くことが大切であり、経験を通してしだいに理解するようにあること、自分が感じたり考えたりしたことを自分なりの言葉で表現する大切さなど、聞くという力と伝え合いの力を育むことがよりいっそう重視されている。

　そして、平成29年告示の幼稚園教育要領では、ねらい(3)において「言葉に対する感覚」という文言が入り、内容の取扱い(4)に生活の中で言葉の響きやリズム、新しい言葉や表現などに触れて使う楽しさを味わうこと、その際に絵本や物語に親しんだり言葉遊びなどをして言葉が豊かになるようにすることを強調する文章が加わっている。言葉そのも

表2　幼稚園教育領域「言葉」対照表

元年	10年
言葉 この領域は、経験したことや考えたことなどを話し言葉を使って表現し、相手の話す言葉を聞こうとする意欲や態度を育て、言葉に対する感覚を養う観点から示したものである。	言葉 〔経験したことや考えたことなどを自分なりの言葉で表現し、相手の話す言葉を聞こうとする意欲や態度を育て、言葉に対する感覚や言葉で表現する力を養う。〕
1　ねらい (1)　自分の気持ちを言葉で表現し、伝え合う喜びを味わう。 (2)　人の言葉や話などをよく聞き、自分の経験したことや考えたことを話そうとする。 (3)　日常生活に必要な言葉が分かるようになるとともに、絵本や物語などに親しみ、想像力を豊かにする。	1　ねらい (1)　自分の気持ちを言葉で表現する楽しさを味わう。 (2)　人の言葉や話などをよく聞き、自分の経験したことや考えたことを話し、伝え合う喜びを味わう。 (3)　日常生活に必要な言葉が分かるようになるとともに、絵本や物語などに親しみ、先生や友達と心を通わせる。
2　内容 (1)　先生や友達の言葉や話に興味や関心をもち、親しみをもって聞いたり話したりする。 (2)　したこと、見たこと、聞いたこと、感じたことなどを自分なりに言葉で表現する。 (3)　したいこと、してほしいことを言葉で表現したり、分からないことを尋ねたりする。 (4)　人の話を注意して聞き、相手に分かるように話す。 (5)　生活の中で必要な言葉が分かり使う。 (6)　親しみをもって日常のあいさつをする。 (7)　生活の中で言葉の楽しさや美しさに気付く。 (8)　いろいろな体験を通じてイメージや言葉を豊かにする。 (9)　絵本や物語などに親しみ、興味をもって聞き想像をする楽しさを味わう。 (10)　日常生活に必要な簡単な標識や文字などに関心をもつ。	2　内容 (1)　先生や友達の言葉や話に興味や関心をもち、親しみをもって聞いたり、話したりする。 (2)　したこと、見たこと、聞いたこと、感じたことなどを自分なりに言葉で表現する。 (3)　したいこと、してほしいことを言葉で表現したり、分からないことを尋ねたりする。 (4)　人の話を注意して聞き、相手に分かるように話す。 (5)　生活の中で必要な言葉が分かり、使う。 (6)　親しみをもって日常のあいさつをする。 (7)　生活の中で言葉の楽しさや美しさに気付く。 (8)　いろいろな体験を通じてイメージや言葉を豊かにする。 (9)　絵本や物語などに親しみ、興味をもって聞き、想像をする楽しさを味わう。 (10)　日常生活の中で、文字などで伝える楽しさを味わう。
3　留意事項 　上記の取扱いに当たっては、次の事項に留意する必要がある。 (1)　教師や他の幼児とのかかわりの中で互いに自分の感情や考えを伝え合う喜びを十分に味わうとともに、日常生活の中での出来事、絵本や物語などに数多く出会い豊かなイメージをもつことができるようにすること。この場合、教師の使う言葉の影響が大きいことに留意すること。 (2)　文字に関する系統的な指導は小学校から行われるものであるので、幼稚園においては直接取り上げて指導するのではなく個々の幼児の文字に対する興味や関心、感覚が無理なく養われるようにすること。	3　内容の取扱い 　上記の取扱いに当たっては、次の事項に留意する必要がある。 (1)　言葉は、身近な人に親しみをもって接し、自分の感情や意志などを伝え、それに相手が応答し、その言葉を聞くことを通して次第に獲得されていくものであることを考慮して、幼児が教師や他の幼児とかかわることにより心を動かすような体験をし、言葉を交わす喜びを味わえるようにすること。 (2)　絵本や物語などで、その内容と自分の経験とを結び付けたり、想像を巡らせたりする楽しみを十分に味わうことによって、次第に豊かなイメージをもち、言葉に対する感覚が養われるようにすること。 (3)　幼児が日常生活の中で、文字などを使いながら思ったことや考えたことを伝える喜びや楽しさを味わい、文字に対する興味や関心をもつようにすること。

20年	29年告示
言葉〔経験したことや考えたことなどを自分なりの言葉で表現し、相手の話す言葉を聞こうとする意欲や態度を育て、言葉に対する感覚や言葉で表現する力を養う。〕	言葉〔経験したことや考えたことなどを自分なりの言葉で表現し、相手の話す言葉を聞こうとする意欲や態度を育て、言葉に対する感覚や言葉で表現する力を養う。〕
1　ねらい (1)　自分の気持ちを言葉で表現する楽しさを味わう。 (2)　人の言葉や話などをよく聞き、自分の経験したことや考えたことを話し、伝え合う喜びを味わう。 (3)　日常生活に必要な言葉が分かるようになるとともに、絵本や物語などに親しみ、先生や友達と心を通わせる。	1　ねらい (1)　自分の気持ちを言葉で表現する楽しさを味わう。 (2)　人の言葉や話などをよく聞き、自分の経験したことや考えたことを話し、伝え合う喜びを味わう。 (3)　日常生活に必要な言葉が分かるようになるとともに、絵本や物語などに親しみ、言葉に対する感覚を豊かにし、先生や友達と心を通わせる。
2　内容 (1)　先生や友達の言葉や話に興味や関心をもち、親しみをもって聞いたり、話したりする。 (2)　したり、見たり、聞いたり、感じたり、考えたりなどしたことを自分なりに言葉で表現する。 (3)　したいこと、してほしいことを言葉で表現したり、分からないことを尋ねたりする。 (4)　人の話を注意して聞き、相手に分かるように話す。 (5)　生活の中で必要な言葉が分かり、使う。 (6)　親しみをもって日常のあいさつをする。 (7)　生活の中で言葉の楽しさや美しさに気付く。 (8)　いろいろな体験を通じてイメージや言葉を豊かにする。 (9)　絵本や物語などに親しみ、興味をもって聞き、想像をする楽しさを味わう。 (10)　日常生活の中で、文字などで伝える楽しさを味わう。	2　内容 (1)　先生や友達の言葉や話に興味や関心をもち、親しみをもって聞いたり、話したりする。 (2)　したり、見たり、聞いたり、感じたり、考えたりなどしたことを自分なりに言葉で表現する。 (3)　したいこと、してほしいことを言葉で表現したり、分からないことを尋ねたりする。 (4)　人の話を注意して聞き、相手に分かるように話す。 (5)　生活の中で必要な言葉が分かり、使う。 (6)　親しみをもって日常のあいさつをする。 (7)　生活の中で言葉の楽しさや美しさに気付く。 (8)　いろいろな体験を通じてイメージや言葉を豊かにする。 (9)　絵本や物語などに親しみ、興味をもって聞き、想像をする楽しさを味わう。 (10)　日常生活の中で、文字などで伝える楽しさを味わう。
3　内容の取扱い 　上記の取扱いに当たっては、次の事項に留意する必要がある。 (1)　言葉は、身近な人に親しみをもって接し、自分の感情や意志などを伝え、それに相手が応答し、その言葉を聞くことを通して次第に獲得されていくものであることを考慮して、幼児が教師や他の幼児とかかわることにより心を動かすような体験をし、言葉を交わす喜びを味わえるようにすること。 (2)　幼児が自分の思いを言葉で伝えるとともに、教師や他の幼児などの話を興味をもって注意して聞くことを通して次第に話を理解するようになっていき、言葉による伝え合いができるようにすること。 (3)　絵本や物語などで、その内容と自分の経験とを結び付けたり、想像を巡らせたりするなど、楽しみを十分に味わうことによって、次第に豊かなイメージをもち、言葉に対する感覚が養われるようにすること。 (4)　幼児が日常生活の中で、文字などを使いながら思ったことや考えたことを伝える喜びや楽しさを味わい、文字に対する興味や関心をもつようにすること。	3　内容の取扱い 　上記の取扱いに当たっては、次の事項に留意する必要がある。 (1)　言葉は、身近な人に親しみをもって接し、自分の感情や意志などを伝え、それに相手が応答し、その言葉を聞くことを通して次第に獲得されていくものであることを考慮して、幼児が教師や他の幼児とかかわることにより心を動かすような体験をし、言葉を交わす喜びを味わえるようにすること。 (2)　幼児が自分の思いを言葉で伝えるとともに、教師や他の幼児などの話を興味をもって注意して聞くことを通して次第に話を理解するようになっていき、言葉による伝え合いができるようにすること。 (3)　絵本や物語などで、その内容と自分の経験とを結び付けたり、想像を巡らせたりするなど、楽しみを十分に味わうことによって、次第に豊かなイメージをもち、言葉に対する感覚が養われるようにすること。 (4)　幼児が生活の中で、言葉の響きやリズム、新しい言葉や表現などに触れ、これらを使う楽しさを味わえるようにすること。その際、絵本や物語に親しんだり、言葉遊びなどをしたりすることを通して、言葉が豊かになるようにすること。 (5)　幼児が日常生活の中で、文字などを使いながら思ったことや考えたことを伝える喜びや楽しさを味わい、文字に対する興味や関心をもつようにすること。

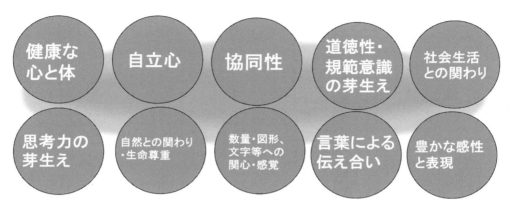

図2 「幼児期の終わりまでに育ってほしい姿」(文部科学省、幼児教育部会における審議のとりまとめ〔平成28年8月26日〕より抜粋)

のへの関心を高め、言葉の楽しさやおもしろさ、言葉の微妙なニュアンスや音の響きなど、言葉遊びや絵本等を通して感じ、こうした感覚をもとにして言葉の理解やコミュニケーションを広げることが言葉の獲得にとって重要であると示されるようになった。

　平成29年告示の幼稚園教育要領には、第1章総則第2幼稚園教育において育みたい資質・能力および「幼児期の終わりまでに育ってほしい姿」(図2参照)が示されるようになった。資質・能力とは、(1) 豊かな体験を通じて、感じたり、気付いたり、分かったり、できるようになったりする「知識及び技能の基礎」、(2) 気付いたことやできるようになったことなどを使い、考えたり、試したり、工夫したり、表現したりする「思考力、判断力、表現力等の基礎」、(3) 心情、意欲、態度が育つ中でよりよい生活を営もうとする「学びに向かう力、人間性等」である。これら資質・能力は「第2章に示すねらい及び内容に基づく活動全体によって育むもの」、「幼児期の終わりまでに育ってほしい姿」は「第2章に示すねらい及び内容に基づく活動全体を通して資質・能力が育まれている幼児の幼稚園修了時の具体的な姿であり、教師が指導を行う際に考慮するもの」とされている。資質・能力の「三つの柱」は幼・小・中・高の教育を通して伸びていくものであること、幼児教育の特性である環境を通して行う教育の中で、遊びを通しての総合的な指導においてそれらの基礎が培われることを重視している。また、保育者・教師が「幼児期の終わりまでに育ってほしい姿」を共有し、幼稚園教育と小学校教育との円滑な接続が図られるように努めることも重要である。10の姿は、平成29年の3法令同時告示において、保育所保育指針第1章総則「4幼児教育を行う施設として共有すべき事項」、幼保連携型認定こども園教育・保育要領第1章総則「3幼保連携型認定こども園の教育及び保育において育みたい資質・能力」及び「幼児期の終わりまでに育ってほしい姿」にも同様に示されることとなった。

3 保育所保育指針

(1) 昭和40年保育所保育指針

　保育所保育の理念や保育内容・方法等について体系的に示されたのは昭和40（1965）年の『保育所保育指針』が初めてである。それに先立ち、昭和38（1963）年10月の文部省初等中等教育局長・厚生省児童局長連名通知が出されており、「保育所のもつ機能のうち、教育に関するものは、幼稚園教育要領に準ずることが望ましいこと。このことは、保育所に収容する幼児のうち幼稚園該当年齢の幼児のみを対象とすること」という点をふまえて策定された。すなわち、昭和40年の保育所保育指針の保育内容は当時の6領域の区分に沿って幼稚園教育要領の教育内容との整合性を図って構成されることとなった。「教育に関するもの」は保育内容領域に相当するものとしてとらえてよいだろう。しかし、昭和40年の保育所保育指針第1章総則において「養護と教育とが一体となって、豊かな人間性をもった子どもを育成するところは、保育所における保育の基本的性格がある」とされ、保育所の目標から見て「養護」の観点もより重視されていることがわかる。これ以降、幼児を対象とする保育内容、領域については幼稚園教育要領の保育内容と整合性をもつよう改定されてきている。

(2) 「年齢区分」と「発達過程区分」

　ここで、保育所保育指針が示す、発達・年齢の区分とその考え方について、確認をしておこう。昭和40年の保育所保育指針では次のような保育内容と年齢区分が示されている。

【昭和40年　保育所保育指針　第1章2．保育内容構成の基本方針 (1) 保育内容の区分より】

　2歳までの乳幼児は、生命の保持に直接関係のある活動としての「生活」と、それ自身を目的とした活動としての「遊び」との二つの領域にしてある。
　年長になるにしたがって、活動が分化してくる。したがって、2歳児では、「生活」と「遊び」の領域のなかで、特に対人関係と結びつくものを「社会」の領域とし、3歳児では、さらに「言語」を分化させている。4歳児以上では、幼稚園教育要領の6領域におおむね合致するようにしてある。

〈望ましいおもな活動〉
1歳3か月未満：生活・遊び
1歳3か月から2歳まで：生活・遊び
2歳：健康・社会・遊び
3歳：健康・社会・言語・遊び
4・5・6歳：健康・社会・言語・自然・音楽・造形

3歳児以下は6領域ではなく、特に2歳までは「生命の保持に直接関係のある活動としての『生活』と、それ自身を目的とした活動としての『遊び』の二つの領域」に、また2歳児では「健康・社会・遊び」、3歳児では「健康・社会・言語・遊び」となっている。また、それぞれの区分ごとに発達上の主な特徴、保育のねらい、望ましい主な活動が記されている。

　昭和40年保育所保育指針が保育内容に年齢区分を取り入れた背景には、昭和30年代から働く女性の増大と乳児保育へのニーズの高まりに伴い、保育現場からの強い要請があったと言われており、当時4歳児就園が広がろうとしていた幼稚園との違いがあったようだ（待井、1999）。

　保育所保育指針第1次改定（平成2年）では、保育所保育の特性である養護と教育の一体性を基調としつつ、養護的機能を明確にするため、全年齢を通じて「生命の保持と情緒の安定」にかかわる事項（「基礎的事項」）を記載し、乳児保育の普及に対応するため保育内容の「年齢区分」を6か月未満児、6か月から1歳3か月未満児、1歳3か月から2歳未満児、というように細分化し、さらに障害児保育に関する記述を明記した。保育内容については、平成元年の『幼稚園教育要領』と整合性を図り、6領域から5領域に再編成し整理している。

　第2次改定（平成11年）では、地域子育て支援の役割、職員の研修に関して新たに明記し、乳幼児突然死症候群の予防や児童虐待等の対応に関する記述、『幼稚園教育要領』と同様に「生きる力の基礎を育てる」ことを記述した。この第2次改定において、昭和40年・平成2年には「年齢区分」と呼ばれていたものが、「発達過程区分」とされるようになった。「発達過程の区分による保育内容は組やグループ全員の均一的な発達の基準としてみるのではなく、一人一人の乳幼児の発達過程として理解することが大切である」と文章が加えられており、プロセスを一人ひとりの成長発達の道筋に沿ってとらえていくことや、その道筋の個性が乳幼児期には大事にされるべきことが強調されるようになったと考えられる。

【平成2年　保育所保育指針　第1章2保育の内容構成の基本方針(1)ねらい及び内容】
　保育の内容の<u>年齢区分</u>については、6か月未満児、6か月から1歳3か月未満児、1歳3か月から2歳未満児、さらに2歳児から6歳児までは1年ごとに設定し、それぞれのねらいと内容を第3章から第10章に示してある。

【平成11年　保育所保育指針　第1章2保育の内容構成の基本方針(1)ねらい及び内容】
　保育の内容の<u>発達過程区分</u>については、6か月未満児、6か月から1歳3か月未満児、1歳3か月から2歳未満児、さらに2歳児から6歳児までは1年ごとに設定し、それぞれのねらいと内容を第3章から第10章に示してある。
　<u>なお、発達過程の区分による保育内容は組やグループ全員の均一的な発達の基準と</u>

> してみるのではなく、一人一人の乳幼児の発達過程として理解することが大切である。
> 年齢区分３歳児から６歳児まで
> 　基本的事項・健康・人間関係・環境・言葉・表現
> 　※年齢区分６か月未満児から２歳児までは上記（内容）を一括して示す

(3)　平成20年保育所保育指針：告示化・大綱化

　第３次改定（平成20年）では、これまでの局長通知から大臣告示として定め、国による正式な指針文書となり、規範性を有する基準としての性格をもつものとなった。そのため、文章表現についても基本原則を示すにとどめ内容の大綱化を図り、「保育の実施は保育所の自主性、創意工夫が尊重されるという基本的原則をより明確にし、例えば発達過程区分ごとの保育の内容を大括りにするなど、構成や記述内容を精選」している。章構成もそれまで13章構成だったものが７章構成としてまとめられた。第２章発達過程において「おおむね次に示す８つの区分としてとらえられる」とし、「おおむね６か月未満」など「おおむね」という文言が付与された。そして、第３章保育の内容において、養護と教育が一体となって展開されることが示されている。

> 平成20年　保育所保育指針　第３章　保育の内容
> 　保育士等が、「ねらい」及び「内容」と具体的に把握するための視点として、「養護に関わるねらい及び内容」と「教育に関わるねらい及び内容」との両面から示しているが、実際の保育においては、養護と教育が一体となって展開されることに留意することが必要である。
> 　ここにいう「養護」とは、子どもの生命の保持及び情緒の安定を図るために保育士等が行う援助や関わりである。また、「教育」とは、子どもが健やかに成長し、その活動がより豊かに展開されるための発達の援助であり、「健康」、「人間関係」、「環境」、「言葉」及び「表現」の５領域から構成される。この５領域並びに「生命の保持」及び「情緒の安定」に関わる保育の内容は、子どもの生活や遊びを通して相互に関連を持ちながら、総合的に展開されるものである。
>
> （保育のねらい及び内容）
> 養護：生命の保持、情緒の安定
> 教育：健康、人間関係、環境、言葉、表現

　領域「言葉」に着目し、幼稚園教育要領（表２参照）と比較してみると、一部の項目にはより幼い時期の子どもの姿にかかわる項目が多いことがわかる。

> 平成20年　保育所保育指針　第3章 (2) 教育に関するねらい及び内容エ言葉(イ)内容より
> ① 保育士等の応答的な関わりや話しかけにより、自ら言葉を使おうとする。
> ② 保育士等と一緒にごっこ遊びなどをする中で、言葉のやり取りを楽しむ。

(4) 平成29年告示の保育所保育指針

　平成29年告示において、平成20年の告示化・大綱化に伴って記述が少なくなった乳児・1歳以上3歳未満児の「保育に関わるねらい及び内容」が修正された。特に乳児（0歳児）については、領域ではなく以下3つの視点からまとめ示しているなどの工夫が見られる。厚生労働省「保育所保育指針の改定に関する議論のとりまとめ」（平成28年12月21日）のイメージ図（図3参照）に見るように、乳児では言葉の発達は体の動きや表情、発声や喃語など身体言語が中心であり、身近な人との信頼関係を基盤とした愛着形成、身近なものとの関わりから伝えたい感情表現が生まれることが重要である。保育士のかかわりにおいても、「子どもの多様な感情を受け止め、温かく受容的・応答的に関わり、一人一人に応じた適切な援助を行うようにすること」「身近な人に親しみをもって接し、自分の感情などを表し、それに相手が応答する言葉を聞くことを通して、次第に言葉が獲得されていくことを考慮して、楽しい雰囲気の中での保育士等との関わり合いを大切にし、ゆっくりと優しく話しかけるなど、積極的に言葉のやり取りを楽しむことができるようにすること」などが記述され、乳児に対する温かな応答性がより強調されている。

> 第2章　保育の内容　1 乳児保育に関わるねらい及び内容 (1) 基本的事項
> イ　本項においては、この時期の発達の特徴を踏まえ、乳児保育の「ねらい」及び「内容」については、身体的発達に関する視点「健やかに伸び伸びと育つ」、社会的

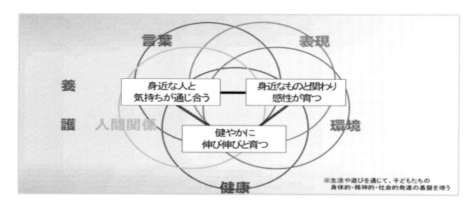

図3　「0歳児の保育内容の記載のイメージ」（厚生労働省「保育所保育指針の改定に関する議論のとりまとめ」より抜粋）

> 発達に関する視点「身近な人と気持ちが通じ合う」及び精神的発達に関する視点「身近なものと関わり感性が育つ」としてまとめ、示している。

　そして、「1歳以上3歳未満児の保育に関するねらい及び内容」「3歳以上児の保育に関するねらい及び内容」において、発達の連続性を重視しつつ、5領域に沿ってそれぞれの「ねらい」と「内容」が示され、特に後者の3歳以上において幼稚園教育要領とよりいっそうの整合性が図られ、同様の内容で示されている。

4　子ども子育て支援新制度のスタートと「幼保連携型認定こども園教育・保育要領」

　「認定こども園」は、第164回国会において「就学前の子どもに関する教育、保育等の総合的な提供の推進に関する法律」が成立し、平成18（2006）年10月から法律が施行されたことで制度が始まった。その後、平成24（2012）年8月に成立した「子ども・子育て支援法」「認定こども園法の一部改正」「子ども・子育て支援法及び認定こども園法の一部改正法の施行に伴う関係法律の整備等に関する法律」の子ども・子育て関連三法に基づく新制度として、「幼保連携型認定子ども園」が平成27（2015）年からスタートした。認定こども園の類型の1つである幼保連携型認定こども園を学校及び児童福祉施設としての法的位置づけをもつ単一の施設に改め、認定こども園法第10条第1項に基づき、『幼保連携型認定こども園教育・保育要領』が平成26年に内閣府・文科省・厚労省共同告示されたものが初めての教育・保育要領である。ここでは、「教育及び保育」という言い回しが繰り返し用いられているが、教育と保育の法令上の意味の違いを背景にしながら幼稚園と保育園の統合を図っているためである。領域は、第2章「ねらい及び内容並びに配慮事項」において幼稚園教育要領、保育所保育指針に相当する記述が見られる。

　平成29（2017）年、幼稚園教育要領、保育所保育指針と同時告示されたものが第1次改訂となる。その改訂は、満3歳児以上の幼児に対する教育内容は幼稚園教育要領と同じ、幼保連携型認定こども園に通う0〜2歳（3号認定）については、保育所保育指針と同じ内容と考えてよい。その上で、幼保連携型認定こども園として特に留意したい点には、特に「園生活の一日の生活の連続性及びリズムの多様性に配慮」すること、「園児の在園時間の長短、入園時期や登園日数の違いを踏まえ、園児一人一人の状況に応じ、教育及び保育の内容やその展開について工夫すること」とある。また、特に満3歳以上の「学び・発達の連続性」「一日の生活の流れ」について連携や工夫が求められている。

5　おわりに

　領域「言葉」の移り変わりを歴史的経緯に沿って取り上げてきた。社会の変化を背景とし、子どもにとってよりよい教育・保育を追求する保育者・園の実践の知の在り様を示すものであると考えられる。最後に、「領域」とは何だろうか。秋田（2009）は、「領域は、

食事の栄養素のようなものである」と述べている。「料理人は健康のためには栄養素についての知識をもち、その栄養素がその食事にどのように入っているかを知っている必要がある。しかし、料理としては、栄養素別のサプリメントを飲むのではなく、子どもにとっておいしい料理を準備することが大事であり、子どもとともに、一緒にその食事をおいしく味わえることが求められる。栄養素の解説や何に将来役立つかを説明しながら、食べることではない。その料理にはその家庭ならではの味や文化があるように、園ではその園ならではの味付けが求められるのである」とたとえている。乳幼児期の発達過程を基軸に置きながら一人ひとりの個性・特性を十分に理解し、保育者が地域や園の文化の中で創意工夫をこらし保育を行うことが求められているだろう。

［参考文献］
・秋田喜代美・野口隆子編著『保育内容　言葉』光生館、2009年
・小田豊著『幼稚園教育の基本』小学館、1999年
・加藤繁美「保育要領の形成過程に関する研究」、『保育学研究』第54巻第1号、pp6-17、2016年
・待井和江「保育内容の区分（発達過程区分）」、石井哲夫・待井和江編『保育所保育指針全文の読み方』全国社会福祉協議会、1999年
・無藤隆著『3法令改訂（定）の要点とこれからの保育』チャイルド本社、2017年
・無藤隆・汐見稔幸・砂上史子著『ここがポイント！3法令ガイドブック』フレーベル館、2017年
・森上史朗編『幼児教育への招待』ミネルヴァ書房、1998年
・内閣府・文部科学省・厚生労働省「幼保連携型認定こども園教育・保育要領　幼稚園教育要領　保育所保育指針　中央説明会資料」2017年
・民秋言編『保育資料集　教育要領・保育指針の変遷を中心に』萌文書林、2004年
・民秋言編者代表『幼稚園教育要領・保育所保育指針・幼保連携型認定こども園教育・保育要領の成立と変遷』萌文書林、2017年

〈野口　隆子〉

第4節 言葉の教育としての幼小の関連

1 幼小の関連について

　平成29年度改訂の幼稚園教育要領・小中学校学習指導要領等の改訂のポイントを受けて、幼稚園教育において育みたい資質・能力は次の3つの柱から示されている。

> (1) 豊かな体験を通じて、感じたり、気付いたり、分かったりできるようにする「知識及び技能の基礎」
> (2) 気付いたことや、できるようになったことなどを使い、考えたり、試したり、工夫したり、表現したりする「思考力、判断力、表現力等の基礎」
> (3) 心情、意欲、態度が育つ中で、よりよい生活を営もうとする「学びに向う力、人間性等」

　さらに「幼児期の終わりまでに育ってほしい姿」として、幼稚園終了時の具体的な姿が、次の10点として明確に示されている。

> (1) 健康な心と体　　　　　　　(2) 自立心
> (3) 協同性　　　　　　　　　　(4) 道徳性・規範意識の芽生え
> (5) 社会生活との関わり　　　　(6) 思考力の芽生え
> (7) 自然との関わり・生命尊重
> (8) 数量や図形、標識や文字などへの関心・感覚
> (9) 言葉による伝え合い　　　　(10) 豊かな感性と表現

　ここで求められる幼小の関連について、幼稚園教育要領と小学校学習指導要領にはそれぞれ次のような記述がある。

(1) 幼稚園においては、幼稚園教育が、小学校以降の生活や学習の基盤の育成につながることに配慮し、幼児期にふさわしい生活を通して、創造的な思考や主体的な生活態度などの基礎を養うものとする。 (2) 幼稚園教育において育まれた資質・能力を踏まえ、小学校教育が円滑に行われるよう、小学校の教師との意見交換や合同の研究の機会などを設け、「幼児期の終わりまでに育ってほしい姿」を共有するなど連携を図り、幼稚園教育と小学校教育との円滑な接続を図るよう努めるものとする。 第一章　総則	(1) 幼児期の終わりまでに育ってほしい姿を踏まえた指導を工夫することにより、幼稚園教育要領に基づく幼児期の教育を通して育まれた資質・能力を踏まえて教育活動を実施し、児童が主体的に自己を発揮しながら学びに向うことが可能となるようにすること。 　また、低学年における教育全体において、例えば生活科において育成する自立し生活を豊かにしていくための資質・能力が、他教科等の学習においても生かされるようにするなど、教科等間の連携を積極的に図り、幼児期の教育及び中学年以降の教育との円滑な接続が図られるよう工夫すること。特に、小学校入学当初においては、幼児期において自発的な活動としての遊び

第3　教育課程の役割と編成等 5　小学校教育との接続に当たっての留意事項	を通して育まれてきたことが、各教科における学習に接続されるよう、生活科を中心に、合科的・関連的な指導や弾力的な時間割の設定など、指導の工夫や指導計画の作成を行うこと。 第一章　総則 第2　教育課程の編成 4　学校段階等間の接続

2　領域「言葉」と「国語科」

　幼稚園教育における「健康・人間関係・環境・言葉・表現」の5領域と、小学校における「国語・算数・生活・音楽・図工・体育」などの教科との間には、どのような関連があるだろうか。

　「幼児期の終わりまでに育ってほしい姿」や、幼稚園教育要領に見られる「幼稚園教育が、小学校以降の生活や学習の基盤」という表現のように、領域「言葉」が教科「国語」に直結していると考えることは、狭いとらえ方となる。

　幼稚園で指導する5領域は、園での生活を通して、総合的に関連づけて指導するという観点でまとめられたものであり、5領域それぞれが独立しているわけではない。「健康」の時間や「言葉」の時間という時間割をもった指導はしていない。一方、小学校では「国語」の時間として年間の指導時数が決められ、それが時間割に反映されている。

　領域「言葉」と小学校指導要領「国語」の目標を比較してみる。

経験したことや考えたことなどを自分なりの言葉で表現し、相手の話す言葉を聞こうとする意欲や態度を育て、言葉に対する感覚や言葉で表現する力を養う。 第2章　ねらい及び内容「言葉」	言葉による見方・考え方を働かせ、言語活動を通して、国語で正確に理解し適切に表現する資質・能力を次のとおり育成することを目指す。 (1)　日常生活に必要な国語について、その特質を理解し適切に使うことができるようにする。 (2)　日常生活における人との関わりの中で伝え合う力を高め、思考力や想像力を養う。 (3)　言葉がもつよさを認識するとともに、言語感覚を養い、国語の大切さを自覚し、国語を尊重してその能力の向上を図る態度を養う。 第1節　国語 第1　目標

　幼稚園では言葉に対する興味や関心を育てることに主目標が置かれているが、小学校では国語を理解し、適切に使う能力を育てることに主目標があることがわかる。また、幼稚園では、音声言語である話す・聞くことが中心であるが、小学校では、音声言語の聞く・話すと、文字言語の読む・書くの両方の学習をするところにも違いがある。

　教科としての国語科では、文部科学省検定の教科書を使用することと、前述したように、学年ごとに年間の指導時数が決められている。さらには、学年で学習する配当漢字、話すこと・聞くこと、書くこと、読むこと、書写などに割り当てる時間数も決められている。

3 絵本と物語の指導

　小学校の教科書を見ると、絵本をもとにした物語が教材として扱われているが、「絵本」のままではない。「絵本」は絵が主となり、文字が従となるが、文字の読み書きに重点がある小学校国語科の学習に合わせて、教科書では絵本よりも絵の数を減らしている。
　絵本や物語で、それぞれどのような力を育てようとしているのか、教育要領と学習指導要領から、かかわりのある部分を比較してみる。

(1) 生活の中で言葉の楽しさや美しさに気付く。 (2) いろいろな体験を通してイメージや言葉を豊かにする。 (3) 絵本や物語などに親しみ、興味を持って聞き、想像する楽しさを味わう。 「言葉」の2　内容	ア　時間的な順序や事柄の順序などを考えながら、内容の大体を捉えること。 イ　場面の様子や登場人物の行動など、内容の大体を捉えること。 ウ　文章の中の重要な語や文を考えて選び出すこと。 エ　場面の様子に着目して、登場人物の行動を具体的に想像すること。 オ　文章の内容と自分の体験とを結び付けて、感想を持つこと。 カ　文章を読んで感じたことや分かったことを共有すること。 第1学年及び第2学年 〔思考力、判断力、表現力〕C読むこと(1)

　幼稚園で絵本を読むことのねらいは、絵本に興味をもつようになる、絵本を通じて擬似体験をしたり、想像力を育てたり、言葉の美しさに気づかせたりすることである。
　一方、小学校では、順序を読む、あらすじをとらえる、場面の様子を想像する、音読するなどのことがねらいとなっている。また、読むことと関連して、「知識及び技能」も含めると、発音・発声に関すること、表記に関すること、我が国の伝統的な言語文化に親しむことや読書に親しむことなどもある。小学校では実にさまざまなことを学習していることになる。

	6〜7月	9月
ねらい（時期）	・園生活に慣れ友達と一緒に遊べるようになる。 ・いろいろなごっこ遊びを通して仲間関係を広めていく。	・生活リズムを取り戻し集団生活を仲間とともに楽しめる。 ・戸外で、体を動かし集団遊びが楽しめるようになる。
絵本のねらい	・絵本のお話をみんなで見たり、聞いたりする楽しさがわかる。	・お話の内容に関心を示し、楽しさに、興味をもつようになる。
与えたい絵本	・そらいろのたね ・しょうぼうじどうしゃじぷた ・ぐるんぱのようちえん ・おおきいトンとちいさいポン ・どろんこハリー ・たなばたまつり ・かっこからんこからりんこ ・その他月刊絵本	・うみべのハリー ・もりのなか ・かっこからんこからりんこ ・とんぼのうんどうかい ・いやいやえん ・その他月刊絵本
共通の要素	・お話の内容がわかりやすく、イメージをどん	・お話と自分の体験を置き換えて、想像したり

	どん広げていくことができる。	楽しんだりできる。

(荒川区立の幼稚園の指導計画の一部)

　この指導計画からもわかるように、幼稚園ではなるべく多くの絵本に接するようにすることを基本とし、保育者がお話を読んで聞かせてイメージを広げさせたり、各自の好きな絵本を見つけ出して読んだりすることにねらいがあるといえよう。

　一方、小学校1年生が教科書で接する物語の数は多いとは言えない。一つひとつの作品に時間をかけ、前述したような多くの事柄を学習していくのが、小学校の国語科の授業ということになる。

4　幼稚園と小学校の文字の指導

　幼児に文字を教えるべきかどうかについてはさまざまな考え方がある。かつて小学校では「入学までに『自分の名前を書く』ことができるようにしておいてほしい」と、保護者に話していた時期があった。自分の持ち物や提出物に自分の名前が書ければよしとし、入学したら「文字を一から指導する」という構えを小学校はもっていた。1988年の時点で、日本の5歳児は、清音・撥音・濁音・半濁音71文字のうち、字形を正しく書けた文字が71.7%（約51文字）であったという報告がある。現在はひらがなはおろかカタカナ、漢字まで書ける幼児が増えている。もちろん、家庭での文字指導もあってのことではあるが。

　教育要領と学習指導要領に見る文字指導は次のようである。

(10)　日常生活の中で、文字などで伝える楽しさを味わう。 言葉　2　内容 (5)　幼児が日常生活の中で、文字などを使いながら思ったことや考えたことを伝える喜びや楽しさを味わい、文字に対する興味や関心を持つようにすること。 3　内容の取扱い	(ア)　姿勢や筆記具の持ち方を正しくして書くこと。 (イ)　点画の書き方や文字の形に注意しながら、筆順に従って丁寧に書くこと。 (ウ)　点画相互の接し方や交わり方、長短や方向などに注意して、文字を正しく書くこと。 〔第1学年及び第2学年〕 〔知識及び技能〕 (3) ウ　書写に関する事項

「文字などを使いながら」ということは、
　①　知っている文字を新聞やちらし、または五十音表などから切り抜いて貼り合わせて文や文章にする
　②　知っている文字を書いて文や文章にする

ことになろう。幼児は「文字を読める」「文字を書ける」ことにどれだけ喜びを感じているか測り知れない。たとえ鏡文字になろうが、筆順がどのようであれ、書くことそのものを喜び楽しんでいる。遊びの中から必要に応じて文字を使っていくことは、幼児の発達上無理のないことである。

　ところがである。小学校1年生の担任が口をそろえて言うことは、「入門期（4～5月）の文字指導は、治療から始まっている」という現実。なるほど、前述の学習指導要領第1・2学年の書写の指導事項として、「姿勢や筆記具の持ち方を正しくして」「筆順に従って」とあるが、その指導に入る前の指導（治療）に相当悩んでいる。

・入学前に身についてしまった筆記具の持ち方はなかなか矯正されない。
・文字を書くには順序（筆順）があるという認識がなかなか定着しない。

等々。何度も注意されずにすむために（児童の立場）、この治療のために多くの時間を使わないですむために（小学校担任の立場）はどうあったらよいのだろうか。

　○幼児の生活と結びつけた指導をする
　○読んだり、話したり、聞いたりする活動と結びつけた指導をする
　○一人ひとりの興味や関心に応じた指導をする

ことを基本としつつも、幼稚園教育にかかわる者が、文字を書いている幼児の指先を見届けるゆとりをもつことではないだろうか。クレヨンやマーカーなどはともかく、鉛筆等を持っているときは、「持ち方がいいね」と一声かけること。どこから書き出そうか迷っているときには、一画目・二画目……と教えつつ、いっしょに書いていくこと、など、指導者の少しの心がけが幼児の文字を書くことに対する真の自信をもたせることになる。

〈宮　絢子〉

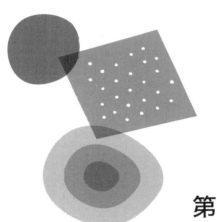

理 論 編

第2章

言葉の獲得過程とその特徴

第1節 人にとって言葉とは

　この地球上のすべての動物の中で、唯一言語機能をもちコミュニケーションすることのできる動物は人だけである。人間はなぜ言葉を話すことができるようになったのであろうか。どの子どもも言葉を獲得していく過程では、遅かれ早かれ同じ発達を遂げていく。

　そしてしだいにコミュニケーション能力が豊かに育っていく。日本の中で生まれ育つと、日本語が母語となり日本語が話せるようになる。つまりどの子も2～3年後には、話すことにおいてある程度の基本は獲得してしまうのである。

　そこで、この章に入る前に、言葉についての共通の理解を深めておきたいと思う。それは、「言語」と「言葉」の違いである。言語とは、広辞苑によると「人間が音声または文字を用いて、思想・感情・意志などを伝達したり、理解したりするために用いる記号体系」とある。また、言葉とは、「ある意味を表すために、口で言ったり、字に書いたりするもの」とある。つまり言語は人が創り出した文化的記号の総称であり、ある特定の集団が用いる個別の言語体系であると解釈できる。それに対して言葉は、言語による表現活動を指す。ほぼ同意語でありながら、言語は体系としての語のまとまりをいい、その活用を言葉と考えておけばよいかと思う。つまりコミュニケーションの道具として用いられるものであるといえるだろう。

　人は依存しながら自立していく本能をもち、けっして一人では生きていくことのできない動物なのである。そのため人は、コミュニケーションの道具として言語を発明し、その記号を介して人間社会を形成してきた。それは言葉の文化であり、言葉は文化を人から人へ伝えつないでいく大事な道具である。そこでこの章では、文化としての言葉を新生児が大人に向かってどのように獲得していくかについて実践事例を交えながら解説する。

1　生得的機能としての言葉の装置

　言語は、人にだけ与えられた特殊な記号である。

　なぜ、わずかな時間で、多くの言葉を獲得していくのかは、未だ謎とされる分野である。アメリカの言語学者チョムスキー（1928-）は、わずかな時間の中で次々と語彙を獲得していくには、たんに記憶や学習行為によるものとはとうてい考えにくいとし、言語中枢の記憶のはたらきだけではなく、言語環境の中で言語獲得装置（language-acquisition device：LAD）といわれるものが、人には生得的に備わっていると仮定せざるをえないと述べている。また、フロイト（Freud, Sigmund；1856-1939）理論の中には、人のさまざまな営みは、生得的な性的エネルギーが源泉となっているという考えがあり、このことをリビドー（libido）と呼んでいる。つまり、生得的に人は学習すべき装置やエネルギー

をもって生まれてきていると考えられているのである。また、スイスの動物学者アドルフ・ポルトマン（1897-1982）は、鳥と人は動物の中で唯一未成熟で生まれ、巣の中で周囲の人に依存しなければ生きることができない動物だと述べている。他の動物と比べて人間は、妊娠期間が短く「生理的早産」と名づけている（高木正孝訳『人間はどこまで動物か』岩波新書、1961年）。つまり人は生まれるとすぐに外界に対して応答し、人に依存しながら成長が始まるのである。このため、生まれてすぐに人を求めるためのサインを反射的に送り、そのサインに母親は応えようとする。この初めて出会う関係が母語の始まりである。

(1) もって生まれた言語獲得装置

　人は、たんに言葉を文法的に学び獲得できるものではなく、もともと言語獲得装置LADが存在し、その装置によって言語環境に浸っているだけで自然に学習していくものと考えられている。最近では乳児の音韻識別能力や、音声言語に対する同調行動や前言語対人能力などが研究によって明らかになってきている。しかし、たんにこの装置が自然に作動し、言語を獲得するという以外に、やはりこの装置を起動させる何らかの外的刺激が必要との意見もある。しかし新生児は、どの子も生まれて数週間の内に言葉を育む準備に入ることが明らかなっている。ミルクを飲むために当初2時間おきに養育者に抱かれ、一日12回マザーリングされるのである。その間、新生児は、養育者の顔をじっと見つめたり、時には養育者の顔に手を差し出したりする動作が見られる。新生児は反射的産声からまもなく興奮という刺激を受け、快や不快感が、泣き声となって養育者に伝えられる。養育者は乳児と体を密着させ、話しかけながら、触感、嗅覚、相貌知覚などの五感を通して特定者としての認知を確立していく。こうした特定者に対しては、心の安定感や信頼感を寄せ、絶対的な依存性が芽生え、健全な発育と発達を促すこととなる。このようにして育まれ安定した母子関係は、将来の人間形成に大きく関与し、豊かな言語感覚を育てていく基盤となるのである。

(2) 快と不快から始まる感情の芽生え

　人は、この世に生を受けたとき、初めて空気を吸い込み吐き出す。この呼吸を通して、泣く行為が反射的に起こり、言葉を創る準備が始まる。

　あくまで反射的行為のため、新生児は基本的には言葉はもっていない。しかし、泣くという行為は、赤ちゃんにとって生命を維持し成長するための不可欠な行為であるので、無意識ではあるが何らかの意味をもっていると考えられる。

　人は生命維持のために、興奮という感情がもともと備わっているといわれている。興奮には、快の感情と不快の感情があり、この情動が自己の感情を反射的にあるいは無意識的に周囲に発信していると考えることができる。

　生理学的に見ると、血中の糖度や大脳の糖のガラクトースが不足すると生理的反射行為

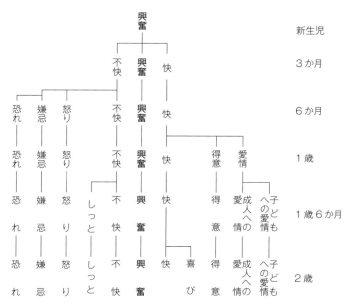

図1 Bridges, K. M. B., "Emotional development in early infancy", Child Development, 1932 情動の分化図式（P.190）引用

が促され、空腹であることを泣くという行為で知らせるものと考えられる。

また、おしりが濡れたりすると体温が低下し、冷えや急激な温度差に対して不快の感情が動き、おむつの交換を求め泣くなどが考えられる。そのほかにも赤ちゃんが泣く行為は、いろいろある。生後約1か月間（新生児期）は、生命の維持のために、循環器、神経系、消化器系などの身体機能維持のための反射的行為が主となる時期でもある。したがって、1か月を過ぎる頃から、次第に感情の快と不快は分化し、情緒の発達とともに、図1で示すような情動の分化が進み、それに伴い言葉が創り出されていく。

2　人への依存から始まる言葉の育み

人の発達は、すべての諸器官において一定の順序性があり、情緒の分化もその一つである。情緒は言葉の獲得と密接な関係があり、特に日本語の言葉の獲得過程においては、自己の感情によって、伝えようとする言葉を内言化する行為が必要になってくるために、一語では意味をもたない助詞や終助詞、修飾助詞、接続助詞などを用いて文を文章化していく必要がある。つまり、欲求や表現したいことなどの自己の感情によって産出されてくる内言的言葉（メタ的言語：無意識に習得してきた言葉に、興味や関心を抱き、新たな言葉を意識的・形式的〈構文〉に自覚化して扱おうとする言葉をいう）を生成する基盤となっている。

したがって、快と不快から出発したさまざまな感覚が内言化していくこととなる。乳幼児の発達は、情緒、特に母子関係（養育者との関係）との絆が大きな育ちとして影響する。言葉の発達は、体を形成していく過程と大変密接な関係をもっている。特に、新生児から

6歳ぐらいまでの心身の発達が著しい過程において養育者が及ぼす情動関係は、その後の発達に大きな影響を及ぼすといわれている。
　言い換えれば、臨界期までの母子関係によって築かれた情動や体験は、将来の人格形成に大きく関与するということを意味しているのである。
　では、新生児の発達過程を、体の成長過程を通して説明していく。
　新生児が産声を上げ、しきりに唇をモグモグさせる行為は、フロイトのリビドーといわれる5段階で分類した最初の口唇期（0歳から1か月）までの時期に見られ、たとえば唇に指を当てたり、乳首を口に当ててあげたりすると、その刺激を受けて唇をモグモグさせ吸う動作を繰り返す。
　体の発達からとらえると、新生児を母親が抱き、ミルクを飲ませると、母親と新生児との距離はおよそ20～30cmとなり、焦点もまだその距離の位置しか見えない。
　こうした中で母親の鼓動や温もり、抱く強さや言葉かけなどが体に伝わり、新生児は心地よさや喜びを感じ取っていくのである。

〈安見　克夫〉

人が言葉を獲得していくとき

1 言葉のはじまりから喃語の時期（0歳から4か月頃まで）

　人の言葉の発達は、諸器官や機能の発達に同調しながら育まれていく。言語の発達が他の器官や機能の発達と関係なく進むということはない。新生児は、生まれて2か月あまりの間に、人間の成長に必要な情報を認知し獲得しながら、言葉を育む準備を始めるのである。

(1) 反射的機能の時期から準備期まで

■口唇での反射的機能を介して言葉を準備する（1か月頃まで）

　新生児は、誕生の瞬間と同時に呼吸を始める。外気という刺激に誘われ、大きく空気を吸い込み吐き出すのである。その瞬間「産声」を上げ、はじめて音声を発するのである。それは刺激による反射的なものであり、泣き声として聞こえる音声で、まだ言葉として成り立っていない段階である。しかし生後間もなく、人間の母子関係は情動的コミュニケーションによって、二項関係から始まる。ほかの動物にない微妙で豊かな表情を通して、子どもと社会的関係を築いていくのである。

　そして、1か月が過ぎた頃から「バァ」「アー」「ウー」などのクーイング（呼吸に伴う偶発的音声）とともにしだいに母親と目を合わせたり、人の声に反応したりしながら、時にはじっと見つめたり微笑んだりもするようになってくる。このクーイングは、反射的泣き声の中で、心地よい感覚に伴い、軽やかに発してくる。養育者は、このことに復唱的に言葉を返したり、スキンシップをしたりしながら、共感できるよう心をつないでいく大切な時期でもある。

　さらに2か月が過ぎる頃から「アアー」「ブブー」「ババー」「ダダー」などの1音節の反復喃語といわれる言葉が増えてくる。喜びや快適さを、言葉や表情、あるいは身振りなどで伝えようとしてくるのである。「喃語」の始まりである。この喃語の出現は、村井潤一氏によれば、母親がいるときに増え、母子間のコミュニケーション手段として大きな意味をもつことが明らかにされている。

　この時期がさらに進むと、1音節の反復喃語から、音節を組み合わせた「アーウー」「バーブー」などの快適で心地よいときに発せられる言葉が出てくる。そして、このように音声を発していく過程で、偶然的に周囲の人との関係が生まれ、微笑みながらあやされたり、同じ音声を返したりしながら、温かな音遊びを楽しむ姿が見られるようになっていく。つまり、他者との言葉のやりとりを始める準備段階に成長してきていることを意味している。

■依存する生活を通して言葉が獲得される

　人は、生まれながらにして人を頼り依存する。多くの哺乳類は、成熟した状態で生まれ、自ら立ち上がり、餌を食べ始める。しかし、人間は通常の成熟期間より１年近く未成熟で生まれ、人に依存しなくては生きることができない。そのために新生児は、生まれると同時に泣き声を上げ、周囲の人に、自己の養護を本能として求めてくるのである。

　また、同時に大人、特に母親に対しては、絶対的な関係を絆としてもち、依存し信頼と安定感を保ち続ける。このように依存する中で、幼児は言葉を準備し、コミュニケーションを通して、自立への道を進み始める。つまり、幼児期の社会性の発達や豊かな情動感の形成は、親との絶対的な信頼関係を通して築かれていくのである。

　では、信頼関係と安心や安定感は、どのように形成されていくのだろうか。無藤隆氏は、親子の信頼関係や安定した関係を築くには、幼児の欲求にいかに素早く応答してあげるかが、決め手になると言っている。それは、その子の欲求に対して、周囲の大人がいかに早く理解し解決していくかということになる。たとえば、おむつが濡れているときに、乳児は、気持ちが悪く、あるいは冷たいという感覚を感じ取り、その不快感を泣くという行為で周囲にいる親に伝えてくる。親は、その不快感に共感し、「はいはい、おむつを替えましょうね」とやさしく語りかけ、おむつを取り替えてあげることだろう。こうした行為を、いかに早く実行するかによって、信頼と安定感の築きに差が生じてくるのである。

(2) 喃語の時期・他者との応答を求めたがる時期

　この喃語（音の長さや高さを自分で調整して発する音声）の時期は、言葉を人から学び取り、自分の内言として蓄えていく時期である。特に特定の養育者が応答者となり、語りかけたり乳児が発する喃語を受け止めてあげたりすることが大切である。心配してあげたり、喜んであげたり、その子の気持ちを受け入れながら、言葉の遊びを楽しんであげることがこの時期のかかわりである。幼児の中にはさまざまな事情で、生後50日前後から保育所で過ごす子も増えている。保育所は、このような０歳児の保育について、当然特定養育者の一人として、かかわっていくことが求められるのである。保育所は家庭的で温かな雰囲気とし、なるべく家庭の延長的で違和感の少ない環境が望ましい。そして、保護者と保育者が一体になって、幼児との三項関係を保ち生活を共にしながら、言葉を心と体で受け止め信頼関係を築き上げていくことが、言葉の育みを促進することとなる。

事例2-1
　おむつが濡れると赤ちゃんは、不快感を覚え周囲の保育者に泣く行為を通して伝えてくる。保育者は、にこやかに、そして軽やかに、穏やかな日だまりの中で「きれいきれいしましょうね」などと、やさしく包み込むようにおむつを替えてあげることを大切にしたい。
　赤ちゃんは、心地よさを感じ、微笑んだり、「アーゥーアーゥー」「ウァーウァー」

などの喃語をしきりに語りかけてくる。
　　　赤ちゃんは、親以外の人が自分のおむつを替えることを、無意識ではあるが察知している。仕事ではなく、一人の人間を育てる献身的な心で接し取り替えてあげたいものである。こうすることで、乳児は、自分以外の人に信頼を寄せ安心と安定した心を開いてくる。

2　模倣から自己モニタリングする時期（2か月から1歳頃まで）

　新生児から2か月を過ぎた頃から、少しずつ外へのお散歩なども多くなり、比較的天井ばかりを見つめて生活してきた時期から一挙に視界が広がり、社会性の発達も徐々に関係づいてくる。言葉ではなく、音声としての「アーブー」「アーアー」など音遊び的な音声を繰り返し楽しむ様子が見られる。口元近くの頬を、軽く指でぽんぽんとたたくと、快く楽しそうに「ウァーブァー」「ウァーブァー」としきりに繰り返してくる。つまり、聴覚の発達も急速に進み、音をモニタリングしている。また親が子どもの「ウァーブァー」「ウァーブァー」に対して同じように、語り返してあげることで、親の言う言葉をさらに模倣し繰り返そうとする。つまり、自分の発する音声を自分の耳で聞き取り、その音声を聞き返すという行為を繰り返すようになっくる。この時期には、養育者との絆を最も大切にしなくてはならない時期を迎えていることを忘れてはならない。

(1)　模倣を通して喃語から言葉を創る時期へ

　4～6か月が過ぎる頃から、一人座りができるようになり、自分からの視野も広がり、さまざまな事象と出会う時間も長くなってくる。

　そのため、周囲の人やモノの認知も増え、人が語る言葉を模倣したり、親の語りかけを模倣したりする行為がさらに多くなってくる。

　発達の側面から考えると、この頃から知的発達や社会性の発達が加速され、多くの人から「かわいい」などと微笑まれたり、手を触られ握手されたりと、人との接触を通して言葉かけされる機会も増えてくる。それに合わせて情動関係も深くなり、人の言う言葉を真似したり、周囲からとらえる事象（人・物・こと）すべてに好奇心を抱くようになったりしてくる。

　人と別れるときの挨拶に「バイバイ」と言うと、「バイバイ」と模倣したり、いやなことがあると親や周囲の大人が「いやいや」と察してあげると、「いやいや」と反復し、動作を真似したりもする。この時期は、状況に対して言葉を模倣しながら反復していく様子が見られる。

■この時期になぜ愛着行動が必要か

　人はもともと人に依存しながら自立していくのである。自立するためには、信頼関係を

樹立していなくてはならない。乳幼児も親や保育者との信頼関係があって、初めて社会性の発達を加速することができる。社会の営みに触れるたびに乳幼児は言葉を創る喃語を話す。つまり愛着行動とは人に頼り、身を委ね、乳幼児が絶対的に信頼を寄せる人がすぐそばにいることで心を開き、語ろうとするのである。このため、親や保育者は、その子の欲求に素早く対応し、温かくすべてを受け入れていく姿勢が大切である。どんなに豊かな設備や道具があっても、そばに安心できる人がいなければ、乳幼児は、豊かに成長を遂げていくことができないのである。

(2) 一語文初語を介して有意味語化する時期

6か月から1歳頃にかけて、乳児は、はいはいができるようになってくる。この頃から乳児は幼児へと変身する。今までは、親に抱かれた行動が多かったが、この時期から自力行動が可能になることから、今まで乳児の頬や手首のふっくらしていた皮下脂肪は、運動エネルギーの代謝よって燃焼され、赤ちゃんの顔や体はしだいに幼児のしまった顔や体に変化してくる。こ

写真1

の頃になると、行動に合わせた言葉が見られ、その意味も少しずつわかるようになってくる。たとえば離乳食を食べるときなど、保育者が「マンマ食べようね」と言うと、離乳食を見て「マンマ」と言って指さしたり、うれしい表情を見せたりする。この時期の一語文は、比較的「ご飯」イコール「マンマ」という名詞としての感覚が強くはたらいているように感じられる。8か月を少し過ぎる頃から、その名詞一語に、自分の感情を含めて表現するようになってくる。

早い段階の子どもでは、10か月を過ぎる頃から一語文の初語(first word)が見られる。この時期のことを発語期ともいい、一語で特定の意味をもつ言葉として使い始める。その子にとって一語文初語は、喃語の時期の後半に見られる一語文より深い意味をもつ言葉として発話されてくる。

たとえば絵本の中の犬を見て「ワンワン」と言ったり、町中の犬を見て同じように「ワンワン」と言ったりする。しかし、同じ犬を見て「ワンワン」と言っていても、「ワンワンかわいい」「ワンワン怖い」「ワンワンあっちいって」など、一語文の中にその子の思いが含まれ表現されているのである。このため、親や保育者は、この時期の子に対して、「ワンワン」をたんなる犬の名詞として聞き取っていくのではなく、その子の心の中にある思いも読み取り理解し、援助していく必要がある。この時期を「有意味語期」という。

そのためこの時期は、さまざまな環境とふれあえる機会を大切にし、保育所などでは、いつも同じ環境の中で過ごすのではなく、お散歩や近くの公園での戸外保育などを心がけ、固定した環境で生活するだけでなく、多様な遊びやイメージが湧く環境での体験ができるよう視野を広げていくことが大切である。

乳幼児は、自然や周囲の環境に触れることで驚きや好奇心に目覚め、興味や関心を示し発語も増加する。心地よい風を肌で感じたり、小春日和などの温かさに「気持ちがいいね」と語りかけたり、道々で遭遇する猫を見て、「ニャーニャ」（猫、かわいい、さわりたいな）などと思っている心を読み取って、「サーちゃんも、いいこいいこしてみる」などと会話を楽しんだりすることで、喃語や一語文をたくさん語りかけてくれるようになる。

　「ほら、いいこ、いいこしてね」と言うと「いこいこ」「ニャーニャ」など一語の中に言葉の意味を含めて語りかけてくれたりする。また、時には個別にゆったりと、膝の上で絵本を楽しんだり、お話をしたりすることも、この時期に大切したい保育法である。

　1歳から2歳にかけてしきりに「よんで」と絵本を持って膝に乗ってくる。

　「おはなし」と言い、本を広げ読み始めると、じっと見つめて自分から「しかさんは、いってしまいました」「それからしかさんは、どこにいっちゃいました」など、次々と自分のイメージを言葉にしながら、絵を楽しむかのように語り始める。読みというよりも、自分で次々と本をめくり「おしまい」などと言い、またはじめから読み始めたりする。

　本は、子どもたちの世界観を広げていく知的な架け橋である。赤ちゃんのときから、添い寝をしながら絵本を読んであげることは、言葉を育てていくとともに、保護者との心の絆を確かめ合う大切な機会ともいえる。この時期に集団で保育する保育者は、言葉の育ちだけにとらわれ、集中させることや、理解させることを重視するのではなく、もっと心と心をつなぐものとして、絵本を取り扱ってほしい。絵本は、その子のもう一つの世界であり、その世界を自ら楽しむことこそ、言葉を豊かに育むこととなるのである。

3　二語文から三語文を構成する時期（1歳から3歳頃まで）

　この時期を発話期といい、1歳を過ぎる頃からつかまり立ちや自力歩行ができるようになってくる。つまり、自分を取り巻く環境が広がり、さまざまな体験や経験がたやすくできるようになってくるのである。1歳から2歳にかけて、語彙は急激に増加し、言葉は一語文から二語文以上へと二つの自立語をつなげて文を構成し発話する姿が見られる。

　つまり、一語の自立語に、自己の思いを込めた連結語を発話するようになる。「パパ、かいしゃ」「ガム、ちょうだい」「ブーブー、かちて（かして）」などが話せるようになり、伝わる楽しさを感じ取っていく。一語と一語を連結し、たんに話すということより、相手に自分の思いが伝わる楽しさが実感できるのである。この気づきは、文と文を構成するルールを感覚としてとらえ始めていることを意味している。そして語彙は、3歳頃までに約1000語を獲得するといわれている。この語彙を分析してみると、ほとんどが日常生活の中で獲得された「生活の言葉」である。つまり、乳幼児期の言葉の獲得は、社会的要因として、親や保育者の直接的刺激言語によるものであることがわかる。

　この時期に入ると幼児の生活環境は、今まで以上にさ

写真2

まざまな物、人、こと、場、といった環境の充実が求められる。特に保育所では、音楽や、絵画、絵本、物づくりできる素材などを十分に用意し、クレヨンで絵を描けるようにしたり、絵本を自由に与えたり、午睡前には絵本を読んであげたりし、お外では、適度な運動遊びや砂場遊びなどを時間の許す限り与えてあげる必要がある。幼児は、この頃になると、線描きの絵をよく描き、出発点に戻る輪になった絵を描いては「パパブーブ！（パパの自動車！）」などと、自己の思いを語ってくれたりする。

(1) 何でも質問したがる質問期

　2歳を過ぎる頃から、幼児は質問する機会が増えてくる。この時期を質問期という。

　名詞を中心に「ねね、これなんていうの？」「これ、なーに？」「これは？」といった質問攻めにあい、あまりのしつこさに閉口してしまうことさえある時期である。二語文ができるようになると、自分の感じたことを、言葉にして伝える楽しさや、言葉のリズムに心地よさを感じ、語彙は特に名詞を中心に急速に数を増していく。また、言葉の成り立ちに気づく時期でもある。耳で音を聞き分け、あるいはリズムで聞き分けて、語彙を獲得しようとする。そのため「エレベーター」を「エベレーター」と聞き違っていたり、「マヨネーズ」を「マネヨーズ」などと覚えてしまっていることもある。また1歳児から2歳児では色の名前を「あか」「あお」「きいろ」を「の」をつけて覚えてしまったりする。それは親や保育者が「あかいのがいい？」「あおいのほしい？」「きいろいのがいいの！」などと話したりすることで、色の名前は、「の」がつくものであると誤認識してしまうのである。こうした誤りに、大人たちはよく正しい言葉を教えようとするが、せっかく覚えた言葉にケチをつけ、意欲を損なわせては、かわいそうである。言語感覚が習熟してくると、自ら補正していけるので、それほど神経を尖らせる必要はない。また、この時期は、虚構の世界と現実の世界とが交錯し、独り言やつぶやきといった言葉も出てくる。自己の言葉をごっこ遊びを通して表象化（事物や事象を一定の関連物で表現しようとする機能）する時期でもある。そして自らの経験を主体化していくことで内言（思考機能を果たす自己の言葉で、たんに音声を伴わない言語のことではない）を増やし獲得している。1歳から2歳頃に、青い空に浮かぶ雲を羊に見立てたり、じっと見つめる雨がはじける様子を見て「冠みたい」と言ってみたりと、想像する力が急激に育つ。

■「ね、これなーに・これどうしたの」

　幼児は2歳半から3歳頃になると、物の名前をしきりに知りたがり、周囲の大人に質問することが多くなってくる。この頃の幼児は、自分から絵本や図鑑に興味を示し、また保育者が演じてくれる紙芝居やビデオなどを視聴するなど、言葉と接する機会を楽しみにしている。しかし、集団の中でこうした経験をする場があっても、紙芝居中に立ち上がり、前に出てきて「ねぇ、これなーに」などと質問し、保育者や周囲の仲間を困らせる場面がよく見られる。また、ごっこ遊びも活発になり、日常生活の再現遊びや、一人っ子などに

多く見られるつぶやきながら一人で遊ぶ姿などが見られる。この時期には、幼稚園や保育所等では、家庭で育んできた言葉を基盤に園で使っていけるよう保育者が援助し、人間関係の広がりを大切に育てていきたい。また、幼児が見たこと、聞いたこと、感じたことなどを言葉にして話し合う機会を大切にしたり、言葉遊びや劇遊びなど、表現活動を意識的に取り入れたりしていくことが言葉を豊かにするのである。保育者はどんなに忙しくても、「ね、これ、なんていうの」と聞かれたときは、丁寧に語り返してあげることが大切である。初語の時期は、名詞、動詞が中心であったのが、形容詞、副詞などの修飾語を助詞や接続詞でつないで、言葉を文章化できるようになってくる。

> **事例2-2 「たんぽぽ は たんぽぽ」(3歳)**
> 　　毎日、幼稚園に通う道ばたで、3歳の女の子が、アスファルトの隙間に咲くたんぽぽの花を見て「ママ、ね、これなーに」と尋ねた。ママが「たんぽぽよ」と答えると、「へー、たんぽぽ」「そう、たんぽぽ」と対話し、帰宅したそうである。次の日、登園する道ばたで、昨日見た同じタンポポを見て「ね、ママこれなーに」と尋ねると、母親は、「昨日、教えたでしょ。たんぽぽ」と少し強い口調で教えたという。ところが、幼稚園の帰り道で、そのたんぽぽの前で立ち止まり、「ママ、これなんっていうのだったっけ」と少し遠慮気味に尋ねたという。ママは「何回言ったらわかるの、これはタンポポって言うの！　頭悪いんだから」と言ったそうである。

　幼児は、同じことを何度でも聞き返しながら確かめ、母親とのかかわりを楽しみながら言葉を獲得していく。こうした対話の中には、幼児と母親との間に温かなしっかりとした信頼という絆があり、ある意味で言葉遊びをしているという理解が大切である。

(2) 言葉の獲得と生活に広がりが見られる時期

　2歳を過ぎる頃から、幼児はさまざまな場で、何でも、自分から興味や関心を抱き、知りたい、聞きたい、やりたいという好奇心が旺盛になる。幼児の発達の特性でもある、知りたがる時期を保育に生かしていくことは幼児教育として大切にしたい。よく、基本的生活習慣はいつ頃から指導したらよいかといった質問を耳にする。筆者は、当然この2歳を過ぎる頃からの時期を奨励したい。なぜなら、「ねぇ、これなーに？」「これは？」「じぶでやる（自分でやる）」「やりたい」などと、身の回りにあるものに興味や関心をもち、模倣したがる時期を迎えているからである。それゆえ、この時期こそ、基本的生活習慣を「言ってやらせる」のではなく、「して見せながらやらせる」指導を心がけたら、自分から進んで生活習慣を獲得するようになる。しかし、3歳から4歳前半にかけて、幼児には第一反抗期がやってくる。今まで、保育者や親と一緒に楽しく素直に模倣しながら獲得してきた生活習慣も、次第にこだわりが出てきて、手本を示しいっしょにやろうとしても、急に「やりたくない」「いやだ」「あっちいって」「ダメ」などと反抗してくる。つまり、幼

児の発達に即した時期に、発達の課題をしっかり指導していくことが大切で、時期を失してしまうと、その指導を難しくしてしまう。幼児の言葉の発達過程で聞き取ることのできる言葉をしっかり受け止め、適切に指導していくことが重要である。

■「見たい、聞きたい、知りたい、食べたい、やりたい」時期

　幼児期には、発達とともに知的好奇心が急激に旺盛となり、何にでも興味や関心を抱き始める。今までの経過をたどると、言葉の発達は喃語を発声し、一語文期を経て、有意味語を話すようになり、二語文を生成する。そして文と文を接続詞や修飾語でつなぎ、三語文となり、言葉の法則性を無意識ながらも獲得してくる。こうした段階を経て文は文章化し、質問期という発達段階に入る。幼児は、しきりに「何で」「どうして」「見せて」「やりたい」「やらせて」「やってあげる」と大人にせがみ、たとえば家庭では掃除機でお母さんが掃除していると「やりたい」「おてちゅだいする（お手伝いする）」と言ったり、洗濯物をたたんでいると「おてちゅだいしてあげる」と言って忙しいときに親を困らせる姿がよく見られるようになる。この頃は、保育所や幼稚園では、なるべく直接的体験を中心とした保育を心がけ、保育者は幼児一人ひとりが描くイメージを他者とつなぎ、遊びが継続できるよう心がけていく必要がある。遊びの継続性は、言葉を生成する源泉でもあるので、イメージが乏しく、遊びに入れない、あるいは遊びが継続しにくい幼児には、保育者は、その子のしたいこと、自己実現に素早く援助することが求められる。

■言葉が豊かに育つ保育者の援助

　言葉を豊かに育てていくためには、保育自体に「ゆとり」が必要で、ゆとりとは、精神的、時間的、空間的な意味があるが、特に精神的、時間的ゆとりが必要である。

　日々の保育は、保育所も幼稚園も、指導や保育計画に基づき保育が計画され、実施されていく。しかし、幼児の実態とのズレは、日々その時々に発生し、そのたびに保育者は、瞬時にズレに対して、修正あるいは補正しながら保育を進めていくのである。

　このため保育を、カリキュラムに沿って計画を遂行するために急ぎ、カリキュラムを消化していくための保育にしてしまっては、けっして豊かな言葉は育まれない。

　保育には、ゆったりとその子が考えたり工夫したり、遊びをさらに展開したり、実現させたりする時間が必要で、こうした活動の中で言葉、特に内言（心の中で蓄える言葉）は豊かに育つ。この3歳からの時期は、言葉に最も興味がわき、楽しくなる時期なので、一人ひとりの幼児の遊びが継続できるよう工夫したり、保育者は、幼児と共に、劇遊びや絵本をたくさん読み聞かせたり、紙芝居や、歌などをみんなで歌ったりすること、特に情感や情景を大切に情緒豊かな歌唱が楽しめる保育が大切である。

　また、手遊びや言葉遊び（逆さ言葉やしりとり遊びなど）、カルタ遊び、歌遊び（伝承遊び「花いちもんめ」など）、幼児が言葉に関心をもって活動できる遊びを、幼児の生活に沿って保育者が援助していくことが大切である。

■虚構と現実を行き交いながら言葉を創る時期

　幼児は、表象化する時期があり、その頃から虚構と現実の世界を行き交い、遊びの世界を広げていく。2歳ぐらいになると、事物を何かに見立てる遊びやごっこ遊びをしきりに楽しむようになる。そして2歳から3歳を過ぎる頃から、過去の体験を自分なりに再現して遊びを創り出したり、テレビのアニメを再現し、スクリプト（アニメなどストーリーに沿った遊びの再現）ごっこを楽しんだりすることができるようになる。

> **事例2-3　「せんせい、ぱっちゅんして」（3歳）**
> 　5月のある日、幼稚園の3歳児が、園長先生に「これぱっちゅんして」と丸く切った画用紙に、青いクレヨンで殴り書きしてある絵を描いて持ってきた。
> 　「ぱっちゅん？」と聞き返すと「そう、ぱっちゅんして！」と繰り返す。何のことかと思い『ぱっちゅん』ってなーに？」と聞き返すと、Aくんは「ぱっちゅん」と言うだけで、わからないので、とりあえずホチキスで留めることにした。「ねー、ぱっちゅんしたけど、これでいいの？」とホチキスで留めた画用紙を渡すと、不快感をあらわに「ぱっちゅん、ぱっちゅんして!!」と言い返してきた。園長先生は何のことやら、何を言っているのかが読み取れない。そこで園長先生は、次にパンチで穴をあけることかと思い、「Aくん、待ってて」と隣の部屋で穴あけパンチを借りて穴をあけ、「Aくん、ハイ」と渡すと、今度は顔を真っ赤にして、「ぱっちゅんん!!!」と強い口調で怒り出した。途方に暮れた園長先生が周囲を見渡すと、ハッとして目に留めたものがあった。保育室の片隅に、保育者があらかじめ用意しておいた黒い色画用紙の帯（バイアス）が束ねてあったのである。「Aくん、ごめんね」と言い、画用紙を黒いバイアスにホチキスで留め、お面にして返した。Aくんにやっと笑顔が戻り、うれしそうに「ありがとう」と言い、一目散に仲間の待つジャングルジムに走り去った。

　この出来事は、幼稚園という場において、A児がまだ理解していない言葉、あるいは獲得していない言葉「お面をつくる」が、「ぱっちゅん（内言：ホチキスで留める行為を見ていて、自分なりの代用語で）」という言葉で置き換えて欲求してきた事例である。この時期は、内言化が活発になり、表象化したりすることが多く見られる時期でもある。保育者は、その子の内言を読み取っていくことが大切になる。

〈安見　克夫〉

4　多弁期から文章を構成していく時期へ（3歳から6歳頃まで）

　子どもは3歳近くになると、母語の基本的な文法構造の急激な習得が見られるとともに、習得した語彙や基本的な統語規則によって自分の思いを何とか話すのには困らないほどになっていく。そして、幼児期を通じて子どもの会話は洗練されたものになっていく。

(1) 言葉を文章化しようとする時期

　子どもの言葉の発達は、誕生後の養育者（母親）からの繰り返される語りかけと生活体験とが深く結びついている。多弁期を迎えるこの時期には、ほとんどの子どもは、家庭から園という集団教育の場に入ってくる時期でもあり、家族とは違う大人（保育者）や友達と出会う時期でもある。

■行動と言葉

生活の言葉化
　　○言葉は身体や心の発達と深くかかわる
　　○言葉は理解（認知）の発達と深く結びついている
　　○言葉は生活環境と密接につながっている

　それゆえに子どもにとっての言葉の発達とは、深く人格の形成と結びついてくるのである。言葉の発達過程について、岡本（1982、85）は、言葉の「胎生期（乳児期から）」「誕生期（乳児期後半から１歳後半から２歳過ぎ）」「生活化期（２歳半頃から）」「自律期（小学校中頃から）」と４期に分けて示し、発達的文脈の中で幼児期を「生活のことば化」の時期であるとしている。その時期は、「ことばが生活の中での中心的な手段となり、またそれによって生活経験がことばによって再構成されるとともに、ことばの意味が生活の中により深く根を下ろしていく過程」（2005）である。つまり、子どもが自分の生活を言葉によって表現するようになり、生活がうまく言葉化されるようになる時期なのである。
　この時期の子どもに、どういう内面の変化や発達が生じているのであろうか。

行動を言葉へ　言葉を行動へ
　子どもは行動を通して世界を、人間を、そして自分というものをとらえていく。３歳を過ぎ、基本的な生活習慣の自立に伴って自分の意志で行動することが増えてくる。探索・探求行動が増えてくるとともに、自分の行動が、行動として終わるのではなく、それが言語化され、言葉で表現されてもくる。行動と、その中から生み出された言葉が重なり合って、子どもの生活経験が新しく広く大きく展開されていく時期である。

> **事例2-4　Ａちゃんの「かして、がまん」（３歳）**
> 　入園して間もない４月のある日、Ｂちゃんが三輪車に乗っているところに、Ａちゃんが割り込んできた。「だめー」と嫌がるＢちゃんのことはおかまいなしに、無理矢理取ろうとしている。保育者が「どうしたの？　Ａちゃんも乗りたいの？」と尋ねると、「Ａちゃんものりたいの？」と保育者の言葉を模倣しつつ、自分の行動を言葉にのせてくる。が、Ｂちゃんが握るハンドルをＡちゃんも上から握り、離そうとはしなかった。保育者が「Ａちゃん　貸してって」と伝えると、「Ａちゃんかしてって」と保育者を真似て頼むＡちゃん。しかし、その言葉の抑揚は単調で保育者のオウム返しのようで、

> 自分の懇願する感情が伴っていない。そこで保育者は、「かして、かして」とAちゃんの思いを言葉にして、いっしょに伝えることにした。「だめ」とBちゃんの顔は今にも泣きそうである。保育者が「Bちゃん、だめだって。今は、我慢しようね。がまん、がまん」と言い聞かせるように言っていると、Aちゃんもいっしょに「がまん、がまん」と言い出し、やっとAちゃんの手が三輪車のハンドルから離れた。「次、貸してもらおうね」という保育者の言葉に「つぎ、かしてもらおうね。つぎ、かしてもらおうね」と模倣しつつAちゃんがその手を離した。

　このような事例の出現は、3歳初期の子どもに見られる言動である。まだまだ自他の区別がはっきりせず、使いたい、ほしいと思えばそのものを直接手に入れようとする。しかし、保育者と言葉を重ねる中で、自分の行動を抑制しようともしていくのである。言葉は行動を調整する役割ももっている。たとえば、子どもが高いところから飛び降りようとするときに、「いーち、にーい、さーん！」と弾みをつけるようにかけ声をかけている場面をよく目にする。このことも、言葉にリズムをつけて自らの行動を調整しているのである。3歳のA児のような行動には、たんに叱るのではなく、言葉にのせつつ相手に伝え、さらに行動を言葉に置き換えてやることがこの時期には重要である。

　3歳後半から4歳前半の頃の子どもは、大人（保育者）の手伝いやお使いが好きである。園の中でも保育者から、「ここを雑巾で拭いてくれる？」と頼まれると、「はーい、雑巾はどこ？」「あそこのテラスに干してあるでしょ」と伝えられて、きょろきょろと見回して、雑巾のある場所を確認すると、さっと取りに行き拭き始め、「先生、きれいになったよ」と告げに来るようなエピソードはどこにでもあるであろう。このときの子どもの行動は、「先生の言葉を聞く」→「わからないことを言葉で聞く」→「行動する」→「できたことを言葉で伝える」という形をとっている。つまり、行動が言葉へ、言葉が行動へと相互に置き換えられて確認されて、しっかりと生活の中に根づいていくのである。このような具体的な経験を通して、言語行為を深めていくということがこの時期には重要となる。その意味では、発達に応じて出てくる関心や興味に添っての手伝いやお使いを、家庭と共に、安全な園内で十分に経験させていくことも、子どもにとって意味のあることである。

■対話

　子どものコミュニケーションの特徴は、言語活動が、相手との言葉のやりとりの中で展開されることである。園という子ども集団の生活が始まり、保育者や友達からの語りかけや、保育者や友達へ自分なりの表現で言葉を紡ぎ出していく中で、子どもの言語活動が活発になっていくのである。

<u>言葉のやりとり</u>

　3歳から6歳の子どもの保育記録からながめてみる。

> **事例2-5 「ばか いいもんねー」（3〜4歳）**
>
> 　3歳児のCくんとDくんとEくんの3人が、コルク積み木を積んだり並べたりして「宇宙船」を作っている。手にそれぞれ自分で作ったブロックの「武器」を持って、テレビで見るキャラクターになって遊ぼうとしている。Eくんが「ぼく、あのな、あのな、見たことあるよ」、Dくんは「ぼく、見たことあるわ！」と語気を強めて言う。するとCくんが「ぼく、見たことないねん」と言う。そばで遊んでいたFちゃんがその言葉を聞いて「ないよねー」と同調する。Dくんが「ぼく見たことあるもんねー」と憎まれ口っぽく言うと、Cくんは腹を立てたのか、積んである積み木を蹴って壊してしまう。それを見たDくんが、「ばか！」とCくんをたたこうとする。保育者が仲裁に入ると、Cくんは「違うねん、ぼくが……してるのにDくんが上に乗らはるねん」、Dくん「乗ってへんわ」、Cくん「乗ったわ」と今度は、「乗った」「乗ってへん」の言い合いになっていく。保育者がその話の成り行きを見守り困った表情で双方を見ているうちに、キャラクターになってDくんが、「あっちに行くぞ！」と呼びかけると、Cくんが「行かなーい」と返事。するとDくんが「ばか！」と怒鳴る。ずっとそばで2人のやりとりを聞いていたEくんが「DくんがCくんに『ばか』って言わはる」と保育者に言う。保育者が「仲良くなるといいね」とさりげなく言うと、Cくんが「おれのほうが、いつもグー（こぶしをつくる）なんやぞ」と言う。するとDくんは「ばか」と言い、Cくんは「ばか違うわ」、Dくんは「……やもんねー」、Cくんは「ばか！お前のほうが少なくする」、Dくんは「また、お前泣かすぞ！」、Cくんは「おれに勝てると思うか！　あんな」、Dくんが「あんな、あんなばっかり言うな」。それからは、「ばか」「ばか」と言い合う。が、その後はキャラクターのポーズを取って、再び遊び出す。

　このような事例は、3歳後半から4歳当初の子どもの言い合う場面でよく出会うことである。この時期の子どもは、遊びの中で自分のことを一生懸命に相手に言いつつ、なんとしても自分を通そうとする。自尊感情が強く、相手に自分の主張を押し通そうにするのである。そうして、自分の思うようにいかなくなるとかんしゃくを起こしたり、泣いたりけんかになったりしてしまうのである。しかし、その後は実にあっさりと解消して、再び遊び出していくのもこの時期の特徴である。

　保育者にとっては、そのときの子どもの悔しさや悲しみを共感し受容していくことは大切な子どもへの援助となるが、その一方で、子どもの言い合う場面に早期に介入せず、じっと耳を澄まして、そのやりとりに耳を傾けていくことも必要な援助となる。それは、子どもが取ったりたたいたりして、自分の要求を満たそうとすることから一歩進んで、言葉で自分の思いを伝え合い解決しようとする発達の時期だからである。保育者は、自尊感情が強いこの時期の子どもの心を傷つけないように、言い分を誠実に聞いていく姿勢が大事

となる。その保育者の姿勢が今度は、子どもが相手（他者）の言い分を聞いていく姿勢の育ちに反映されていくからである。

> **事例2-6　Gくん「あ、そうや！」（5歳）**
> 　大積み木遊びも終盤になる頃で、積み木の数が少なくなっているところに、Hくんが、Gくんが作った家に使われている板を指して「板がほしい」と言ってきた。Gくんは少し考えて、「あ、そうや！」と板の置いてあるところに走っていく。そして、「（ちょっと細い板を指して）これ使ったら？」とHくんに勧めるのだが、Hくんのほうは「こっちのがいい」と言う。それに対して、Gくんは反論せず、「じゃ、いいよ」とHくんに譲った。その後、違う積み木の取り合いになり、Gくんが「『貸して』って言って。そしたら、『いいよ』って言うから」と、無言で持っていこうとするHくんを諭す。Hくんは小さな声で「貸して」と言う。Gくんは、Hくんにその積み木を譲った。しばらくして、今度はGくんのほうが「貸して」とHくんに言うと、Hくんは「だめ」と言う。「なんで？　理由を言って」とGくんが言うと、「理由はないけどだめ」とHくん。するとGくんは少し考えて「じゃ、いいよ。Hくん、ここ（Gくんの家）に入れてあげんから」と言う。そのGくんの表情は少し寂しげだった。
> 　　　　　　　　　　　　　　　　　　　　　　　　　　（観察者のレポートより）

　4歳から6歳にかけての子どものやりとりの言葉に耳を澄ませていると、仲間入りの場面では「寄せて（入れて）」という呼びかけや、「かして」という物を借りる場合の依頼する言葉かけが必要になってくることがわかる。つまり、社会のルールが子どもの遊びの中で育まれてくる。人との相互交渉が増えてくると、自分の欲求や行動の動機や理由を説明しなくてはいけない場面が多くなるからである。ここで取り上げた事例のように、少しでも相手にわかってもらえるには、どのように話せばよいのかを考えることも必要となってくる。このようなとき、保育者は、子どもの言葉を先取りせず、ゆっくりと筋道が通るように言葉を補ったり相づちを打ったりしつつ聞いていくことが重要となる。

<u>子どもの交渉する言葉</u>
　子どもの「いや」「だめ」といった具体的発話を取り上げ、発話が出る状況、その後の展開について考えてみたい。「いや」「だめ」という言葉は、拒否や禁止を表し、普通これらの言葉は人間関係を遮断する方向で使われることが多いようにも思われる。しかし、この言葉に注目してみると、①拒否や禁止の言葉が発せられる文脈、②拒否や禁止から展開される交渉、③規範意識の芽生えや、「子どもの言い分」などの論理展開に、発達的な特性が見えてくる（森山・鍋島他、2010）。
　幼児が遊びを楽しみたい・おもしろくしたいという情動的な状況下で立ち上がる交渉場面の特徴的なエピソードを取り上げてみる。

> **事例2-7 「使ってたし　だめ」（3歳）**
>
> 　A、B、Cくんと教師がバケツに砂を入れてカレー作りをしている。教師もAくんといっしょに「カレーは、いかがですか？」と、雲梯で遊んでいるDちゃんらに持って行くと、Dちゃんは「いただきます」と食べるふりをする。そして、いっしょにカレー作りを始める。Dちゃんが「これ使う！」と抜き型を使おうとすると、Aくんは「だめ、これAくんが使ってたし　だめ」と言って貸さない。Dちゃんが少し泣きそうになる。教師が「Aくんが使ってるんだね。Dちゃん、いっしょに（同じものを）探しに行こうか」と誘いかけると、Dちゃんは安心したのか笑顔になり、教師といっしょにカップを探しに行く。

　このように所有権を巡って取り合いが起こることがよくある。3歳から4歳では、「いや・だめ」の言葉が出せる関係を育てることが大切な時期であり、保育者は、「わたし」の主張を受け止めて、個々が自己実現できるような援助が大事である。保育者はA児の「使っていた」「貸したくない」という気持ち、D児の「使いたい」気持ちと、個々の子どもの気持ちに寄り添い、共感していく。その保育者の身の置き方や言葉を通して、子どもは「わたし」とは違う他者の思いに触れ、「わたしとあなた」の関係を拓いていく。

　4歳児になってくると、保育者の援助のもとで交渉をしたりするようになってくる。「わたしとあなた」の違う世界を言葉でつなごうと試みる関係性ができてくることがわかる。

> **事例2-8 「使ってんねん　あかん！」（4歳）**
>
> 　お弁当の後、E、F、Gちゃんがままごとをして遊び始めた。すると、Hちゃんが「そこあかん！　そこ、Hが使ってるねん、あかん」と大きな声で言う。突然、言われて3人は困惑している様子。弁当を食べ終わってHちゃんは、紙を切ったりしていたように思ったので、保育者が「大きな声で、お友達、びっくりしてはるわ。Hちゃん、机のところで紙で作ってなかった？」と聞くが、Hちゃんは「ここ、Hが使ってるの」と言う。保育者は「Hちゃん使ってるの？」と再度聞いた。今度はHちゃんが「Hもするのー」と、足をバタバタさせて言う。そこで保育者が「Hちゃんもままごとしたいの？」と聞くと、Hは「うん」と言ったので、保育者が「いっしょにしたら？」と言うと、Hちゃんは「入れて」と言った。するとE、F、Gちゃんも「いいよ」と言う。保育者が「よかったなぁ」と言うとHちゃんはうれしそうに笑う。そうしてしばらくいっしょに遊んでいた。

　保育者は、まず占有権を主張するH児に困惑する相手の感情を代弁してから、今は使っていないのではと問い返している。そこからH児の「ままごとがしたい」気持ちを言葉で

引き出し、今度は、その自己実現に向けて「いっしょにしたら」と援助していく。そして、「入れて」という言葉とともにH児の気持ちが仲間に伝わり交渉が成立する。さらに、保育者が「よかったなぁ」と、瞬時にH児の感情に共感し言葉で返している。このように、保育者の心情を伴った言葉が、「わたしとあなた」をつないでもいくことになる。

> **事例2-9 「仕方ないなぁ」（5歳）**
> 　　三輪車をこいでいるⅠちゃんの後ろから、Ｊくんが「Ｉちゃん、かわって」と声をかける。しかし、Ｉちゃんは、三輪車をこいで遠くに離れながら「いや」と断る。Ｊくんは、Ｉちゃんがかわってくれないので、すぐ近くにいたもう1台の三輪車をこいでいるＫくんに声をかける。Ｊくんが「かわって」と頼むが、Ｋくんも「だめ」と断る。Ｋくんから断られたので、Ｊくんが、もう一度Ｉちゃんに「かわって」と声をかける。するとＩちゃんは、今度は三輪車を止めて「いやや」と言う。Ｊくんが「なんで」と聞くが、Ｉちゃんは応えずに三輪車をこいでいく。Ｊくんは、離れていくＩちゃんの三輪車を追いかけて、後ろに黙って乗る。Ｉちゃんは、特に気にせずにそのままこいでいる。再び、後ろからＪくんが「かわって」と声をかけると、Ｉちゃんは「まだだめ、ちょっとしか乗ってないもん」と応えるので、Ｊくんが「『かわって』って、何回言えばいいの？」と尋ねる。すると、Ｉちゃんは「仕方ないなぁ」とＪくんと交替する。そして、今度はＩちゃんが「後ろ乗るで」と言うと、Ｊくんは「いや」と断る。が、Ｉちゃんは「乗る」と三輪車の後ろに乗る。それを見て、三輪車をこぎながらＪくんが「こがんといてや」とＩちゃんに言うと、Ｉちゃんが「うん」と応える。

　三輪車の交替を巡って、所有権を主張するⅠ児と交替を要求するＪ児のせめぎ合いが始まる。交替を要求するＪ児に対して、聞いてはいるものの距離を取ってから断るⅠ児の行動から、替わりたくない思いが伝わる。断られたＪ児は交渉の相手を変えるが、そこでも断られ、再びⅠ児に交替を要求する。今度はⅠ児も三輪車を止めて、「いや」から「いやや」と行動と言葉でいやな思いを強調する。Ｊ児は、その理由を「なんで」と問うたにもかかわらず、Ⅰ児が応えないので実力行使に出る。Ⅰ児にもＪ児の替わってほしい気持ちが伝わっているが、自分も乗りたいという思いを通すために占有時間という正当な理由を言う。その思いを受けたＪ児は、「『かわって』って、何回言えばいいの？」と頼む言葉の回数で交渉する。そこまで言われると、Ｊ児の替わってほしい強い思いに押されて「仕方ないなぁ」とⅠ児が交替に応じるのである。それでも乗っていたい自分の気持ちもあり、「乗るで」と言葉で断ってから後ろに乗っていく。Ｊ児もⅠ児の気持ちに共感でき、Ⅰの行動は受容するものの、「こがんといて」と、乗り手は自分であることを主張する。逆にⅠ児もＪ児の気持ちに共感して「うん」と受け入れていく。Ⅰ児もＪ児も交渉を重ねる中で、お互いの感情を共有しつつ相手に譲歩し、それなりに納得していく。

幼児期は、コミュニケーションの力を獲得する重要な時期であるが、さまざまな感情のうねりを通したやりとりの中で、自他をつなぐ言葉としてその力は獲得されていく。一度、断りの言葉に続く交渉の過程にじっくりと耳を澄ましてみると、幼児が自分の思いをそれぞれ言葉で文章化していく有り様や、「なんで」という言葉に応えていく子どもなりの論理や規範意識の育ちについて学ぶことが多い。

■遊びと言葉

　この時期の子どもの遊びに、ごっこ遊びがある。このごっこ遊びとメタ・コミュニケーション能力とは深くかかわっていることが注目されている。メタ・コミュニケーションとは、「このことは、遊びである」というように、コミュニケーションをどのように解釈するかについてコミュニケーションすることであるといわれている。たとえば、「ここ、病院ってことね」と遊びの中でいっしょに遊ぶ友達に見立てることを提案するような、遊びの枠外からのコミュニケーションである。3歳後半から4歳にかけての子どものごっこ遊びでは、「今、帰ってきたことね」と提案しつつ「ただいま」とお母さん役になって相手に話しかけたり、「今、寝たことね」「寝ましょ！　みんな寝るのよ」「電気消したことね」と、現実と虚構を仲間と共有して遊んでいる場面をよく見る。ところが、5歳から6歳になると、微妙に変化してくる。

> **事例2-10　「カエルだからね　おいしいよーって」（5歳）**
> 　Rちゃんが、「魔女の家があるんだよ」と参観者を誘う。自分の身につけているビニール製のマントを「コウモリの羽をちぎって作った!!　魔法でコウモリの羽は黒いけど、透明にしたんだよ」と参観者に説明する。今度はSちゃんが、「先生といっしょに魔女で遊ぼ!!」と誘う。「ミミズとかネズミを食べるの。長いのは（紙を細長く切った物が床に落ちている）ミミズよ、おいしいよ！　いっぱいミミズおってるから、掃除するから、下にいっぱいミミズ落ちてるし!!」と言いながら、自分の魔女のほうきで掃き集める。箱の中に入っている紙を「これは、カエルだからね。おいしいよーって鳴いてるの!!」と言うと、カエルに見立てた紙を食べるふりをして「ゲロッゲロッ」と鳴く。そして、「私、ごちそう取ってくるね」と言い、ほうきにまたがって飛んで（走って）行こうとすると、Tくんが「お前は、ウサギを捕ってこい！」と命令する。1周テラスを回り、Sちゃんが「捕ってきたよ」と言うと、Tくんは「だめ　鮫だ!!」と言う。言われて再び出かけるSちゃん。Tくんが「お前、人間を奪え！」とUちゃんに命令すると、「人間なんて知らないよ」とUちゃんは、Tくんの命令をかわして自分のしたいことを続ける。

　この事例は、前述した「今、帰ってきたことね」「今、寝たことね」という遊びのイメージの計画や説明とは少し質を変え、「ウサギを捕ってこい！」「だめ　鮫だ!!」のように

虚構の中のせりふで遊びを進めようとしていることがわかる。この遊びにかかわっている子どもが、自分の内的イメージを言葉で表現し、そのイメージを受けてさらに他の子どもが自分の内的イメージを表現していくのである。T児がU児に「人間を奪え！」と命令するのと、U児が「人間なんて知らない」とその遊びの中で断っていく場面は実に絶妙である。このようなイメージの共有化が、この頃になると徐々に可能になってくるのである。

(2) 認知（推論・疑問・判断・展開）が発達する時期

　言葉の獲得とは、象徴記号を獲得することであり、そのことは、「子どもの世界が、現実と直接関係のある世界と、現実を離れて頭の中で考える世界との二重構造の世界ができ上がっていくことである」（村井、1990）といわれている。言葉の発達には、知的能力の発達が前提となるが、幼児期の子どもの行動は、事実・事象についての知識を得ようという欲求のみによって生じるのではなく、自分の周りの世界が、言葉によって表現されていること自体への興味・関心から引き起こされているように見える。言葉を内言として用いつつ自分の思考活動を展開していくのは、児童期の中頃である。また、本格的な概念としての知識を形成し、それに論理的操作を施しつつ周囲の事象を検討してみるというのも、幼児期にはかなり難しいようである。しかし、子どもは、自分の頭の中だけで論理的に思考を追求するようなことは困難でも、実際に行動する中でいろいろ工夫して問題を解決している。

■象徴機能と表象作用

　この時期には、子どもの遊びの中で象徴遊びがどんどんと広がりを見せていくのが特徴である。象徴遊びが成立するには「自己と他者の二重化」と「現実と虚構の二重化」という二つの要件がある（岡本、2005）。
　子どもが家ごっこをして遊んでいるエピソードからこの二重化について考えてみよう。

> **事例2-11　お母さんとバブーちゃんとお姉さん（4歳）**
>
> 　Aちゃんが台所に立って、包丁とまな板を使って何かを切って料理をしている。そのしぐさからお母さんになっているのがわかる。そばで、バブーバブーと声を出しながらハイハイをしているBちゃんに「バブーちゃん、そっちはだめよ！　今、ミルクあげるからね」とお母さん（Aちゃん）が話しかけている。そこへ、鞄に本を入れたCちゃんが「学校、行って来まーす」と家から出かけて、しばらくすると「ただいまー」と戻ってきた。そして、机の上にノートらしく作った画用紙に絵を描き始めた。「Cちゃん何してるの？」と保育者が尋ねると「お勉強してるの！　Cはお姉さんなの」と応えた。

　A児やB児やC児（自己）は、家ごっこという虚構の世界の中でそれぞれの役（他者）

を演じている。その行動や言葉遣いは現実の生活の中で見ているお母さん、赤ちゃん、お姉さんの姿を重ね合わせているのである。現実の家庭をモデルにしつつ虚構の家庭を創り上げているのである。この二重化を可能にしているのには、その子どもの頭の中では、実際の事実と行動についてイメージとして描き出す「表象作用」がはたらいているからである。そのような表象の体系が心の内部でつくり出されていく過程に重点を置くとき、それを認知機能と呼ぶことができる。

　この事例にあるような家ごっこの遊びが、隣に家ができたり、その家にポスト（空き箱で作った物）ができたり、そのポストに手紙を届ける郵便屋さんが出てきたりと、遊びが次々と展開していくことがある。このように遊びの中（表現活動）では、現実世界での多様な経験やそこでの観察や知識が反映されるだけではなく、子どものイメージの下に、子どもたちは自分なりのストーリーを創りあげていくのである。幼児期の認知は、このようなイメージが中心となっていく。

■イメージと想像力

　幼児期は、自分の経験したことをイメージをもとに、それらをつなぎ合わせつつ一つの世界をつくっていく。そのときに中心的なはたらきをするのが、「想像力」である。

事例2-12　ネズミって食べられるの？（4歳）

　ある日、保育室に1匹の小さなネズミが現れる。保育者はかねてから子どもには魔女と見立てられている。その保育者が、ある子どもの「えっ！　先生、ネズミ食べるの？　天ぷらにして？」と言われた言葉から、ネズミを食べたこととして声が出なくなってしまう。その「うそ？　ほんと？　遊び」の中で、Dちゃんは、家庭に帰り「先生がネズミを食べて声が出ないけど……？」という疑問を家族にぶつける。Dちゃんが、中学生の兄に「お兄ちゃん、ネズミ食べたらほんまに声出なくなるの？」と尋ねると、その兄はずっこける。そこで、Dちゃんはさらにお父さんに「先生がネズミ食べて、声、出ないんだ？」お父さんは「ふーん???　そういうこともあるのかな？」と子どもと保育者の思いを察して返答に窮してしまう。その翌日、ある参観者から「先生しゃべれない。かわいそう。どうしたらいいの？」と尋ねられ、Dちゃんは「わかんない」と応える。「わかんないの？　考えてあげてよ」と参観者から言われると、Dちゃん「考えてるの！　ネズミ食べたら、ほんまは死ぬの！」と言うが、スッキリしない表情である。

事例2-13　薬づくり（4歳）

　Eくんは、家で兄弟で牛乳を飲もうとしたときに突然「ぼくの先生、牛乳と一緒にネズミ飲まはってんで」と言う。兄（小学3年生）は少しぎくっとして「そんなん飲

まれへんて、ネズミは大き過ぎる」と言うが、Eくんは「ほんまやもん、そんで、声、出えへんようになったんやもん」と言い張る。そこで、母親が「ネズミもいろいろいるから、ハツカネズミっていう小さいネズミやったんと違う？」と言う。そこから兄弟は図鑑を取り出してハツカネズミを調べ出す。兄のほうが夢中になり、ハツカネズミの絵を描き始め、その後どうしたらネズミが先生のおなかから出てくるか話し合っている。兄が「くしゃみをしたら、それといっしょに出てくるかもしれない」と言い、台所にあるコショウと塩と砂糖とを混ぜ合わせ、薬づくりを始める。翌朝幼稚園に持って来て保育者に渡す。

　真実を追究しようとするD児は、年上の人に尋ねて疑問を解決しようとする。しかし、今回はそれでも疑問が解けずに残る。再び自問し「ほんまは死ぬ」と判断を下しつつも、眼前にその保育者が存在することから自分の判断が揺らぐのである。その揺らぎがさらに推論（想像）を生み出していく。E児は兄から「ネズミは大きいから食べられない」と言われ、自分の知っているネズミを想像し納得する。しかし、大人との適切な対話の中で「小さいネズミもいる」という言葉を手がかりとして、そのことが真実かどうか図鑑で（客観的に）確かめようとしていく。本当だとわかると、ネズミを退治する「薬づくり」のストーリーへと展開していく。くしゃみとともに保育者のお腹からネズミを出すために胡椒を薬に使用するというアイデアは、現実の具体的な経験に基づいて形成される幼児期のイメージの特徴として見ることができるであろう。こうした子どもの行動を見ていくと、そこには論理性や因果性がないのではなく、さまざまな思考活動があることが理解できる。このような遊びの中では、何よりも想像力が、イメージを駆使してより豊かな表現を実現するための原動力となっているのである。

■言葉の遊び

事例2-14　子どもの言葉はおもしろい（4歳）
　4歳児が園庭でアリを捕まえて遊んでいる。Nスケくんが、「アリの『ガンスケ』っていうねん」とアリに名前をつけて紹介してくれる。それを聞いたOスケくんが「Oスケとガンスケやから？……ぼくといっしょや！　ぼく、ガンスケになってしまうー。Nスケもスケやから、スケ・スケ・スケで、Nスケもガンスケになる！」と喜ぶ。

　子どもの世界には、上の4歳児の事例のように、語尾や音韻などをとらえて言葉遊びへと転じていく場面に多く出会う。その中で、子どもは言語感覚を磨いていくものである。一方では日本語の文法の急速な学びへ、また同時に、他方はその規則性から解放されたことばでの遊びへと導かれる時期である。

■積み木遊び

構成遊びの一つとして積み木がある。この積み木を積むことと話すことについて考えてみる。

> **事例2-15　お兄ちゃんといっしょのが作りたい（3歳）**
>
> 　4歳児クラスで遊んでいたGくんが「お兄ちゃんといっしょのができないよー」と泣きながら保育者のもとへ帰ってくる。何ができないのかその訳を聞きながら、Gくんが作りたいものがわからないので、いっしょに保育室にあるコルク積み木で作っていくと、下図のような直方体の積み木を立ててその上に板を積んで組み立てたものができないことがわかる。Gくんは、まず1個の直方体の積み木を立ててその上に板を乗せようとするが、もう一方の支えがないために、その板を自分の手で押さえた状態でいなければ倒れてしまい、積むことができないで困っているのである。

　この事例にあるように、3歳のG児は4歳児の友達の作る物を見て同じ物を作ろうと試みるが、できないのである。それは、直方体の積み木を一番目に置いて、二番目に必要な距離を取ってもう1個の直方体の積み木を置く、三番目にその上に板を渡すという行為を予測のもとにする必要性があるからである。ただ積むのではなく、その構成には空間・時間的な先の見通しが必要なのである。それがまだこの3歳児には難しいのである。岩田（1992）は、この積み木を構成していく行為の文法化と文法の構造化とが対応関係にあると示唆している。

　「多弁期から文章を構成していく時期へ」とのテーマから、3歳から6歳頃までの子どもの言葉の発達について考えてきた。子どもは時に言葉の誤用を犯しつつ、頭の中で自分なりに「法則性」を確かめながら日本語を身につけるのである。そして、文と文をつなぐ、文の中に文を埋め込んで長い文をつくるといった文法の構造化を、大人との対話の中でその誤用を正しい言い方へと変えつつなされていくことがこの時期の特徴である。

　ここでは、絵本と言葉については取り上げなかったが、絵本は子どもの言語感覚を磨きイメージや想像力をより耕す重要なものである。

　以上から、言葉の発達は、その子どものもついろいろの発達機能や能力が、分かちがたく関係しながら、生活体験を通してその子どものものとして生み出されていくことがわかる。

〔引用・参考文献〕
・岩田純一「ことばの獲得と発達」、岩田純一・吉田直子・山上雅子・岡本夏木著『発達心理学』有斐閣、1992年
・岩田純一著『子どもはどのようにして〈じぶん〉を発見するのか』フレーベル館、2005年

- 岩田純一著『子どもの発達の理解から保育へ』ミネルヴァ書房、2011年
- 岩田純一著『子どもの友達づくりの世界』金子書房、2014年
- 岩田純一著『保育の仕事』金子書房、2017年
- 内田伸子著『ことばと学び』金子書房、1996年
- 榎沢良彦他編著『保育内容　言葉』建帛社、2005年
- 岡田明編『子どもと言葉』萌文書林、1990年
- 岡田正章他編『現代保育用語辞典』フレーベル館、1997年
- 岡本夏木著『子どもとことば』岩波新書、1982年
- 岡本夏木著『ことばと発達』岩波新書、1985年
- 岡本夏木編著『認識とことばの発達心理学』ミネルヴァ書房、1988年
- 岡本夏木著『幼児期』岩波新書、2005年
- 岡本夏木「幼児教育の課題」、岡本夏木・河嶋喜矩子編『幼児教育を学ぶ人のために』世界思想社、1994年
- 落合正行「コミュニケーションの発達」、矢野喜夫・落合正行著『発達心理学への招待』サイエンス社、1991年
- 加古明子他著『ことばが生まれことばが育つ』宣協社、1999年
- 岸井勇雄他編『言語』チャイルド本社、1984年
- 鯨岡峻著『両義性の発達心理学』ミネルヴァ書房、1998年
- 高杉自子他編『保育内容「言葉」』ミネルヴァ書房、2001年
- 成田徹男編『新時代の保育双書13　ことば』みらい、2002年
- 福沢周亮他著『幼児のことばの指導』教育出版、1996年
- 正高信男著『子どもはことばをからだで覚える』中公新書、2001年
- 無藤隆他編『保育内容　言葉』ミネルヴァ書房、1990年
- 村井潤一編著『言葉』ひかりのくに、1990年
- 村石昭三他編『言葉：領域』同文書院、2000年
- 村瀬俊樹「遊びと言語」、岩立志津夫・小椋たみ子編著『言語発達とその支援』ミネルヴァ書房、2002年
- 森上史郎他編『最新保育用語辞典』ミネルヴァ書房、1989年
- 森山卓郎・鍋島惠美他「遊びの広がり・深まりと仲間づくり―いや・だめ（あかん）の言葉に注目して―」、『京都教育大学附属幼稚園研究紀要』2010年
- 森山卓郎・鍋島惠美他「幼児のコミュニケーションと談話標識〈じゃあ〉」、『京都教育大学紀要』2012年
- 山本多喜司監修『発達心理学用語辞典』北大路書房、1991年

〈鍋島　惠美〉

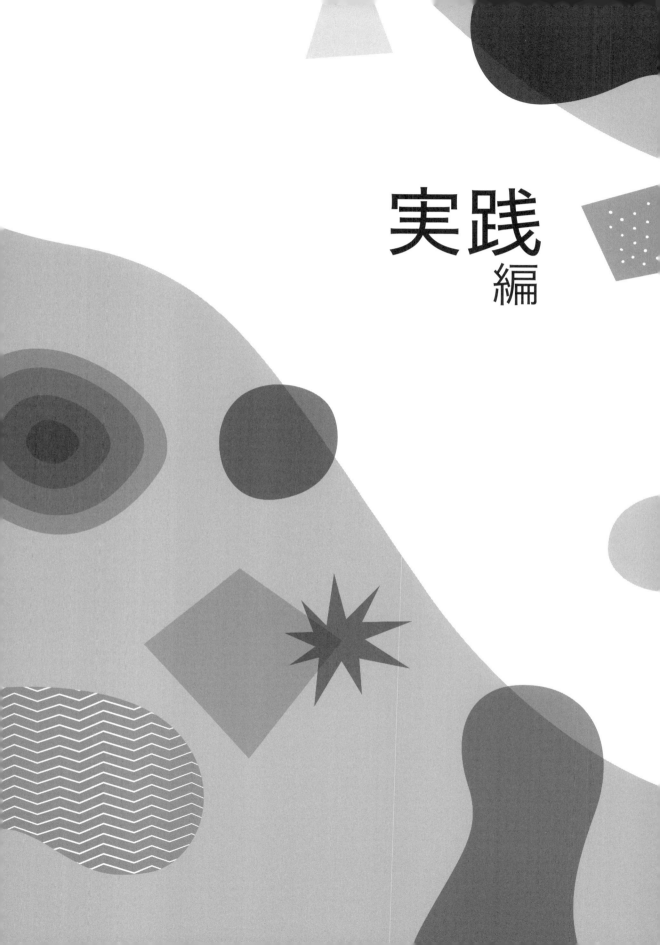
実践編

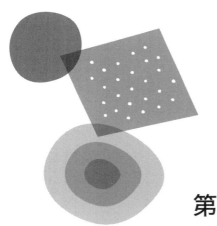

実　践　編

第3章

言葉を豊かにする保育

子どもたちは、発達とともに身につけていく言葉で、友達や保育者とコミュニケーションをし、気持ちを通い合わせていく。またそういう経験を積み重ねることでさらに言葉を増やし、人とのかかわりを広げていく。保育の場ではこういう営みが日々、さまざまな場面で繰り返されており、それが言葉の発達を支える源である。もちろん、音声を伴った話し言葉が最も日常性が高いが、表情やしぐさなどで示す一人ひとりの子どもの表現もまた、そのときそのときにその子どもがもっている大切な言葉であり、見逃すわけにはいかない一つひとつである。

　「理論編」でも述べているように、保育の中の言葉は、5領域の中の一つであり、「言葉の獲得に関する領域『言葉』」として位置づけられている。しかし、他の4領域もそうであるように、「言葉」は、「健康」「人間関係」「環境」「表現」の各領域としっかり関連することによって、初めて、その領域に示されたそれぞれの「ねらい」「内容」が、意味をもって子どもたちの中に根を張っていくといえる。

　さらに、新しい「幼稚園教育要領」「保育所保育指針」「幼保連携型認定こども園教育・保育要領」には、それら各領域の「ねらい」「内容」に基づく活動全体によって育まれる資質・能力が、「幼児期の終わりまでに育ってほしい姿」として10項目あげられているが、その中でも「9　言葉による伝え合い」をはじめ、全項目のどれにも「言葉」は関係していると考えられる。

　このように、保育のあらゆる場面、あらゆる内容と結びついている「言葉」について、この章では、具体的な実践例を手がかりに、日々の保育の中ですべての子どもたちに豊かな言葉を育むには、どのような考え方や実践の在り方が大切かを考えていく。

　そのためにまず、「豊かさ」について触れておきたい。

■言葉は生活のベース

　言葉は保育の中のあらゆる場面で使われ、経験され、子どもたちに学ばれていく。もちろん園生活だけではなく、家庭や地域社会でもそうである。環境を通して学んでいる子どもたちにとって、そのベースにある言葉を意識した環境を用意することが、まず言葉を豊かに育てることにつながる。

■言葉の育ちは適時性が大切

　言葉の発達については前章で述べられているが、子どもが生涯にわたって使い続けていく大切な言葉は、最も適したときに、適した方法で、適した内容やその意義を伴って、一人ひとりの子どもに獲得されることが必要である。子どもの年齢や時期、興味の広がりなどに配慮しながら、見通しをもって言葉を育てていくことが豊かさにつながる。

■言葉にならない言葉も重視して

　特に乳幼児期の子どもは、言葉を覚えたからといって、いつでも同じように話したり聞いたりできるわけではない。表情やしぐさなど、一瞬見逃してしまいそうな方法で内面を表出することがしばしばある。それらも重要な言葉である。また、保育の場には、話し言

葉の獲得が困難な子どももいる。でも、その子どもたちも何らかの方法で自らの思いを表現している。言葉にならない言葉をとらえて、それに応じていける保育者がいることが、言葉を豊かに育てる保育につながる。

■文字等の環境に触れることも大切に

　子どもを取り巻く環境の中には、多くの記号や文字などの環境がある。保育の場自体ももちろんである。当然子どももそれに触れることになり、興味や関心を高めていく。読みたい、書きたいという意欲も芽生える。しかし、ノートと鉛筆で五十音順に文字の指導をする、一斉に読ませるというような、小学校教育を好ましくない形で先取りすることが大事なのではない。子どもの中にせっかく芽生えた文字環境への興味や関心を大切に、自分たちの生活の中には、文字や記号のような便利なものがある、もっとよく知りたい、使ってみたいというように、興味や関心がいっそう高まるような環境を、これまた適時性をもって準備してやることが大切である。「幼児期の終わりまでに育ってほしい姿」の中の、「8　数量や図形、標識や文字などへの関心・感覚」はまさにこれである。早く小学校に行って、読んでみたい、書いてみたいというような意欲がもてて、入学への期待が高まるような保育の実現が、言葉を豊かに育てる保育である。

■家庭や地域との連携も重要

　言葉は、もちろん園生活の中だけにあるものではない。むしろ子どもにとって、より多くの言葉体験は、家庭や地域にあるといってもよい。そこで連携が重要になる。園での言葉の指導が家庭で否定されたり、その逆の現象が起きたりすることは、子どもの混乱を増やすだけである。子どもの言葉の生活が余裕をもって広がっていくように、家庭や地域と園がしっかり手を携えることが豊かさにとって重要である。

■言葉は楽しいもの

　言葉は理屈ではない。むしろ、子どもにとっても保育者にとっても、当たり前に普通に生活の中に根づいている必需品である。だから、話すことは楽しい、聞くことも楽しい、文字や記号を知ることも楽しいというように、「楽しさ」をもって、一人ひとりの子どもたちに言葉が獲得されていくことが好ましい環境といえる。

　話すことや聞くことが苦痛であったり、自分を表出することが嫌いであったりしないような保育の実現が、言葉の豊かさを育てるといえる。

　以下、各節にわたって、いろいろな保育の場での事例を手がかりにしながら、言葉を豊かに育てていくための保育の在り方を考えていく。多くの保育者が日々考えたり実践したりしているであろうことの中からいくつかを例示しつつ、読者と共に言葉を豊かに育てる保育について考えてみたい。自らかかわる子どもたちとも重ね合わせながら、実践の中でさらに深めていってほしいと願っている。

〈髙梨　珪子〉

第1節 乳児期の育ちと遊び

1　0歳児の言葉と育ち

　まだ言葉を話すことのできない乳児は、泣いたり、手や足を動かしたりすることによってさまざまな要求を表現している。この時期の子どもたちにかかわる保育者として最も大切にしたいことは、日々のかかわりの中で乳児が求めているのは何なのかを瞬時に理解し、「今は○○したいのね」と要求を言葉に置き換えながら応答的にかかわることである。この積み重ねにより乳児と保育者間での愛着が形成されていく。生後2か月くらいになるとクーイングやバブリング等の発語も見られるようになるので、その声に合わせてスキンシップを取りながら話しかけたり、歌をうたったりすることで言葉の芽が育まれていく。10か月頃からは声とともに指差しも盛んになってくるので、いっしょに指の先にあるものに視線を向け、不思議に感じた心に共感し、保育者が言葉にすることで、目にしたものと言葉が一つひとつ結びついていくようになる。

> **事例3-1　「いないいないばあ」遊び（0歳）**
> 　この時期の子どもたちは「いないいないばあ」が大好き。わらべうたに合わせ最後に「○○ちゃんのところへとんでいけ〜」と声をかけながら、少し透けた素材の布で顔を隠す。できる子は自ら手で布を引っ張って、まだ布を自分で取れない子は保育者が布をやさしく引いて、顔が出てきて目が合った瞬間に保育者が「ばぁ」と声をかけると、保育者の目や口に視線を向け、時に声を上げて楽しそうに笑う。

> **事例3-2　ペープサートを使って（10か月〜1歳2か月）**
> 　いろいろな動物を使って「いないいないばあ遊び」ができるペープサートで遊ぶ。
>
> 　表面は動物が顔を隠している様子の絵、裏面は大きく目と口を開いて「ばあ」をしている様子にして、保育者が「いないいない・だれがいない」などと、ゆっくりと話しかけながら動かすと、乳児も自ら顔を隠して、「ばあ」まで待って顔が出てくる瞬間をとても楽しみにしている。動物の大きさや色でペープサートに変化をもたせたり、「ばあ」と顔を出すタイミングを少し変えてみたりするだけでも、目を輝かせて、声を上げて笑う。

乳児期は「遊びが生活であり、生活が遊び」と言われるように、日々の遊びを通してさまざまな物事に興味をもち、発見し、そこから言葉を覚える学習の能力を身につけていく。発達に合わせたおもちゃで遊ぶことも大切だが、それ以上に大切なのは保育者とのスキンシップや触れ合い遊び、あやし遊びである。乳児のあやし遊びの基本は、親や保育者の抱っこや抱きしめ、語りかけ、目と目を合わせて見つめ合いながらスキンシップを図ることである。この時期の乳児は、機嫌がよいと声出し遊びも盛んに見られる。乳児の様子をよく見守りながらタイミングよく、「マザリーズ」（チャールズ・ファーガソン、1966年）ともいわれる、ややハイトーンでリズミカルな保育者の愛情深い語りかけや、あやし歌を歌いながら顔や体にやさしく触れながら遊びを行うことで、乳児の五感（聴覚、視覚、触覚、嗅覚、味覚）は心地よく刺激され、心の安定や言葉の育ちが促されていく。

2　1歳児の言葉の育ち

　個人差はあるものの、1歳を過ぎると、発語や発声が明瞭になってきて、身振りや指差し等から、一語文や二語文などの言葉で意思を表現しようとする姿が見られる。模倣も盛んになってきて、保育者や園の少し年上のお兄さんやお姉さんのしていることに興味をもち、同じようにしてみたいと思うようになる。できることが増えてくる半面、自我も芽生え、「イヤ！」「ダメ！」などと時に強く表出されることもあるが、自分でやってみたいという気持ちを尊重し、心に寄り添いながら根気よく接していくことで、保育者への信頼感がより深まっていく。

> **事例3-3　お店屋さんごっこ「ちょうだいな（くださいな）・どうぞ」のやりとり（1歳）**
>
> 　言葉が出始め語彙が豊かになってくると、保育者や友達と「ちょうだいな（くださいな）」「はい」「どうぞ」「ありがとう」「どうも」などの言葉で簡単なやりとりもできるようになってくる。保育室のままごとなどから、果物や野菜等をテーブルに並べるとお店屋さんごっこが始まる。いつもよく遊んでいるままごとの食べ物だが、少し環境を変えるだけで、これから何が始まるのかと子どもたちは興味津々で集まってくる。お店屋さん役の保育者と、子どもといっしょに買い物に行く保育者と、役割分担してから、買い物に行く保育者が「赤いりんごが食べたいな。〇〇ちゃんいっしょに買いに行こうか？」とMちゃんの手を引いてお買い物に行く。はじめは保育者同士のやりとりをじっと見ている子どもたちだが、様子がわかってくると、今度は自分のほしい物を指さしで伝えてくれるようになる。指さしが出たときに保育者は、Mちゃんの気持ちを「Mちゃんはバナナがほしいのね。バナナ1つくださいな」などと言葉にする。

このような遊びを繰り返すと、指さしから、バナナやリンゴなどの言葉や「ちょうだいな（くださいな）」「はい、どうぞ」とやりとりの言葉を使ってお店屋さんごっこを楽しめるようになる。

　この時期の子どもにとって、身近な保育者の言葉は模倣のモデルとなる。絵本の読み聞かせやエプロンシアターなどを通して言葉の音のおもしろさを知り、有意味語を習得し始めると、保育者をまねて盛んにそれを使うようになる。子どもたちの発語は「ブーブー」「ワンワン」など一語によって複雑な文章に匹敵するような意味関係を表すこともある。たとえば、「おもちゃの車がほしい」「車が通った」などを「ブーブー」と一語で表している。また、犬も猫も馬も「ワンワン」と表現するような「汎用」と呼ばれる現象もこの時期である。保育者が、子どもの発語意図を、そのときの状況、身振り、表情、イントネーションから推察しながら言語化することを繰り返すことで、子どもたちは複雑な言葉の表現ができるようになってくる。子どもの動きに合わせ、心の内面にある子どもが伝えたい言葉を共有し、繰り返し言葉かけをしていくことが大切である。

3　2歳児の言葉の育ち

　この時期になると、発音はより明瞭になり語彙の増加も目覚しく、日常生活に必要な言葉もほとんど理解できるようになり、自分のしたいこと、保育者にしてほしいことを言葉で表現できるようになっていく。興味や関心の幅も広がり、「ナゼ」「ナニ」と不思議に思ったことを尋ねてくることも多くなってくるので、子どもの視線から不思議に感じたことに共感し、丁寧にかかわっていくと、子どもの語彙がより豊かなものになっていく。
　一つひとつのものには名前があるということを理解するのもこの時期である。象徴機能も発達し、見立て遊び、ごっこ遊びを好むようになり、ままごとなど家庭生活の再現をしている様子なども見られるようになる。

事例3-4　かんてん粘土を使って（2歳8～11か月頃）

　かんてん粘土を使って遊んでいたときのこと。保育者が粘土を丸くしている様子をじっと見ていた子どもたちは「コレナニ？」と興味津々。目を輝かせてじっと見ている。
　「ボールを作っているの」と保育者が答えると、近くにいたMくんは「リンゴ」と一言。Kちゃんからは「オダンゴ」、Bちゃんからは「トマト」、Hくんからは「オニギリ」。

　ちょうどお昼ご飯の前だったので、おなかがすいていたのもあってか、丸い形の食べ物のイメージがどんどん膨らんでいった。2歳を過ぎると丸い形からいろいろな見立てができることを改めて実感した。

子どもたちは日々の生活の中で、保護者や保育者など大人が行うさまざまな社会行動をよく見聞きしながら模倣する。経験したことを「ごっこ遊び」に取り入れ、言葉のやりとりをしながら気持ちを通わせていく。

　また、この時期の子どもは知的な面を発達させていくために言葉を使うだけでなく、表現することに楽しみを見出して、自分の思ったことを言葉にして伝えたり、相手にしてほしいことを頭でイメージして感情を処理したりする手段、コミュニケーションの方法として、相手の言葉から、一定の行動や物をイメージして描けるようにもなってくる。保護者や保育者はいっしょに遊びながら、知的好奇心をくすぐるような問いかけをしていくと、言葉がより豊かになっていく。

〈小川　香代子〉

幼児期の遊びと生活

1 保育における言葉の育ち

　幼児は、園生活の中で、友達や保育者とのかかわりを深めていく。そして、信頼関係で結ばれた保育者や友達との生活の中で、言葉は次第に活発になり、自分の世界を広げていく。自分の気持ちを自分なりの言葉で表現したとき、相手が何らかの応答をしてくれることに楽しさを感じたり、相手の話を聞いてみようという気持ちになったりする。

　また、心を動かすさまざまな体験をし、その感動を言葉で伝えようとするのである。

(1) 3歳児の言葉の育ち

> **事例3-5　「だって……」（3歳6か月）**
>
> 　保育室での遊びを好み、外に誘ってもなかなか出ようとしないS児は、今日も一人ブロックで何かを作り始めていた。T先生がベランダにいると、「ドーナツやさんです、食べる人いますか？　ドーナツやさんです」と言いながら近づいてきた。見ると、丸くつなげたブロックをドーナツに見立て、1つだけカゴに入れていた。T先生が「食べたいです。1つください」と言うと、うれしそうに手渡した。S児は、先生が食べ終わるのを待ち、食べ終わったドーナツをカゴに戻すと、再び「ドーナツやさんです、食べる人いますか？」とベランダを行ったり来たりした。誰も反応しないので、T先生が「ドーナツ、また食べたいです」と言うと、「もうないです」と言う。T先生が「えっ、もうないんですか？」と言うと、「だって、先生のはないです」と答えた。そんなやりとりを聞きつけたか、B児が「何してるの？」とやってきた。S児が、「ぼくがドーナツやさんで、先生がドーナツを食べたの」と話すと、B児と遊んでいたH児、O児もやってきて、3人がドーナツを注文した。カゴに1つしかドーナツがないのを見たH児が「1こしかないの？　ぼくのはないの？」と言うと、「だってないんだよ」とS児は困ったように言った。すると、B児は、持っていたドーナツを4つに割り、H児とO児に、もう1つをS児にも渡した。T先生は「いいねえ、お友達とわけっこね、おいしそう」とニコニコしながら4人の子どもたちに言った。

　入園してこれまで、いつも保育室で、ほとんど一人で遊んでいたS児。クラスの友達といっしょに遊ぶ楽しさを少しずつ感じてほしいと考えていたT先生である。

　ドーナツ屋になったS児は、まずはT先生のところにやってくる。大好きな先生に食べてほしかったのだろう。先生だったらおいしく食べてくれることを知っている。しかし、

「ドーナツ、また食べたいです」と言ったT先生に対して「もうないです」「だって、先生のはないです」と言った。これは、明らかにS児が、先生以外のお客（友達）を意識している言葉である。自信作のドーナツを先生以外の友達にも食べてほしい。「だって……」には、そんな意味が込められていたと考える。いつも一人で遊んでいたS児であるが、周囲の友達をしっかりと感じていたのである。3か月、同じ保育室で共に暮らすということは、いっしょに遊ぶ、遊ばないということを超えて、互いが「環境」の一部になっていくということなのであろう。

　B児の「何してるの？」という問いかけに、S児は、自分がドーナツ屋であることを一生懸命伝えている。先生に自分のドーナツを食べてもらったS児のうれしさは、B児たちにも伝わったのだろう。だからこそ、注文が入ったのである。しかし、3人の友達が注文してくれたのに1個しかないドーナツ。ここでもS児は、「だってないんだよ」と、1つしか作っていない現実と3つの注文に困っている自分の思いを精いっぱい「だって」で伝えようとしている。

　一方B児は、1つしかないなら分けっこだと思ったのか、ドーナツを割り、それをS児にも渡している。ここでは、ドーナツ屋とお客という関係ではなく、おいしいものを分け合う仲間としてのS児への思いがB児の中に生まれていたということだろうか。

　T先生は、そんな友達を感じる互いの思いを大切に受け止め、「いいねえ、お友達とわけっこね、おいしそう」と4人の子どもたちそれぞれに届くように話しかけている。

　3歳児は、言葉こそまだまだ拙いが、その言葉の端々や表情、しぐさなどで、自分の思いを伝えようとしている。その思いをしっかり受け止め、理解し、時には代弁してくれる保育者の存在や友達からの刺激によって、思いが伝わったり、伝えたりする喜びを味わっていき、言葉で表現しようとする意欲が高まっていくのである。

(2)　4歳児の言葉の育ち

> **事例3-6　「迷路のおまけだよ」（4歳2か月）**
>
> 　I子、J子、M子、H子は、砂場で迷路を作り始めた。数日前、男児たちが砂場に掘った溝がそのままになっているのをうまく利用し、溝に棒状と板状の木片を並べ、そこを落ちないように渡る迷路である。
>
> 　おもしろそうと寄ってきた友達が次々と挑戦した。木片が軽いので、渡るとずれたり溝に落ちたりした。4人は、代わる代わるそれを直しに行った。
>
> 　I子に誘われ、A先生も挑戦してみることになった。「こわいなあ、スリル満点だね」と言うA先生に、4人は顔を見合わせていた。I子が「落ちたらやり直しです」、H子が「スタートはこちらです」と言う。
>
> 　A先生が渡り終えて喜んでいると、砂場の西側でF男と「だんごや」をしていたR男が「食べていって」と声をかけた。A先生は「もう1回挑戦するので、またあとで

ね」と言って迷路のスタートに戻った。しばらくして、また迷路を渡り終えたA先生を見つけたR男は「何回、渡れましたか？　渡っただけ食べられます」と言った。A先生が、「3回ですけど、このおだんご屋さんは迷路とつながっているの？」と聞くと、「そうだよ、迷路のおまけなんだよ」と3つのだんごをA先生に手渡した。I子たちも、「そうそう」とうれしそうに肯定した。

　I子たちとR男たちは、最初、別々に遊んでいたと思われる。目の前を通りがかったA先生に、だんご屋のR男は「食べていって」と声をかけるが、A先生は迷路を楽しんでいる最中であった。この保育者の「もう1回挑戦する」「またあとでね」の言葉によって、R男は、隣の迷路を意識したのだろう。先生がもう1回挑戦したいほどの楽しさ、入れ替わり立ち替わり友達がやってくる賑わい、迷路の主催者として「スタートはこちらです」「落ちたらやり直しです」と張り切って仕切るI子たちの声。その楽しそうな雰囲気に思わず引き込まれてしまったか、R男は、再び通りかかったA先生に「何回、渡れましたか？」と聞き、「渡っただけ食べられます」と、まるでI子たちの仲間であるかのように言い、さらにだんご屋は迷路のおまけだと言った。I子たちも「そうそう」とR男を肯定している。

　好きな友達数人で遊ぶようになると、途中から入った友達に対して「仲間に入れて」と言ったかどうかにこだわる場面もよくある。しかし、このように楽しい雰囲気の中では、言葉は必要のないときもたくさんある。I子たちも、すぐ近くのだんご屋に興味をもっていたのかもしれない。自分たちの仲間が増えることがうれしく楽しく思えたのかもしれない。「そうそう」の一言で事足りる友達との関係性が構築されつつある4歳児たちといえるのではないだろうか。

(3)　5歳児の言葉の育ち

事例3-7　「リレーしようよ」（5歳5か月）

　隣の小学校に、1年生のリレーの授業を見に行った年長児たち。何を感じて帰ってきたのだろうか。

　保育室のベランダ脇に、リレーのバトンや小さな三角コーンが入っているカゴがあった。J子は目敏くそのカゴを見つけると、R子に「ねえ、リレーしない？」と誘った。「しようしよう」と賛同するR子。その場にいたW子、M子、S子、O子も「やるやる」と言って、園庭に向かった。J子とR子が2人でカゴを持ち、「どこでしようか」と適当な場所はないか探しながら、みんなで大庭のほうに向かった。大庭では、男児たちがサッカ

第3章 言葉を豊かにする保育 **実 践 編**

:::
ーをしていた。その向こうのすべり台の辺りでは年中児が遊んでいた。R子が「ここだと、サッカーしてるし、あっちは年中さんが遊んでるから悪いよね」と言った。J子たちもうなずき、「もっとあっちに行ってみよう」と年少児の保育室方面に向かった。「でも、小さい子がいると走れないし、危ないよ」とW子が言うと、またみんなでサッカーの近くまで戻ってきた。「ここにしようよ、ここなら年中さんだから。横だから平気」とJ子が言い、すべり台横で始めることになった。

J子は、小学校の授業で見てきたように、三角コーンをスタートと折り返しのサッカーゴール近くに2個ずつ置いた。すると、R子が「もっとサッカーゴールから離してJ子ちゃん、回るとき引っかかっちゃうよ」と言った。

S子は、「そうだ、出るところの線」と言って、足でスタートラインを描いた。

他のクラスの子どもも数人加わり、みんなで何となく2チームに分かれて並んだ。先頭はそれぞれバトンを持って構えている。W子が「だれがよーいドンする?」と聞いたがすぐに返事がない。W子は、そばにいたK先生に「先生、して」と頼んだ。K先生は「えっ、私? 私でいいんですか?」と言う。するとM子が「やっぱり、私がする」と言って列から抜けスターターになった。O子は「やっぱりね、Mちゃんがしたいと思った」とつぶやいた。

その後、途中でメンバーが加わったり、抜けたりしながらリレーは続いた。
:::

1年生の授業を観てきた子どもたちは、リレーに関心をもった。やってみたいと思った。園には同じ道具があった。やり方は、さっき観てきたのでわかっている。問題は、場所である。小学校のように広い校庭はない。園庭を見渡して、みんなで場所を見定める。

R子の「ここだと、サッカーしてるし、あっちは年中さんが遊んでるから悪いよね」から、他の子どもの遊びや動きをしっかり視野に入れていることがうかがえる。この女児たちには、空いている場所を探す理由が共有されている。年少の頃から、この園庭で遊んできた経験があるからである。そして、リレーが縦方向のみの動きであることから、「年中さんだから。横だから平気」と年中児と平行関係にある場所を選んでいる。周囲への配慮や遊びをイメージできる力は、さすが年長児である。「幼児期の終わりまでに育ってほしい姿 (1) 健康な心と体」には、「幼稚園生活の中で、充実感をもって自分のやりたいことに向かって心と体を十分に働かせ、見通しをもって行動し、自ら健康で安全な生活をつくり出すようになる」とある。リレーをする場所をあちこち探し、考えて選ぼうとしているR子たちの姿は、見通しをもって行動している姿ととらえることができるだろう。折り返しの三角コーンを置きに行くJ子。その位置について「回るとき引っかかっちゃうよ」と、安全性にまで言及するR子。スタートラインが必要だったと、足で描き始めるS子。ここでの子どもたちは、誰に言われてするのではない、自分たちでどんどん遊びの場をつくっている。充実感をもって自分のやりたいことに向かって心と体を十分にはたらかせている姿である。スターターを決める場面では「やっぱり、私がする」と言ったM子を見て、

79

「やっぱりね、Mちゃんがしたいと思った」と言ったO子。年中のときからいつもいっしょにいるO子だからこそわかる友達の気持ちである。

　ここでの年長児たちは、同じ目的に向かって、一人ひとりがこれまでの経験や知識を駆使して遊びを進めている。気づいたことは互いに伝え、自分がなすべきことには自分で考えて取り組んでいる。思ったことや感じたことを言葉にして伝え合うことで、友達といっしょに考えたり、失敗したりしながら遊びを進める方法を体得し、友達をより深く知り、共にある楽しさを感じていくのである。

2　保育計画の中での言葉

(1)　指導の全体計画の中で言葉を育てるために

　保育所保育指針、幼保連携型認定こども園教育・保育要領、幼稚園教育要領は、幼児の発達の姿を5つの窓口から見ようとしている。各領域は、それを教科のようにとらえて指導するためのものではない。領域は保育を総合的に行う際の視点になるものである。

　幼児期においては、諸能力は別々に発達していくのではなく、生活全体を通して相互に関連し合いながら子どもの中で統合されて、発達の姿として表れていく。実際、幼児の生活は、さまざまな要素で複雑に織りなされているため、幼児の生活を大事にすればするほど必然的に保育は総合的になってくる。もちろん「言葉」についても、それだけを取り出して指導していくものではない。しかし、保育者が意図的、計画的に保育の中で指導していかないと、育つはずの言葉が育たずに幼児期が過ぎてしまうことも考えられる。そのようなことにならないよう保育者は発達の適時性を考慮して、その時期にふさわしい指導をしていく必要がある。

　指導計画は、ねらいや内容、環境の構成、保育者の援助などの指導の内容、方法を明らかにしたものである。学期や月、発達の時期などを単位に幼児の生活を長期的に見通しながら、指導の内容、方法を大筋で考えて作成する長期指導計画と、最近の幼児の生活する姿から一人ひとりの興味や関心、発達などをとらえ、今週、あるいは本日のねらいや内容、環境の構成、援助などについて実際の幼児の姿に直結して作成する短期指導計画がある。

　ここでは、言葉の指導が、それぞれの指導計画の中にどのように位置づいていけばよいのかを考えてみることにする。

(2)　指導計画の中の言葉

　長期の指導計画の具体的なねらいや内容を設定するためには、幼児の発達の特性をふまえ、各期間の特徴的な幼児の生活する姿から、1～6年間の教育保育期間の幼児の発達の道筋を描いておく必要がある。その道筋の中に「この期」あるいは「今月」があるのである。

　幼児にとって園生活のすべてが保育内容であることを考えたとき、園でどのような生活をするか、どのような遊びをするかは、その発達に大きな影響を及ぼすものである。し

がって長期の指導計画は、その時期にふさわしい幼児の生活が保障されていくよう計画されなければならない。そのためには、幼児の発達の特性を十分にふまえ、幼児の生活する姿から幼児理解を深めていくことが最も大切になる。事例Aの園では、幼児の生活する姿を次のような視点でとらえ、幼児理解に努めている。

　○幼児の園生活への適応の様子
　○幼児の興味や関心の傾向
　○幼児の人間関係にかかわる様子
　○幼児の行事や自然などの周囲の状況の変化にかかわる様子

■事例A

　この幼稚園では、入園から終了までの教育期間を見通し、幼児の発達の状況を勘案して、3歳児4月から5歳児3月までを12の期としてとらえ、各期の指導計画を立てている。

　Ⅶ期（4歳児8月〜11月中旬）のねらい・内容を次のように設定している（一部抜粋）。

ねらい	内容
★好きな遊びを伸び伸びと楽しむようになる。 ○思い切り体を動かして遊ぶようになる。	・自分の思いやイメージをもって遊んだり、実現するために試したり工夫したりする。 ・水や泥などに触れたり、使ったりしながら遊ぶ。 ・思い切り走ったり、運動会で楽しんだ遊びをしたりするなど、戸外で体を動かす。
☆友達と交わって遊ぶようになる。	・友達のすることに興味をもってかかわったり、友達と一緒に場をつくって遊んだりする。 ・自分の思いや考えを友達に伝えようとしたり、相手に思いのあることを知ったりする。
○自然に興味や関心をもつようになる。 ○行事に興味や関心をもつようになる。	・秋から冬への季節の移り変わりを感じる。 ・運動会に興味をもち、喜んで競技に参加したり、友達の応援をしたりする。 ・遠足に期待感をもち、楽しく参加する。
☆健康で安全な生活に必要なことに気づき、気をつけるようになる。	・避難練習に参加し、先生の言動に注意を向け、指示に従って避難する。 ・手洗いやうがい、歯磨きの必要性に気づき、自分でしようとする。

　事例Aのねらいと内容を設定した背景として、夏休み明けでも多くの幼児が園で遊ぶことを楽しみに登園する姿や、自分のイメージを伝えようとしながら友達と遊ぶようになり、イメージを実現するために、試したり工夫したりし、難しいことにも挑戦しようとする姿があげられる。また、運動会や遠足などで友達といっしょに活動したことをきっかけに、遊びが広がったり、気の合う友達との関係を軸としながらも、かかわりの少ない友達のしていることにも興味をもつなど、少しずつ幼児同士の関係が変化してきている姿があげられている。また、戸外で遊ぶのには絶好の気候となり、広々とした園庭で蛇じゃんけんをしたり、ハンカチ落としをしたり、運動会の競技を再現してみたりと、体を動かす心地よさや楽しさを感じながら大勢の友達と遊ぶ姿、虫や木の実に興味をもち、見つけたり拾ったり、それらを遊びに取り入れたりして遊ぶ姿もあげられている。

　このような姿をさらにつなげ、伸ばしていきたいという指導の方向性から「好きな遊びを伸び伸びと楽しむようになる」「友達と交わって遊ぶようになる」のねらいが設定され

ている。それに対応するいくつかの内容が右欄にあげられているが、1つのねらいに向かうには、いくつもの内容が絡んでくる。そして、その内容の具体としては、多様な幼児の活動やそこでの姿が予想される。

　たとえば、「好きな遊びを伸び伸びと楽しむようになる」の具体的なねらい「思い切り体を動かして遊ぶようになる」ためにさせていきたい経験として「思い切り走ったり、運動会で楽しんだ遊びをしたりするなど、戸外で体を動かす」という内容があげられている。そこで予想される幼児の活動としては、前月の幼児の姿にあるような蛇じゃんけんやハンカチ落とし、鬼ごっこなどがあるだろう。年長児に影響されてサッカーをする幼児もいるかもしれない。そのような中で各領域の指導は、そして言葉の指導は、どのように位置づいていくのだろうか。

　「思いきり体を動かして遊ぶ」の「体を動かす」は、健康の領域のねらいである。健康の領域のねらいだからといって、保育者はここで運動面の指導ばかりに目を向けた環境の構成や援助の計画を立てるだろうか。蛇じゃんけんかハンカチ落としか、あるいはサッカーか、それ以外の遊びかわからないが、いずれにしても、走ったり、ぐるぐる回ったり、追いかけたり逃げたりするスペースは確保したい。a <u>解放的な雰囲気の中で</u>b <u>声を出したり笑ったりしながら伸び伸び遊んでほしい</u>。他の幼児が興味をもって、c <u>自分からかかわってくるように保育室からも見える場所で始めてみよう</u>。蛇じゃんけんだったら、蛇の道は子どもたちが足で線を引くかもしれない。d <u>友達と一緒に遊びの場をつくる経験も大切にしていきたい</u>。保育者もいっしょに線を引きながら、かかとやつま先のe <u>感覚を伝え合ってみよう</u>。「さいしょはグー、ジャンケンポン」など、f <u>リズミカルな遊びの言葉をどんどん使って友達といっしょに遊ぶ楽しさを味わえるようにしていこう</u>。「がんばれ、がんばれ、いいぞ、いいぞ」などg <u>声をそろえて言う場面をつくることで</u>h <u>仲間意識を高めてほしい</u>。

　これら下線の部分は、保育者が意図して環境を構成したり、援助したりしていこうと考えていることである。下線aには、「健康」の内容 (3) の戸外の空気に触れる気持ちよさ、楽しさを味わえるようすることが意味づけられている。下線bは、「言葉」のねらいの (1)「自分の気持ちを言葉で表現する楽しさを味わう」や「表現」の内容 (4) の「感じたこと、考えたことなどを音や動きなどで表現したり～」を含んでいる。心動かす体験の中で、自分の気持ちを「ワァー」と声にしたとき、それは自分なりの表現である。それに友達も呼応して「ワァー、すごーい」となったら、感動を共有する楽しさに変わる。そのことは、「人間関係」の内容 (1)「先生や友達と共に過ごすことの喜びを味わう」につながっていく。下線cは、「環境」のねらい (2)「身近な環境に自分から関わり～」に大きく関連している。下線eは、体験を通して感覚を豊かにしていくこの時期ならではの経験をさせようとする保育者の意図である。「環境」のねらい (3) につながっている。下線fやgは、「言葉」の内容 (7)「生活の中で言葉の楽しさや美しさに気付く」そのものである。下線d、hは、言うまでもなく「人間関係」のねらいや内容を意図している。

これだけあげただけでも、たとえば蛇じゃんけん一つをとっても、保育者の指導の意図は1つの領域にとどまらず、5領域を網羅していることがよくわかる。他の領域と同様に「言葉」の指導がどのように位置づいているかが見えてくる。しかし注意すべきは、このことが遊びの中で5領域のねらいをバランスよく、どれも同じように達成していくということとは違うということである。この時期の大方の幼児にある興味・関心を大切にしながら、5領域のねらいが無理なく達成できるような指導の視点を保育者がもつということ、「幼児期の終わりまでに育ってほしい姿」を、幼児が発達していく方向として意識し、この時期にふさわしい指導を積み重ねていくことこそが求められるのである。

次に、事例Bをもとに、園における短期の指導計画の中の言葉について考えてみたい。

■事例B　3歳児・6月　日案

ねらい	★幼稚園で遊ぶことに興味をもつようになる。 ○安定した気分で過ごすようになる。 ○周囲のものや事象に興味をもち、不思議さや面白さを感じるようになる。 ☆幼稚園には友達がいるということに気付き、意識するようになる。	内容	○一人であるいは友達と一緒にベランダ近くの先生の所まで喜んで登園し、あいさつに言葉や身振り、表情で応じる。 ○好きな遊びやしてみたい遊びを一人で、あるいは友達や先生とする。 ○水や土、砂に触った感覚を心地よく思ったり、虫や草花や木の実に触れて遊んだりする。 ○友達と同じ遊びをしたり、時にはぶつかり合ったりしながら、近くで、あるいは一緒に過ごす楽しさを感じる。

この日案のねらいと内容は、次のような前日までの遊びの姿を受けて設定している。
○Aちゃん、Bちゃん、Cちゃんたちは、ままごとコーナーのスカートをはき、それぞれが皿にサンドイッチなどを盛りつけてテーブルに並べ、食べるまねなどをして遊んでいた。「ごはんですよ」「そうですよ」「たべていんだよ」など、幼児同士のやりとりも見られるようになってきた。保育者がその中の1人に用事があって、「ピンポーン」と客になって訪ねると、ままごとコーナーにいた幼児はみんな、「はーい、どうぞ」と、家の雰囲気を感じていた。
○Dちゃんが、赤ちゃん（人形）をおんぶしたいと言ってきたのでひもでおぶわせてやると、他の幼児も「わたしも」「わたしも」と人形を持ってきて、保育者にひもでおぶわせてもらい、散歩と称して外へ行った。砂場でケーキを作って誕生パーティーをしていたところに来て、いっしょにケーキを食べた。赤ちゃんをおぶっているという意識はほとんどなくなっていた。
○Eくん、Fくん、Gくん、Hくんは、「いっしょにあそぼう」と声をかけ合うわけではないが、何となく互いに所在を探し合い、合流して虫捕りや探検、ヒーローごっこなどを楽しんだ。ヒーローごっこでは他の幼児を追いかけるなどする場面があったので、保育者が加わり、園庭の木々の間を走ったり、平均台を渡ったり、見えない敵と戦うまねをしたりし、遊びを盛り上げた。他の幼児（星や月組の幼児）も加わったことで刺激も受け、「ぼくは、赤ね」「ぼく、青」など、役割を意識した言葉も出ていた。

虫捕りでは、「ここにいるよ」など、虫の居場所を友達に教えてあげるようなやりとりも見られるようになってきている。しかしまだマークで呼び合っていた。
- ○登園後、持ち物の始末に時間がかかるIくんやJくんだが、「Iくんがお水で遊べるように、あそこにいっぱい入れておいたからね」「Jちゃん、かばん置いてきたらまたぐるぐるしようよ」などの<u>保育者の遊びへの誘いの言葉</u>によって、かばんなどをロッカーに置いてくるのが早くなった。
- ○Kくんは、登園後、時間をかけて持ち物の始末を終えると、<u>保育者のところに来て手をつなぎ、保育者の行くところに一緒についてくる</u>。保育者がしていたり、他の幼児にしてあげていたりするのを見て、遊びに加わり、ヒーローになったり、人形をおんぶしたりするようになってきた。
- ○Kくんは、いろいろなことを少しずつやって過ごしているが、<u>保育者のところに来て膝に乗ったり、本を読んでと持ってきたりした</u>。その後はまた、保育者から離れて違う場所に行った。
- ○Dちゃんは、したいことが浮かぶと、突然、保育室から飛び出すことがある。保育者が「～になったら終わりにしようね」などと<u>Dちゃんの思いを受け止めたことを伝えると、穏やかに自分から戻ってきた</u>。

　エピソードからは、保育者に誘われたり、他の幼児の遊びの様子を見たり、自分から好きな遊びを見つけたりし、一人であるいは先生や友達といっしょに遊びを楽しむようになってきている幼児の姿がうかがえる。
　下線部分は、保育者がとらえた幼児の言葉や行動である。その言動に表された幼児の思いを理解しようとしている保育者の思いがわかる。
　友達や保育者と、このように言葉のやりとりを楽しむことができるのは、学級の中に安心して話せる雰囲気があるからであり、楽しく気軽に言葉を交わすことができるような信頼関係が成立しつつあるからである。
　保育者は、これらの幼児の姿と自身の意図を込めて、次のような実際の保育の展開を書いている（環境の構成は別紙）。

	予想される幼児の活動	環境の再構成及び保育者の援助
8:30	○登園する。 ・あいさつをする。	○迎えるときは、明るい雰囲気の中、安心できるよう一人一人の名前を呼び、あいさつしたり、必要に応じて抱き上げたりする。
9:00	・所持品の始末をする。	○進んで所持品の始末をする幼児には、<u>笑顔でうなずいたり、励ますような言葉をかけたりする</u>。D子たちがタオルを掛けずに遊んでいたら、気づくような言葉をかける。
	○思い思いの遊びをする。 ・M男やJ男、N子は、アリやダンゴムシ、テントウムシなどを探し、バケツに集めたり、見たりするだろう。	○保育者もその場にいて、探したり、虫の歌を歌ったりして楽しい雰囲気を盛り上げ、見つけたり捕まえたりした喜びに共感する。「ここにむしがいるよ」「みせて」などの幼児同士のやりとりを見守る。
	・A子、B子、C子などが、スカートをはいたり、ご飯を作ったり、人形の世話をしたりするだろう。	○<u>幼児が自分のイメージで振る舞ったり、幼児同士でやりとりをもとうとしたりすることを大事にし</u>

「ごはんですよ」など、幼児同士のやりとりも見られるかもしれない。人形をおんぶしたいと保育者に言ってくるだろう。 ・R男は、保育者にくっついたままでいるだろう。T子もU男も不安で保育者の近くにいるかもしれない。 ○遊びの片づけをする。 ・保育者に促されて、遊んだものを元の場所にしまう。保育者といっしょに遊んだところを片づける。 ・きれいになった部屋を見る。	たいので、幼児の興味や遊び方、やりとりの様子を見守り、遊びを妨げないようなかかわり方をする。おんぶひも使用時は安全に留意する。 ○R男やU男、T子の遊び始める様子を見守る。これまでに興味をもったスポンジ積み木を家に見立ててやりとりする遊びなどへ誘い、寄り添いながら保育者もいっしょに遊ぶ。 ○10:00頃をめやすに<u>片づけに取りかかりやすいよう、おやつが来たことを知らせたり、学級全体の楽しい遊びについて徐々に話をしたりする。</u>いっしょに片づけながら「きれいになるね」「お人形も喜んでいるね」など、<u>意欲が増すよう言葉をかける</u>。

　表中下線の部分は、保育者側からの主として言葉によるはたらきかけとその意図である。
　前日までの幼児の姿から読み取れる発達や自分の保育の反省をふまえ、言葉による指導の意図を明確に打ち出している。長期の指導計画と違い、一人ひとりの幼児の興味、関心、発達をとらえ、それらに応じた指導を考えていくこと、一人ひとりに寄り添う気持ちで作成するのが短期の指導計画である。

3　実際の指導の中での言葉

(1)　保育のさまざまな場面で言葉を育てる

> **事例3-8　「それは、痛かったねえ」（5歳）**
> 　4月、「ピーポーピーポー、大変です、Aちゃんが痛くしました。ないてます」。にぎやかなBくんに連れられ、Aくんが泣きじゃくりながら保健室にやってきた。その後から、CくんやDくん、Eくんが興味津々の表情でついてきた。一番後ろにFくんが居心地の悪そうな顔をして立っていた。
> 　Y先生はAくんを椅子に座らせてから、「Aちゃん、どうしたのかな」と穏やかに尋ねたが、その言葉に真っ先に反応したBくんが状況説明を始め、Cくんたちも口々に話し出したため、その場は騒然となった。Aくんは少し泣きやみながら友達が話すのを聞いていた。先生は、Fくんがかかわっていることを察し、「そうなんだ。みんな、お話してくれてありがとう。よくわかったわ。あとはAちゃんからお話聞いてみます。Fちゃんもお話ししたいことあるのかな」と言ってBくんたちを帰した。「Fちゃんが、ここ、たたいた」と言ってまた泣き出すAくんに「それは、痛かったねえ」と言いながらY先生は患部を診て、冷却剤を当ててやった。それからゆっくりと順を追いながら、どのような状況で、どこを、どのようにぶたれたのかをAくんに聞いていった。Fくんは黙って聞いていたが「Fちゃん、そうだったの？」とY先生に聞かれ、自分のブロックをAくんに取られたことを話した。「そうなんだ。それじゃFちゃんも怒っちゃうわね」。Y先生はFくんの肩に手をやった。Fくんはうなずき、ちょっと涙ぐんでAくんを見た。Aくんも何かを感じた表情でFくんを見ていた。

保健室には、入れ替わり立ち替わり幼児がやってくる。そのほとんどは大したけがではないが、まれに高いところから落ちて頭部を打ったり目に物がぶつかったりなど、状況を正確に把握しないと手当ての判断ができないこともあり、Ｙ先生は、ふだんから、どんな小さなけがでもくわしく事情を聞くようにしていた。
　この事例では、Ａ児のけがの状況を冷やす程度でよいと判断したＹ先生が、Ｂ児たちの説明により、Ｆ児との間に何かあったことを察し、２人だけを残して話を聞いている。幼児は話すことが好きであり、聞いてくれる相手がいれば我先にと話す。しかし、けがの手当てを優先したいこのような場面では、幼児の話したい要求につきあってばかりはいられない。Ｙ先生は「ありがとう。よくわかったわ」とＢ児たちの気持ちをしっかり受け止め、「あとはＡちゃんからお話聞いてみます」と保育者の意思を丁寧な言葉で伝えている。「ピーポーピーポー」とおもしろさも半分手伝って保健室にやってきたＢ児たちに、けがの手当てに伴う緊張感や時と場にふさわしい言動があることを知ってほしいという願いも込められていただろう。Ａ児やＦ児に対しても同様で、「それは、痛かったねえ」「そうなんだ」と、まずは幼児の気持ちに共感し受け止めている。保育者に受け止められて安心した幼児は、そこから初めて相手の思いに気づけるようになっていく。Ｆ児が涙ぐんだのは、Ａ児にけがをさせてしまった自責の思いと、自分の気持ちをＹ先生にわかってもらえたことによるものだと考えられる。
　５月の体重測定の日、Ｙ先生は、５歳児のクラスで紙芝居「かさぶたくん」を使った保健指導をすることにした。けがをした主人公が手当てをしてもらうにあたり、けがに至る状況を自分で話す必要性に迫られるというもので、いつ、どこで、どのように、がキーワードとして使われている。けがは最後にかさぶたくんになり、治っていく。この紙芝居の後、いつものようにけがをしたと言って保健室にやってきた幼児が「ブランコでね、こうやって手から落っこちたの」というふうにその幼児なりに身振りも交えながら状況をくわしく話す姿や「かさぶたくんになって、治るんだよね」と自分に言い聞かせながら帰っていく幼児の姿が見られた。
　このように、幼児は、自分の話を聞いてくれる相手の話はよく聞くものである。よく聞けば、理解もし、自分の考えも伝えていける。つまり、安定した人間関係にある相手との間で幼児の言葉は育っていくのである。

事例3-9　おしっこくん（4歳）

　連日、真夏日が続いていた９月下旬、砂場で４歳児たちが遊んでいた。川を作っていたＨくんは、複数の小さな穴を空けたペットボトルに水を入れ、シャワーのように漏れていくのを楽しんでいた。Ｈくんがペットボトルを持ち上げて「ねえ、Ｉくん、おしっこ」とひとこと言うと、Ｉくんも「おしっこ、おしっこ」と声を上げた。少し離れたところで池を作っていたＪくんがそれを聞き「ヘーイ、おしっこ、いっちょまえー。おしっこ、おしっこよー」と別のペットボトルに汲んできた水を池に入れた。

第3章　言葉を豊かにする保育　**実践編**

> 　Ｊくんと一緒に池を作っていたＫくんもバケツに水を汲み、「おしっこ、いっちょまえー」と自分の池に運んでいた。
> 　砂場の外で見ていたＭくんは、Ｋくんが水を入れるのを見ながら「おしっこ、いっちょまえー。ザザーッ」と言った。そして、砂場から園庭に水があふれて流れ出ているのに気づいて「ねっ、ねっ、おしっこが行ったよ。ちがう道だあ」と喜んだ。ペットボトルの水が少なくなり、川に水が流れず、しみこんでいってしまったのを見たＨくんは「みんな、いそいで、おしっこなくなっちゃう。もってきて」と叫んだ。そう言われて、ＪくんやＩくん、見ていただけだったＭくんまでもが水を運ぶ。Ｍくんはペットボトルにじょうごで水を入れながら「ボコボコボー、ねえ、（川が）ここまできたよ」と言った。ＪくんもＭくんを真似て「ボコボコボー、きもちいいでしょ」と言った。しばらくして、またＨくんが「ねえ、みんなー。おしっこくん、もっと入れて。おしっこくんがなくなってるー。みんなー、おみずくんでこよう」と言った。Ｊくんは「おー、くんでくるぞ」と走っていった。

　同じ砂場にいた幼児たちであるが、Ｈ児・Ｉ児は川作り、Ｊ児とＫ児は池を作って、別々に遊んでいた。Ｍ児は、そのどちらにも所属せず砂場の外で見ていたのである。Ｈ児の「おしっこー」という言葉に、周りにいた幼児たちは興味をそそられ、水を「おしっこ」と呼んでいく。Ｈ児は、シャワーのように漏れている様子が「おしっこ」に似ていると思ったのだろう。すでに排泄の自立をしている４歳児たちにとって、「おしっこ」の響きは懐かしく、おもしろおかしい響きになっていたのか、何ともうれしそうに使っていた。しかしこの遊びの中で、水は、おしっこではなく、水としての役目をもっている。
　つまり、水をおしっこに見立てているわけではなく、遊びを楽しくする言葉として「おしっこ」を採用しているのである。Ｈ児にいたっては「おしっこくんがなくなってるー。みんなー、おみずくんでこよう」と使い分けている。
　「おしっこ」という呼び方が、周りの幼児に受け入れられて、どんどん広がっているのもおもしろい。川班と池班で別々に遊んでいたはずが、いつの間にか、協力して水汲みをしている。「おしっこ」つながりの仲間になっていくのである。水をおしっこと呼ぶ友達との共通の了解事項が生じたことで仲間意識をもち始めている。Ｈ児の「みんな、いそいで、おしっこなくなっちゃう、もってきて」の言葉には、もうすでに仲間意識が表れている。それに応える池班Ｊ児の「おー、くんでくるぞ」もそれである。
　暑い日の水遊び、冷たい水の感触に心も体も解放された幼児たちは、多くの擬音を使ったり、唱え言葉の言い回しの楽しさを感じたりしながら遊んでいる。水を運ぶときの「おしっこ、いっちょまえー」や水がこぼれ、あふれ出していく様子を見たＭ児の「ザザーッ」や、水がじょうごを通るときの「ボコボコボー」、それを受けてのＪ児の「ボコボコボー、きもちいいでしょ」などは遊びの楽しさの表現であると考える。
　このように心身ともに安定した環境の中で、幼児は、物（水）の性質に気づいたり、予

想外の出来事に心を動かされたりしながら、自分なりに表現したことが友達に伝わっていく喜びや満足感を味わっていく。仲間うちだけに通じる言葉や表現によって、友達との連帯感や一体感を深めていく。そして、このような友達とのやりとりの中で、自分のしたいことを伝えたり、相手にしてほしいことの伝え方や合意を得る必要性を理解したりしていくのである。

(2) 一人ひとりの幼児の言葉を育てる

> **事例3-10　ひよこ組さん、お弁当ですよ（3歳）**
> 　6月に入り、3歳児ひよこ組もお弁当が始まった。担任のK先生は、登園してくる幼児に「今日からお弁当だね」「お弁当楽しみね」「何が入っているのかな」などと一人ひとりに声をかけた。
> 　片づけの予定時刻が近づくとK先生は「あーあ、楽しかった。いっぱい遊んで、先生なんだか、おなかがすいてきちゃったわ」とつぶやいた。それを聞いたMちゃんが「あたしもおなかすいちゃった」と同調した。K先生は「ひよこ組さん、そろそろお弁当にしようかー」と保育室の幼児たちに声をかけた。先生の言葉を聞いた幼児たちはたちまち遊びに使っていたものを手放し、お弁当を取りに行こうとした。K先生はそんな一人ひとりに「Mちゃん、楽しかったね、明日もいっしょに遊ぼうね。これ、どこに置いておこうかな」「Nくん、お弁当はここで食べるんだよ。こんなにブロックがあると置けないね」と片づけを促した。園庭でも保育補助のU先生が「牛乳が届いたわよ、そろそろお弁当かな。ここをきれいにしてお弁当にしようね」と一人ひとりに声をかけていた。

　この事例は、3歳児によくある光景である。大好きな先生や友達の存在によって、園生活の中では、ひよこ組のみんながいっしょに行動することがあるということを何となく感じ始めていた頃ではあるが、お弁当、しかも初めてのお弁当ではそうもいかず、一人ひとりが自分の思いで動き出してしまっている。こうなると、保育者が全体に向けて「ひよこ組さん」と言葉をかけても、幼児の耳には入っていかない。一人ひとりの幼児に向かって話しかけなければ保育者の思いは伝わっていかないのである。

> **事例3-11　全体に向けて話すことと個別に伝えること（5歳）**
> 　この日、遊戯室では年長の2クラスが合同で七夕飾りを作っていた。
> 　それぞれの担任は、遊戯室に集まるにあたり、町の七夕祭りのことやそこに笹飾りを出品して参加すること、隣のクラスの友達といっしょに作ることなどをあらかじめ話しておいた。幼児たちは担任の話を静かに聞いていた。
> 　遊戯室で、T先生は、穏やかに、ゆっくりと、しっかりとした口調で、飾りを作る

> 材料のビニールテープやセロハン紙などの置き場所や、それらを2クラスでいっしょに使うこと、できあがったら名前を書くので担任のところに持ってくることなどを年長児全員に伝えた。いよいよ各自が作ることになった。製作が始まると、T先生はOくんのそばへ行き、「セロハンは、あそこにあるよ。ふじ組さんといっしょに使うんだよ」とOくんの目を見ながら伝えた。それからT先生は、向こうでおしゃべりに夢中のRくんやSくんのそばに行き、耳元で同様のことをやさしく伝えた。

　年長児たちは、これまでに降園時の学級全体の活動や、学年や園全体の集会の場などで、保育者の話を聞くことを何度となく経験してきている。T先生は、学年全体の幼児に対して穏やかに、ゆっくりと、しっかりと語りかけている。そのような話し方は、聞く者に安心感を与えるため、話の内容も理解されやすいのである。しかし、T先生は全員に向けて話すことですべての幼児に伝わるとは考えていないようである。O児には直接伝えていこう、お互いにおしゃべり好きなR児とS児には、おしゃべりを咎めることなく、今やるべきことをしっかりと伝えていこう、と最初から一人ひとりに応じたさまざまな手立てを準備していたのである。

　このように保育者は、集団に対するときも、常に一人ひとりに心を向けている。一人ひとりの表情から心の動きをつかんでいる。そして、一人ひとりの興味・関心や発達の課題に心を配りながら、話し方や話の内容を考えている。幼児は、そのような保育者の配慮に支えられ、話を聞くことの意味を体験から学び、話を聞く態度を徐々に身につけていくのである。

〔引用・参考文献〕
・文部科学省「幼稚園教育要領」平成29年告示
・文部科学省「幼稚園教育要領解説」平成20年10月
・厚生労働省「保育所保育指針」平成29年告示
・厚生労働省「保育所保育指針　解説書」平成20年4月
・内閣府・文部科学省・厚生労働省「幼保連携型認定こども園教育・保育要領」平成29年告示
・内閣府・文部科学省・厚生労働省「幼保連携型認定こども園教育・保育要領解説」平成27年2月
・小田豊・神長美津子編著『指導計画法』北大路書房、2009年
・小田豊他編著『新しい教育課程と保育の展開』東洋館出版社、1999年
・阿部明子編著『保育内容・言葉　第2版』建帛社、1999年
・群馬大学教育学部附属幼稚園「教育課程」2016年

〈渡邉　俊〉

第3節 保育者の言葉表現

1 体験に裏付けられた豊かな言葉を育む

(1) 言葉を獲得する過程を支える

　平成29年告示幼稚園教育要領の総則および幼保連携型認定こども園教育・保育要領の総則においては、新たに、幼児期の教育における「見方・考え方」として「幼児が身近な環境に主体的に関わり、環境との関わり方や意味に気付き、これらを取り込もうとして、試行錯誤したり、考えたりするようになる」という記述が加わった。幼児は主体として園生活を送り、試行錯誤して学ぶのであり、保育者はこのことを再確認しなくてはならない。

　言葉の獲得においても、幼児は意図をもった主体として試行錯誤し、考え、体験からの実感を重ねて、体験に裏付けられた豊かな言葉を自分のものにしていく。保育者は、子どもが試行錯誤して言葉を獲得する過程に価値を置かなくてはならない。

　事例3-12を通して、幼児が試行錯誤して言葉を自分のものにしていく過程を見つめてみよう。

事例3-12　「……Ｂ児と遊びたいな」（4歳）

　Ａ児は、テラスから園庭のほうを眺めて立っている。
　保育者もＡ児の隣に並んで立ち、「どうしたの」と言葉をかけると、少し間を置き、Ａ児が口を開いた。
　Ａ児「Ｂ児がいっしょに遊んでくれないって」
　保育者「そうなの。なんで」
　Ａ児「今日はＣ児と遊ぶって」
　保育者「そうなんだ。Ａ児は入れないって？」
　Ａ児「今日は遊ばないって」
　保育者「なるほど。……悲しくなるね」
　Ａ児「……Ｂ児と遊びたいな」
　保育者「もう一度、行ってみる？　いっしょに行くよ」
　保育者は、Ｂ児がＡ児の気持ちを受け入れるとは思えなかった。同時に、以下のことがパッと頭をよぎった。Ａ児の気持ちも、他の友達との遊びの経験がないための安易な思いかもしれない。Ａ児の気持ちをＢ児以外の友達や遊びに向けていくことも必要なのかもしれない。しかし、今は目の前の今のＡ児の気持ちを受け止めて応じてみよう。
　Ａ児「うん」

>　　A児は、B児とC児のいる場に駆けていく。保育者もすぐ後を追う。
>　　A児「入れて」
>　　B児「ダメ、ここは2人だから」
>　　A児と保育者は、その場にいて、B児とC児の遊ぶ様子を見つめている。その後、しばらくしてB児とC児のユーモラスなやりとりに、A児も顔がほころぶ。
>　　B児の肘が当たり、B児の積んだ中型箱積み木が1つ落ちてしまった。とっさにA児が手を伸ばして積み直す。B児もC児も「アッ」と小さな声で言っただけで、遊びはA児を加えて継続した。保育者は静かにその場を離れた。

　どうしてもB児と遊びたいA児は、勇気をもって「入れて」と訴えたものの、その言葉はB児には伝わらなかった。A児は無意識に、ずっとその場に身を置き、B児とC児の2人のやりとりを見ているしかなかったのであろう。その後、状況を読み取りつつ、身体によって応答しながら仲間入りを果たしていく。試行錯誤の末、「入れて」という言葉はB児に伝わったのである。

　A児は、今後、「入れて」という言葉を自分の気持ちを伝える大切な言葉として勇気をもって用いるのではないだろうか。「入れて」と訴えられたB児とC児も、A児が試行錯誤している状況を目の当たりにしながら、相手の「入れて」に込められた気持ちを感じ取る機会に身を置くことになった。いつしか自分自身の言葉として獲得していくことにつながるかもしれない。

　「もう一度、行ってみる？　いっしょに行くよ」という保育者の言葉は、保育者が目の前のA児のこだわりに寄り添ってみようという思いで提案したものである。A児は、自ら保育者の言葉をきっかけとして取り入れ、再チャレンジする勇気を起こしたのだと読み取れる。

　もし、保育者が、A児の気持ちやB児・C児の気持ちを飛び越えて、仲間入りをお膳立てしたり強要したりするようなことがあれば、A児らが自ら人間関係を調整し参画する貴重な体験とそれに伴う意味ある言葉の獲得の機会を奪ってしまうことになる。

(2) 子どもが体験を深め広げるよう働きかける

　体験の広がりや深まりは、子どもがさまざまな言葉に出会い獲得していく過程を保障する。子どもは、人とのかかわる体験を通して学ぶのと同じく、ものや事柄とかかわる試行錯誤の体験を通して学ぶ。たとえば、どの園にも準備されたり存在したりしているような身近なものに限っても、子どもがものとのかかわりを深めていけるように、広げていけるように、保育者が言葉をかけることが大切である。

　なぜだろう、不思議だな、という好奇心を保育者の言葉によってくすぐり、さらに、比べたり、確かめたり、調べたりして探究できるように支えることで、子どもの体験は深まり、広がり、それだけ言葉との出会いも豊かなものになる。

2　心が動かされたことを話す機会に価値を置く

(1)　子どもからの話しかけに関心を寄せる

　子どもは、たくさん話すことで多くの言葉を獲得し、伝え合う力や、考える力をつけていく。そのため、子どもが話す機会を多くすることが必要である。話す機会を増やすというと、クラス全員の前で発表するような場面等を思い浮かべるかもしれない。しかし、まず、子どもが保育者に話しかけてきたときに、その機会にまめに応じていくことが大切である。

　子どもがすすんで話しかけてくるとき、子どもの心の内は保育者と分かち合いたい気持ちでいっぱいである。

事例3-13　2人だけのお家。ちょうどいいお家。（4歳）

　新しいクラスがスタートして2か月が経過し、砂場や積み木、絵を描いたり、さまざまな遊びの場面で2人組での行動が見られたりするようになった。この日も、D児とE児は2人で過ごすことを楽しんでいる。

　D児とE児が園庭の隅でござを広げている。保育者が近づくと、D児が保育者に話しかけてきた。

　D児「ここは2人だけのお家なの。ちょうどいいお家」（うれしそうに笑う。）

　保育者「いいですねえ」

　D児「ここがテーブルでしょ。それで、眠るときは、ここ、こうやって」

　D児はござの中央に配置した脚付きすのこにトントンと触れてから、すのこの横に仰向けに寝そべる。E児は笑っている。

　保育者「なるほど。テーブルの横に寝そべるわけね」

　D児「ほら、ちょうど。……眠れる」（寝そべったまま言う。）

　保育者「ちょうど眠れるね」

　D児「うん、2人にはちょうど。ちっちゃいお家だから、ほかの人は入れないよ」（上半身を起こしながら笑顔で言う。）

　保育者「2人だけのお家なんだ。いいね」

　D児「そう、2人だけ、ね、E児ちゃん」

　E児「うん」

　E児も仰向けに寝そべる。D児も再び寝そべり、2人で体を寄せ合って顔を見合わせて笑う。保育者は立ったままで上から、寝転んだ2人の顔を覗き込み、「ほんとにちょうどだ」と微笑みながら伝えた。

　小さな家は十分な広さがないため、D児と2人で過ごすのを邪魔する他の誰かが入ることはできない。D児とE児が2人で過ごすのにはちょうど適した広さの家である。D児の

言動から、自分たちだけの空間と時間を楽しんでいるうれしさが伝わってくる。
　保育者はD児の言葉を受け取って、表現を補いながら、「いいですねえ」「なるほど」などD児と気持ちを共有する言葉を伝えている。

(2) 個別経験の理解・共感的理解に基づく言葉で応じる

　保育者の言葉の背景には、D児が気の合うE児を見つけ、じっくりと過ごすことが楽しくなってきた、その育ちへのまなざし、すなわちD児の個別経験の積み重ねへの理解がある。その理解に基づき、保育者はD児の身になりながら、2人で過ごすことの喜びの大きさを想像することができる。保育者の言葉は、D児の世界と気持ちに対する深い共感的理解に基づく言葉なのである。
　このように、保育者は子どもの言葉の背景にある気持ちを十分に受け止めて子どもと分かち合うことができる。そして、誠実に気持ちを受け止めることは、子ども自身の感じている気持ちが価値あるものであるということを自覚させることにつながる。そのため、子どもにとっては、保育者と話すことはこの上なく楽しいものなのである。話す機会を大切にされて、もっと話したいという話すことへの意欲が育つ。

(3) 聞くことに徹し、気持ちの共有をする

　保育者は、子どもにたくさん話させるために会話を長く続けようと考えて、つい、質問をしがちである。しかし、子どもの言葉を待つことなく、まだ話そうとしている子どもに質問することは控えなくてはならない。なぜなら、子どもは、質問されることによって、話したいことを話せなくなって、話す意欲を損ねたり、自分の話したいことを忘れてしまったりして、話すことをやめてしまうからである。
　子どもが自分から話しかけてくるときは、心のうちに伝えたい事柄があり、自分の考えや気持ちを伝え、分かち合いたいときである。そのため、すぐに二言目が聞かれなくても、保育者は子どもの言葉を待ち、子どものペースにつきあう姿勢をもたなくてはならない。
　ごく幼い子どもの表現は拙いものであるから、保育者が懸命に理解しようとしても理解できないことも多い。なんとか質問しながら聞こうとしても理解できない場合もしばしばである。子どもとのやりとりは、短いやりとりでも十分である。保育者が心掛けるべきことは、子どもが話そうとしている、その気持ちを大切にしながら聞く姿勢である。
　子どもはたどたどしく話すことしかできなくても、自分の考えや気持ちを表現し、保育者に気持ちを受け取ってもらえたと感じて満足できることが大切である。子どもの考えや気持ちにしっかりと関心を寄せていますよ、分かち合いたい気持ちを受け取りましたよ、というメッセージを子どもに返せるようにしたい。会話のベースは、まず気持ちをやりとりすることが目的であることを理解し、よい聞き手になれるようにしよう。

(4) 側に寄り添って、話を聞く

　保育者が子どもの側に寄り添うことで、子どもが自分の考えや気持ちを言葉にする場合がある。

> **事例3-14　「雨が光ってキラキラしてる」（4歳）**
> 　朝から雨がしとしとと降り続いている。昼食前の時間になり、雲間から明るい光が差してきた。F児とG児が保育室の窓際に2人で並んで外を見ている。2人はしばらく言葉を交わすことはなく、ずっとぼんやりと外を眺めている様子であった。保育者が側に行き、2人の横に並んで外を見ながら「今日は雨降りだね」と静かな調子で話しかけた。
> 　F児はゆっくりと「うん」とうなずき、しばらく外を見つめてから、大変な発見をしたことを知らせるように目を見開いて輝かせた。そして、「ほら見て、雨が光ってキラキラしてるよ」と言う。G児も視線を外に向けたまま、「オレンジのお花とか、お水を飲んでいないからちょうどだね」と言う（保育室前の花壇には色とりどりの花が咲いており、その花のことを言っている）。保育者も「そうね」と静かに言葉にした。

　ぼんやりと外を見ている様子であったF児とG児は、実際のところは、何を考えながら外を眺めていたのだろうか。保育者の「今日は雨降りだね」という言葉を受けて、2人の視線は、目の前の降りしきる雨と、雨に濡れてしっとりとした花壇をよくとらえたようである。F児とG児の言葉から、光を受けて雨や雨のしずくが光っていること、草花が雨に濡れて光を受け、色が鮮やかに見えること、これらの美しさに気づき心動かされた感動が伝わってくる。

　保育者は子どもの側に寄り添い、子どもが話したくなるような雰囲気をつくることが必要である。事例3-14では、保育者が子どもと横並びで子どもの視線と同じ方向に視線を向けながら話しかけ、視線の先の雨の様子を話題にしたことで、会話は雨の様子を話題とした内容になった。しとしと降りしきる雨の様子、ぼんやりと外を眺める子どもの様子を受けて、保育者の言葉も自然と言葉少なに静かな語り口調となっている。そこには、子どもが言葉を話す余地が用意されている。

　また、事例3-12では、保育者がA児の側に行き声をかけたことがきっかけで、A児は自分の気持ちを表現しているが、そこでは、A児の気持ちに関心を寄せる保育者の温かさがA児に伝わっていることを見逃してはならない。A児は自分の言葉を聞き入れてくれた保育者の言葉をきっかけとして取り入れて、再チャレンジの勇気を起こしたのである。

　子どもは、側にいる保育者はいつでもどのようなことでも聞く姿勢をもっているということを感じ取って心を開き、保育者と心の内を分かち合いたいという意欲をもてるのである。

3 新たな考えや言葉と出会い獲得する楽しさを知らせる

(1) 子どもの考えや気持ちを代弁し、より端的に表現する

> **事例3-15 「とったの」（3歳）**
>
> H児が園庭から保育室に駆けこんできて、「先生、とったの」と訴える。
> 保育者「まあ、だれがとったの」
> H児「Ｉ児」
> 保育者「Ｉ児がとったのね」
> H児はうなずく。
> 保育者「Ｉ児が何をとったの」
> H児「三輪車」
> 保育者「Ｉ児が三輪車をとったの？」
> H児はうなずく。
> 保育者「嫌だったね」

　事例3-15のように、子どもは、言葉や文を組み立てることが難しい上、語彙に限りがあり、考えや気持ちを十分に言葉に表すことができない。

　保育者と話す場合には、保育者は子どもの理解を確かめながら、子どもの言葉を補ったり、つないだり、言い換えたりして、再構築してくれる。保育者の言葉によって子どもの表現したい事柄が端的に表現され、子どもは伝えたいことを分かち合えたという満足感を得ることができる。

　事例3-13では、保育者は、D児の様子を見て「テーブルの横に寝そべる」と表現したり、会話の最後に、子どもの最も分かち合いたい気持ちを子どもの言葉で繰り返して「２人だけのお家なんだ」と伝えたりしている。これらの言葉表現は子ども自身の表現したい事柄を言葉で的確に描写し、子どもの表現したい気持ちをより端的に表す表現である。

　子どもは自分の表現したいことが言葉によって表現できる楽しさを重ねて、言葉を獲得することへの意欲を高めていく。そして、言葉で表現する試行錯誤を重ねつつ、保育者の言葉を取り入れて、言葉を獲得していく。

　特に、子どもが自分から保育者に話しかけるときには、子どもは、驚いたこと、うれしいこと、悲しいことなどの伝えたい事柄、状況や情景をすでに心にもっている。そのため、子どもの理解を確かめながら言葉を補ってくれる保育者によって与えられる言葉は、子どもの内にある事柄、状況、情景と言葉が結びつきやすく、子どもには明確に理解できる。さらに、新たな言葉表現を知ることが楽しくなり、言葉を獲得する意欲が育まれていく。

(2) 子ども同士のやりとり、伝え合いをつなぐ

　５歳児になると、仲間との遊びを工夫するために、子ども同士が考えを伝え合って遊びを進めるようになる。子ども同士だけで伝え合いが成り立つのは、遊びの中では目の前に物があり、自分の体や物を活用しながら今ここの事柄についての考えを表現して伝えることができるからである。自分の考えを伝え、他の子どもの考えを受け入れて、１人では思いつかないような遊びや複数で協力することによって実現できる遊びを楽しめる。そこには、時に食い違う意見を調整し合わなくてはならない面倒を差し引いて、余りある楽しさがある。子どもの言葉はそうした遊びの魅力に支えられて活発にやりとりされる。

　子どもがよりよい園生活を主体的に進めるためには、所属する集団の子ども同士が互いの気持ちや考えを伝え合い、共有する必要がある。また、大勢で知恵を出し合い、分担協力することで、大きな規模の遊びも実現できる。園生活の終盤を迎える５歳児にとっては、みんなで実現する遊びは、ちょうど好奇心をくすぐられることである。その遊びの中で主体的に試行錯誤し考えて成し遂げることが大きな満足感につながる。思いが実現することに加えて子どもに充実感をもたらすことがある。それは、子ども同士が考えや思いを交わして知恵を出し合い、いっしょに何かの目的を遂げる中で、新たな気づきを得たり気持ちを通わせたりすることによって、互いに強く結びつく体験がなされることである。

　さて、クラスのみんなで発表したり、話し合ったりする場面では、ほぼ言葉だけのやりとりになるため、他の幼児の話を聞くことも、自分の話を伝えることも難しくなり、そこでやりとりされる一連の文脈を理解することも難しくなる。保育者は、遊びや生活を通して互いによさを認め合う関係を築けるようにしつつ、子ども同士での伝え合いの場面を成立させる援助をする必要がある。

　話し手の子どもの言葉表現が拙い場合には、子ども同士だけでは、どんなに関心をもって意味を読み取ろうとしても、集中力を持続させて聞くことは難しい。保育者が子どもの言葉を補ったり、言い換えたり、言葉とともに図や実物などを活用したりする必要がある。

　子どもは、自分の考えを伝えることにしか思いが至らないために、他の子どもの話に向かず、聞くことに集中できないこともある。そのため、保育者は、話し合いの機会だけではなく、気軽に考えや気持ちを交わせるようなやりとりの場を設けて、誰もが話したり聞いたりする楽しさを味わえるようにしたい。子どもが自分の考えを話すことを楽しみにする気持ちをもちながら、自分の番が来るまで待つ。待ちながらも聞くときは聞くことに集中する。気軽なやりとりの中でそうした体験を重ねることが大切である。

事例3-16　心が近づくようなやりとり（５歳）

　５歳児４月より、クラスで誕生会を行う際には、希望者が誕生者に尋ねたいことを質問し、誕生者が答える時間を設けてきた。６月以降、「好きな生き物」「苦手なもの」というように子どもなりに質問したいことを探す姿が見られる。

　Ｊ児「好きな形は何ですか？」

> 　　　K児「えっと、うーん、まるかな」
> 　　子どもたちは「あーあー」と小さな声で言い、うなずいている。
> 　　　L児「好きな生き物は」
> 　　　M児「ザリガニ」
> 　　　N児「苦手なものは」
> 　　　O児「ナメクジ」
> 　　子どもたち「うへー」などと顔をゆがませる。
> 　　質問することも、友達の質問を聞くことも、誕生者の答えも興味深いようで、よく耳を傾けている。しかし、保育者にはどことなくおもしろみに欠けるように感じられる。その理由を明らかにして、もう少し子どもの気持ちがやりとりできるようになるようにしなくてはならない。
> 　　「気持ちをやりとり」と記しながら、自分には、誕生者とクラスの友達の心が近づくようなやりとりの場にしたいという思いがあることに気がついた。

　誕生者が質問を受けて答えるというやりとりを、保育者が求める「心が近づくようなやりとり」にするには、保育者のどのような働きかけが必要なのであろうか。

　たとえば、誕生者が質問に答えた後、それに続けて、必ずその理由を話すように提案する。やりとりは、質問「苦手なものはなんですか」、答え「ナメクジ」、理由は「ぬるぬるして気持ち悪いから」のようになる。

　また、質問と答え、理由、この一連のやりとりについて、決まったリズムや節の歌で内容を繰り返せるようにすることもできるであろう。「に、に、にがてなも、の、は」「な、な、ナメクジ、なーめくじー」「ヌルヌルしていてきもちわるーい」。

　考えて話すことについてはゆったりとした時間を保障しながら、リズムをもたせることでテンポよく進めることができる。話して歌って聞いてという具合に、聞いているばかりでもなく、歌うことでも自分の出番が回ってくるので、その時々に集中しやすい。また、やりとりに決まった型をもたせることで、子どもは次を待つことについてどのくらい待てばよいのか見通しをもてるために、安心して集中して聞くことができる。

　誕生会でなければ、リレー式で「○○さんはどうですかー」とつないでいくこともできそうである。

〔参考文献〕
・青木久子・小林紀子著『領域研究の現在〈言葉〉』萌文書林、2013年
・埼玉大学教育学部附属幼稚園研究紀要『保育内容の再考―領域「言葉」のねらいを視点として―』2008年
・平山許江著『幼児の「ことば」の力を育てる』世界文化社、2015年
・無藤隆著『保育の学校　第2巻　5領域編』フレーベル館、2011年

〈森田　満理子〉

第4節 園と家庭と地域をつなぐ

　幼稚園は、その地域の教育機関として存在価値をもつ。地域の人たちに信頼され、保護者に選ばれ、地域に支えられて、教育が成り立つ。

　その信頼を支えるのが、言葉による相互連絡、相互理解である。

　ここでは、よりスムーズに、より効果的に、より存在感のある生き生きとした連絡が取り合える方法について記し、より深く心通い合う連携を築いていくことを考えるきっかけとしたい。

　幼児もまた、社会に生きる存在である。両親、家族に守られつつ、社会とつながって生きることができる。まずは、家庭を取り巻く、その地域社会とかかわって、さまざまな施設の役割に気づき、そこに働く人々との出会いを経験して、憧れや発見に心ときめかせると同時に、感謝の気持ちにつながることを期待する。

　幼稚園、家庭、地域が一体となって、次世代育成に喜びと高い価値が実感できる情報発信の基地として、幼稚園を位置づけていきたい。

1　家庭・地域との連携

(1)　園と家庭の信頼関係

　幼稚園は、園児の家庭と共に協力し合って、子どもの成長、幸せを願い教育する場である。園と家庭は「車の両輪のようなもの」とよく言われるが、また子どもを挟む「サンドイッチ」にもたとえられる。つまり園と家庭が、常に同じ方向に向かって共に進むことによって初めて、子どものよき成長が生まれるということであろう。

　これまで、子どもは家庭の雰囲気の中、保護者の行動の仕方に影響された生活のリズムの中で、人格や価値観が育まれてきた。そして、幼稚園という同年齢の子どもが集まる社会のリズムの中へ足を踏み入れることになる。ここでは、不本意なこと、心外なこと、意外なことが次々に起こってくるであろう。また、これまでとは、喜びや楽しさ、充実感の質も変化する。そんな子どものとまどいの中で、園と保護者との考え方にずれができたのでは、たしかな教育効果は期待できないであろう。このとまどいや混乱こそ、これから「人との関係」を豊かにつくっていくために必要な基盤となるものであり、大切にしたい経験である。

　園の中での生活内容、その意図について、保護者の理解を得ながら、園と家庭との考えのずれをなくすことで、信頼が生まれ深められていく。

(2) 家庭との相互理解

　幼稚園には、それぞれ建学の精神、教育の理想、教育方針がある。保護者はその考え方に共鳴して幼稚園を選んだはずであるが、日々の生活場面や活動内容との関連については、その都度広く理解してもらう必要がある。

　特に、「個の教育と集団の教育の違い」については、機会あるごとに目を開かせていくことが必要であろう。しかし、一方的に幼稚園の考えを発信するばかりでは、保護者の理解は得られない。保護者の思いを受け止めることから、幼稚園への理解が始まることを認識しておくことが大切である。保護者の思いや気持ちを伝える場をつくることで、保護者が自分の考えを整理し客観的にそれを見つめる機会となる。それは保護者の言いなりになることではない。考え方の柱は「子どものよき成長」である。その上で、幼稚園のアイデンティティを大事にしながら保護者との相互理解を深めていくことを考えたい。

(3) 地域とのつながり

■伝統行事による、地域の人々との交流―餅つき―

　地域には、昔から家で餅つきをしていたという人が、たいてい何人かはいるものである。そんな人たちの応援を得て「餅つき大会」を行うことも、双方にとって楽しい体験となる。作業の流れの手際よさ、もち米を蒸かすタイミング、潰し方・つき方、もちの切り方・丸め方など、若い先生や保護者たちにとって、よいお手本となる。

■神輿の会（神社の祭り）や商店街の人たちと共に

　神社の祭りや商店街の盆踊り大会など、地域でその企画・運営に携わる人たちは、幼稚園のバザーや夏祭りでも、心強い協力者となってくれる。テントを張ったり模擬店の計画をしたりなど、共にアイディアを出し合い話し合う機会となる。子どもたちや保護者とも顔馴染みとなって、地域で声をかけ合うきっかけともなり、地域社会で子どもの成長を見守ることにつながる。

■高齢者福祉施設への訪問

　幼稚園から車で10分ほどの養護老人施設から、子どもたちに訪問の依頼を受けた。まずは、園長と主任が施設を訪れ、その概要、そこにおられる人々の様子や人数、交流の仕方など、確認・打ち合わせを行った。一番大きな心配は、お年寄りの方々の表情が乏しく、言葉によるコミュニケーションがほとんど不可能であることだった。

　それを承知した上で、交流の方法を考えることとなった。ちょうど7月の七夕の季節。幼稚園で七夕飾りを作り、お年寄りの方たちといっしょに笹に飾り付ける活動を計画した。

　少々の不安を胸に、当日、年長組の子どもたちと施設を訪れた。しっかりセキュリティが確保された玄関を通り、エレベーターに乗って2階ホールへ。そこには車椅子に座ったお年寄り30人ほどが半円を描くように2列になって待っていてくださった。そして驚くこ

とに、お年寄りの方たちは子どもたちが近づいていくと、やわらかな微笑を浮かべて迎え入れてくれたのだ。過日訪問したときには見られなかった笑顔である。子どもたちもまた、安心した表情で、いっしょに笹飾りを付けた。お年寄りと小さな子どもたちとの交流の必要性を、改めて認識させられたひとときであった。飾り終わると、みんなで「たなばた」の歌を合唱。「元気でね」「ぼくのおばあちゃんは北海道にいるんだよ」「夏休みにおじいちゃんちに遊びに行く」「長生きしてください」などなど、子どもたちからの言葉を、目を細めて受けてくださった。

　子どもの純粋性と未来への期待に満ちたエネルギーは、閉ざされた心を開く力に溢れているのであろう。

　言葉は、伝えたい気持ちが湧き出るときに生まれる。心が動く交流の場が、言葉を生み、自分の気持ちを語る言葉を豊かに広げていく。

2　家庭との連絡

(1)　家庭連絡の役割―計画性と即時性―

　家庭との理解を深め、信頼関係を築くためには、「家庭との連絡」が必要不可欠である。子どもが安心して幼稚園生活を送るための準備や協力の依頼、保育内容（活動や行事、生活の流れ、友達とのかかわり等）の意図や考え方などは、期間（年間、月、週）を区切って計画的に伝えておくことが必要である。それにより、各家庭でも見通しをもって幼稚園生活を楽しむことができるであろう。

　また、幼稚園生活における日々の子どもの成長や変化などは、具体的な場面をとらえてタイミングよく、生き生きとした感動を言葉に乗せて伝えたいものである。ここに子どもの成長の喜びを保育者と保護者とが共感し合うことができる。この喜びの共感こそが、保育者としての醍醐味であり、保護者の幼稚園理解につながる。

　事故やけがについては、当事者への連絡はもちろんのこと、必要に応じて、全体への報告と対応策の通知をすることが大切である。このような安全への対応は、急を要する。そして保護者の信頼を得る絶好の機会でもある。

(2)　家庭連絡の概要と内容

■園の教育方針についての周知理解を図る連絡

　保護者が子どもの幼稚園を選ぶときから始まっている。平易な言葉で表現することが大切である。写真やイラスト、表を組み合わせて見やすく工夫する。

■諸行事の連絡
・入園式、親子遠足、保育参観、保護者会、園外保育、運動会、作品展、生活発表会など、そのねらい・方法・概要

■健康に関する連絡
・内科検診・歯科検診の結果と考察、体力測定の結果と今後の対応、弁当について（食育）、幼児の感染症の現状と対応について、安全教育など

■教育内容についての連絡
・幼児の成長の姿……子どもの発達の視点

　これが、保護者との信頼関係を築く最も重要な鍵となる。幼稚園は、家庭とは異なった集団社会における、個々の発達を保障する教育の場である。家庭では見られない子どもの成長の姿を、具体場面を通して知ることは、保護者にとって大きな喜びである。その喜びが先生や幼稚園と共有できるとき、信頼関係が築かれていく。また、保護者の子どもを見る視点を広げ、子どもの可能性を信じて待つ、心のゆとりを保護者に与える支えとなるものである。子どもの成長を発見した「保育者の喜び」を、生き生きとした実感を伴う言葉で知らせることが何より大切なことである。

・幼児教育の重要性……幼児期にしかできないこと
・環境による遊びを通しての幼稚園教育の視点
・幼児の作品の意味……幼児の描画の見方、心のとらえ方
・基本的生活習慣の形成の過程
・事故・けがへの対応
・小学校への移行
・その他

個人記録①

個人記録②

■社会の諸事象に対する、園の考え方と対応についての連絡

　近年、犯罪の低年齢化、凶悪化などにより、幼児期の教育の在り方や家庭での親子のかかわりの在り方が各界で論じられるようになっている。また、同時多発テロや戦争に対する世界の動向も見逃せない現象である。時に応じ、折に触れて、私たちの考え（私見）や理念を伝え、そのために今するべきこと、今してはいけないこと、命の尊さ、自分の存在の大切さ（自尊感情）などを共に考える機会をつくっていくことも必要であろう。

幼稚園だより　　H・17・9・29○○幼稚園

うんどうかい見どころ紹介

★ まずはじめに全園児が入場行進を致します。年長組の代表による打楽器演奏にもご注目！大太鼓、小太鼓、シンバル、鉄琴、そしてリーダーの指揮。幼稚園マーチが大空に響き渡ります。会場の皆様もご一緒に歌って応援してください。

1．ディズニー体操
準備体操として、お父様・お母様方もどうぞご一緒に！ミッキーやドナルドの愛らしい動きをお楽しみ下さい。

2．かけっこ

めばえ	いよいよ競技の始まりです。めばえ組は15mを走ります。「位置について、ヨーイどん！」の姿は、とってもかわいい！シャッターチャンスです。
年中	20mを走ります。スタートラインに並んだ表情に、1年間の成長が伺えます。友達と競い合う楽しさも、かけっこの魅力です。
年長	最後は年長組。25mを走ります。走る姿・表情は力強く頼もしい限りです。本格的なクラウチングスタートも見どころ。運動会がんばるぞ！の気迫充分です。

3．走るの大好き！
これから幼稚園に入るお友達集まれ！1人でゴールまで走ろう！かわいいご褒美もあります。お母様と一緒に退場門に集まって下さい。

4．年中バラバルーン「ブレーメンの音楽隊」
このバラバルーンは、みんなの心が一つになってはじめて美しい形が生まれます。お饅頭、パラシュート、くるくる回るメリーゴーランド…技の一つ一つが決まるのは子どもたちの努力のたまものです。大きな拍手で応援して下さい。

5．めばえダンス「お花だいすき ちょうちょさん」
めばえ組さんは、クラスカラーのポンポンを持って踊ります。きれいなお花の周りをチョウチョになって飛ぶ子どもたちの心が、ポンポンと一緒に弾みます。
きっと、ママたちもいつの間にか美しい花になって心弾ませることでしょう。どうぞご期待下さい！
心も体も大きく成長した子どもたちをご覧下さい。

6．年長組立表現「白雪姫と7人のこびと」
4月から基礎体力作りをしてきました。腕の力も足腰もこんなに強くなりました。そして何より心が強くなったのです。
年長組はグリム童話の中から「白雪姫と7人の小人」をとりあげ、動きの表現を考えました。次々に変化していく表現をイメージしながらテキパキと動く姿は年長ならでは！！
皆様もご一緒にお楽しみください。大きな拍手を！

7．年中競技「めざせ！ブレーメン！！」
ろば、いぬ、ねこ、ニワトリ…たちが、ブレーメン目指して、さあ出発！——動物たちは無事ブレーメンにたどり着くことができるでしょうか？子どもたちはいろいろ考えて、この動物たちと一緒に走ります！
クラス対抗競技です。たくさん応援してください。

8．めばえ競技「赤ずきんちゃん 気をつけて！」
子どもたちの大好きな「あかずきん」のお話。赤ずきんちゃんは、おばあちゃんのお見舞いに、きれいなお花を摘み始めました！ママやパパと力を合わせて、美しい花かごを作りましょう。おおかみにはくれぐれも気をつけて！是非子どもたちと共にお楽しみ下さい！

9．年長リレー「走れ！アウトバーン」
子どもたちの気合いも最高潮、この運動会で最も白熱した盛り上がりを見せる競技の一つです。オーバルコースで距離も十分。年長さんらしい力強く逞しい姿を見ることができるでしょう。クラスの友達みんなで心を一つにして、このリレーの優勝をめざして頑張ります。
クラスの友達みんなで心を一つにして、このリレーの優勝をめざして頑張ります。子どもたち一人一人が、先生たちが闘志を燃やす姿も必見です。
秋風の中を、精一杯走り抜ける子どもたちに大きな拍手と声援をお願いします。

10．鈴割り 卒園生の皆さん
卒園生の皆さん！お友達を誘って待っています。心からお待ちしています。皆さんには「鈴割り」の競技をしていただきます。秋の一日、幼稚園時代の友達と、再会するのも久しぶりなら皆さんにお会いできるのを楽しみにしています。

11．フォークダンス
お母様、お父様、お祖父様、お祖母様、お客様……みんなで踊りましょう。懐かしい曲に合わせて踊れば気分もランランラン…。いっそう若く明るく美しく輝くことでしょう。ご参加お待ちしています。先生たちも一緒に踊ります。

★昼食はご家族ご一緒に！★

12．年中親子競技「力を合わせて さあ！出発だ」
ブレーメンをめざして出発した動物たちは、途中の森で一軒の家を見つけました。そこにいたのは…？みんなで力を合わせて、勇気を出して、知恵を出し合って！
クラス対抗競技です。親子でがんばりましょう！

13．年長親子競技「たすけて！王子様」
魔法使いのりんごを食べて眠り続ける白雪姫。パパたちは素敵な王子様になって白雪姫（子どもたち）を助けます！
王子様の白馬…今日はタイヤが白馬の代わりです。
優しく、でも急いで白雪姫を助けてください！
クラス対抗競技です。白熱戦が予想されます。

14．園児ダンス
年中・年長組の子どもたち全員で踊ります。毎年恒例のダンス。
♪ぼくらは みんな 生きている 生きているから 笑うんだ……♪みんなで輪になって手をつなぎます。「うんどうかい楽しかったね」と…どうぞ皆様もご一緒に！

運動会の見どころ

幼稚園だより　　平成17年3月1日　○○幼稚園

ひなまつり——幼稚園生活発表会——

「ひなまつり」は元来、一年の穢れを人形に乗せて水に流し、子どもの健やかな成長を願う日本の伝統行事です。それが次第に人形飾りとなり薬玉を下げて子どもの健康を祝うようになりました。○○幼稚園にとっては、子どもたちと先生との一年の歩みが表現される集大成の発表会でもあります。
子どもたち一人一人の成長が伝わる感動の一日であったと感じております。

★ ○○幼稚園恒例の幕開けは、3歳児の生きたお雛様でした。「今日は、お雛様になるんだよね」「お着物を着ると大きな声が出るんだよ」「私可愛いでしょ」と、目をキラキラさせて話してくれました。精一杯頑張る自分に誇りをもち自信に満ちた姿が、私たちにも元気を与えてくれます。そして大人の心を清め、暖かく穏やかにしてくれます。そんな愛らしさと共に、キリッとした眼差しで指揮者である先生を見つめる真剣さには、1年の大きな成長が伺えました。

★ 合奏・練習では、子どもたちの気持ちが徐々に指揮の先生に向かって高まっていくのがわかりました。最初はバラバラだった視線が一つ一つ一人一人の先生に集まり、先生が出すメッセージを全身で受け止めて、そのまま声や楽器に表現します。先生と子どもたちの信頼の糸が響き合って生まれる世界にたった一つの音楽です。

★「ひなまつり」は＜発表＞という一つの目標があることの大切さを実感する行事の一つです。この発表の場こそ「プレッシャー」の重みを体験し、「緊張感」が最高に達する瞬間があるのです。そのときに、自分の心に潜む覚悟や決断が見えてきます。そして＜自分らしさ＞を育てていきます。よく、「表舞台に出る」「大舞台を踏む」という言葉を耳にします。そんな場にも臆せず、正面から挑戦していく自信と勇気の礎となっていくことを願っています。
一人一人が自分の壁を克服し、友達と一緒に達成感を共感し合えた一日です。

★ 一月、劇を始めた頃は、自分をみんなの前で出し切ることに戸惑いが見られました。でも不思議なことに、あるとき突然吹っ切れたように声が出たり、前後の流れをつかんだり、そのときすぐにはできなくても、先生の「願い」を伝えて「待つ」ことで、子どもたちは自分の力で乗り越えていきます。そして「できた喜び」を共感し合える仲間となっていることが、担任にとっては何よりの嬉しさであり、誇りです。クラスの子どもたちが一つの目的のために心を合わせた団結力を土台に、さらに自己発揮しながら友達関係を深めていってほしいと思います。

★ 子どもたちは、お面ひとつ小道具ひとつで、そのものになりきることができます。ですから、子どもたちの表現しようとする＜動き＞を妨げないように、制服を基本にして最小限の衣装にしています。ズボン、ハイソックス、セーターなど、ご家庭のご協力の御陰で、それらしい変身ができ、すっかり自分以外のものになりきることができました。皆様のご協力に感謝しています。

★ めばえ組のお母様方には、リハーサル、衣装の準備、後始末などたくさんのご協力を有り難うございました。かわいいお雛様たちは、この会の＜華＞でした。

★ また、ご父母の皆様を代表してご挨拶下さいましたお父様・お母様には、子どもたちや先生方に暖かいお言葉をいただき嬉しく思います。
このように、子どもたちや先生、お母様方、ご家族の皆様——みんなで作り上げた「ひなまつり会」は充実した楽しい一日となりました。
この＜ひなまつりの力＞を、今後の幼稚園生活でも発揮しながら充実した3月にしたいと思います。どうぞよろしくお願い致します。

●ひなまつり会の喜びの声をお寄せください。締め切り3月4日（金）
＜ひなまつり＞——生活発表会に向かって、精一杯取り組んできた、子どもたち、そして先生たち。そんな皆に、お励ましの意味で、ひなまつり会に対する皆様の喜びの声をお聞かせ下さい。レポート用紙などに書いて担任までご提出ください。
また、生い立ちの記に書いてくださっても結構です。

ひなまつり感謝

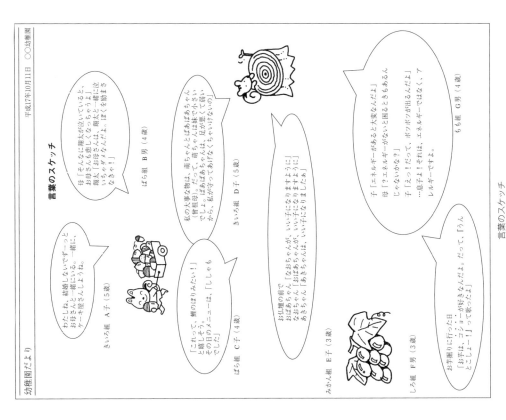

(3) ICT機器による連絡

現在では、ICTの普及に伴い、家庭連絡をスマートフォンのアプリケーションを通じて行うことが増えている。

その背景として、保護者のスマートフォン化がほぼ100％になったことで、スマートフォンを使った家庭との連絡機能が充実したこと、少子化により母親のみならず父親、祖父母も子育てに積極的に参加したいというニーズを踏まえ、連絡機能ツールが数多くつくられるようになったことがあげられる。下記にその機能と効果について記す。

■連絡帳の機能

具体的には、日々の保育の様子を写真に収め、写真と共に保育の様子を簡単にまとめたキャプションを、アプリケーションを通じて保護者に提供することが可能となる。

また、アプリケーションは母親だけでなく、父親、遠方に住んでいる祖父母も導入可能なため、子どもを取り巻くすべての家族で子どもの成長を見守ることができることも特徴である。それにより、母親だけではなく父親や祖父母とも、子どもとのかかわりが深まり、子育て環境の充実が期待できる。

■個別連絡

近年、働く母親が増えてきているため、アプリケーションを通じて、緊急連絡を個別に送ることが求められている。また、個別連絡に写真添付もでき、保育中の子どもの姿を、生き生きとした臨場感をもって、伝えることができる。

■園からのお知らせ……一斉配信機能

持ち物の連絡や災害時の連絡等、保護者にすぐ伝えたい情報を、全保護者に一斉に配信することのできる機能。クラス単位・園単位で送り分けができるため、保護者に届けたい情報を確実に即座に伝えることができる。

■カレンダー機能

年間行事予定をカレンダー形式で表示することができる機能。運動会、クリスマス会、生活発表会など園で開催予定のイベントを保護者が随時チェックすることが可能となる。温かみのあ

る紙でのお便りと併行して使用することで、よりタイムリーに保護者とかかわることができ、信頼関係を深める一助になることを期待する。

■セキュリティ機能

システムを使うにあたって、自園内でのセキュリティ強化への取り組みはもちろんのこと、利用するシステムサービス会社の選定にあたっても、十分な対応が取れるプロバイダーを選定する必要がある。

※以上、ICT に関する参考文献：株式会社リクルートマネジメントソリューションズ Kidsly（キッズリー）

(4) 個人情報の取り扱い

平成17年4月1日より個人情報保護法が施行され、園児や卒園生、その家族の情報の取り扱いには、いっそうの注意が必要となった。以前から、保育者には守秘義務があったが、さらにその情報に対しては、必要な知識と意識をもって使用・管理することが求められるようになったのである。

安易に、幼稚園外において、園児や家族のことを話題にしたり、情報を持ち歩いたり、漏洩したりすることのないよう、責任ある対応が必要である。まずは、法律を熟知し、各園の考え方を確実に理解しておくことが大切である。

3　外国にルーツをもつ保護者への対応

(1) 国籍を越えて

近年、父母あるいは父母のどちらかが外国人という園児が増加している。そのような園児はまだまだ少数派で、特に教育や保護者対応に特別に配慮するケースは稀である。

しかしながら、社会・経済のグローバル化に伴い、在留外国人数の伸び率は16％と高く、さまざまな国の人たちとの共生が必然的に求められる。就学前とはいえ、身近にいるさまざまな国の友達への興味・関心をもとに、相互理解を図ることが必要であろう。

また、国籍や民族の違いだけでなく、同じ日本人であってもそれぞれの多様性をどのようにとらえ、各自の間の違いを認識しながら、そこに生ずる葛藤をどう解決するかにつながってくる課題でもあろう。

つまりは、国籍、民族を越え、それぞれの多様性を強みとして生かしながら、社会をよりよくつくり変えていく力を培っていくことを期待したい。

(2) 内面的な相互理解

保護者への対応の前に、保育現場での対応をまずは考えたい。肌の色や言葉の違いなど、子どもたちは率直に疑問を投げかける。そこから生まれるトラブルにも対処しなければな

○○幼稚園
個人情報保護法に関する基本方針

平成○年○月

○○幼稚園（以下、当園という）は、園児および卒園時とその保護者様からご提供いただいた個人情報について、その重要性を深く認識し、個人情報の保護の徹底を図るため以下の方針を定めます。

1. 当園は、個人情報の保護に関する法律、及びその他の関連法令等を遵守します。
2. 当園は、個人情報をご提供いただく際に、その利用目的をできるだけ特定し、皆様に通知・公表します。
3. 当園は、個人情報を教育活動や園業務等、あらかじめ定めた目的以外に使用致しません。
4. 当園は、ご提供いただいた個人情報が正当な理由及び必要が認められる場合を除き、第三者に提供することは決して致しません。
5. 当園は、個人情報に関するお問い合わせやご相談に対し、適切かつ迅速に対応できるよう体制整備に努めます。

当園の個人情報に関する御質問、お問い合わせ先は下記となります。

○○幼稚園　園長　電話番号

個人情報保護の5つのポイント

①情報を取得する際に利用目的を本人に通知する
②本人の同意なしに別目的に利用してはいけない
③本人の同意なしに第三者に提供してはいけない
④情報漏えいを防ぐため必要かつ安全な措置を取る
⑤本人請求により開示し、誤りがあれば訂正する

○○幼稚園における個人情報の利用について

平成○年○月
○○幼稚園園長　○○○○

当園では、入園にあたりましてご提供いただきました個人情報につきまして、下記のとおり利用いたします。

園児及び保護者の皆様に関する個人情報につきましては、以下の利用目的のために収集いたします。以下の目的以外での利用が必要となった場合には、あらかじめその旨通知します。

1. 利用目的
   ○園児の教育、保育活動の企画立案・実施・検証研究、健康・安全管理上のため
   ○当園の各種サービスのご案内・提供、ご契約の維持管理のため
   ○園児募集および入園選考のため
   ○当園業務に関する情報提供・運営管理、サービスの充実のため
   ○保育料の支払いなど経理上手続きのため
   ○緊急連絡網及び園児名簿の作成のため
   ○当園の園児、保護者との連絡や情報提供のため
   ○その他保育活動を適切かつ円滑に行うため

2. 安全管理について
   当園ではお預かりいたしました個人情報につきましては、適正に管理いたします。当園における個人情報保護方針につきましては、当○○幼稚園へご確認下さい。

3. 第3者提供について
   当園では、緊急連絡網、園児名、以外は、法令にもとづく場合を除き、第3者への提供はいたしません。

4. 個人情報に関する利用目的の通知、開示、訂正、利用停止について
   当園で保有する個人情報の利用目的の通知、開示、訂正、利用停止につきましては、当園園長○○（電話番号）までご連絡下さい。また、利用停止における当園の取り扱いに関するお問い合わせ・相談につきましても、上記当園園長○○までご連絡ください。園児及び保護者の方以外からの個人情報に関する開示、訂正、利用停止につきましては、法令にもとづく場合を除き対応いたしません。また、個人情報の訂正及び保護者の方から開示、訂正、利用停止を対応する場合において、園児及び保護者の権利、利益を害する恐れのある場合、園児及び保護者の権利、利益を害する恐れがあることがございますので、ご了承ください。

らない。そんなとき、保育者は、すぐさま「あるべき姿」を押し付けるのではなく、それぞれの思いを引き出しながら、共に考え合っていく場をつくりたいものである。対話や参加によって新しい価値を見出そうとする姿勢と態度を育んでいくことを課題としたい。一見してすぐにわかる違いではなく、内面的な思いや考え方に目を向け、経験の中で学び取っていけるよう配慮したいものである。子ども同士の理解が、保護者の信頼にもつながっていくことを心しておきたい。

(3) パンフレットの作成

コミュニケーションがスムーズにいかない異国の地に住む、外国籍の保護者にとって、いかに心細く不安であるのかを心に留め、暖かい対応を心掛けたいものである。

言葉での意思疎通が困難であれば、ボディランゲージやアイコンタクト、表情などで、言葉を補うことも必要となる。

しかしながら、日常会話ならともかく、教育理念や教育方針・内容など、現場の努力だけでは対応しきれないことも多いであろう。独自にパンフレットを作成したり、通訳ができるスタッフを配置したりするなど、各施設の対応とともに、行政の援助にも期待したいところである。

〈野上　秀子〉

言葉の発達に課題がある子ども

1 言葉の発達に課題がある子どもとの出会い

　保育の中で、言葉の発達に課題がある子どもと出会うことはしばしばある。あまり話さない、発音や発声に気になるところがある、言葉に幼さを感じる、自分は話をするが周囲の友達や保育者とコミュニケーションができないなど、その姿はいろいろだが、保育者がそのことに気づいたときが出会いである。それも、言葉に課題があると直接気づくこともあれば、行動や人とのかかわりの中で気づくこともある。

　出会った保育者は、どのようにその子どもを理解したらよいか、どのように指導を進めたらよいかを考え、模索する。そして、よりよい指導法を考えたり、他児への指導との関係を考えたりする。すぐにそのことを同僚に相談することもあれば、まず自分の理解を深めるためにしばらく様子を見ることもある。保護者から問題を感じているという情報を聞くこともあれば、保育者が気づいたときには、すでに専門機関や専門家の指導を受けている例もある。

　実際には、生まれた子どもが成長とともに言葉を獲得する過程で、不明瞭な音や誤った理解のままの言葉を発することはよく見られることである。そのような場合でも、日々の保育の中での配慮はもちろん重要であるが、ここではそのような状態を超え、保育者が、かかわる子どもの言葉について「おや？」と思うような気づき、出会いをもったとき、つまり言葉の発達に明らかに課題がありそうだと気づいたとき、何をどのように考えていくことが大切かを探ってみたい。

2 言葉の発達に課題があるとは

　保育の場では言葉の発達に課題があると思われる子どもについて、その発見には二つの場合が考えられる。

　一つは、保護者などその子どもの関係者から課題があるということを伝えられる場合、もう一つは、保育の中でその子どもにかかわっている保育者自身が気づく場合である。保護者等から伝えられた場合は、その伝えられたことがまずきっかけになるが、保育者が気づく場合は、前述のように「おや？」と思うこと、つまり疑問に思うことがきっかけである。

　そしてどちらの場合でも、その気づいたときから、正しい理解・認識と、必要な指導を開始することが重要になってくる。

　それでは、言葉の発達の課題とは、具体的にどのような内容のものか考えてみたい。

(1) 発音や話し方に何らかのひずみが見られる場合

　他の子どもたちが「せんせー」と言うようになってきているのに、「てんてー」と呼びかけてきたり、おうちごっこの中で「ごあんですよ」と言ったりするような発音の誤りが見られることがある。つまり「せんせい」の「セ」の音の子音である「s」が「t」に置き換わっていたり、「ごはん」の「ハ」の音の子音である「h」が省略されていたりしていることによる。その子どもの全体的な発達とともに、間もなく改善されていくものは問題ないが、ある特定の音や言葉についてこのようなひずみが継続的に見られる場合は、発達の課題ととらえてみることが必要になってくる。つまり、言葉を構成する一つひとつの音をつくり出していく「構音」に何らかのひずみをもつものであり、構音の障害と考えられる。

　また、吃音が見られるとか、特定の音ではないが、発音が不明瞭で聞き取りにくいなどの場合も、発達の課題ではないかと考えてみたい。発声や発語の器官に何らかの障害があり、不明瞭さを生じているような場合も予想される。

(2) コミュニケーション力そのものに課題が見られる場合

　話し言葉はあり、一音一音の発音はきれいで、会話用語も一語一語の言葉としては獲得しているのにもかかわらず、保育者や友達とのコミュニケーションが成立しにくい子どもがいる。おうむ返しの会話になったり、場に合わない言葉を多発したり、会話となると感情が高揚してしまったり、その場を避けようとしたりするなど、対話が成立しないいろいろな状態がある。

　これは、言葉そのものの課題というよりも、他の面での発達の課題がある場合が多いが、言葉という側面からもその課題をとらえる必要がある。

(3) 他の発達上の障害のために言葉の発達にも課題が見られる場合

　脳性麻痺による発達の課題、知的な障害による発達の課題、聴覚の障害による発達の課題などにより、言葉以外の発達上の障害が要因になって、言葉の発達も遅れているという場合である。このような場合は、その主たる障害についての認識や対応も必要である。

　特に、聴覚の障害がある場合は、正しい音を聞き取ったり、聞き分けたりするところに、本人の意思とは関係なく壁があるわけであるから、その課題を無視しては対応できないことになる。

(4) 心のつまずきや外的な要因のために、言葉に課題が見られる場合

　過重なストレスや、思いがけない出来事に出会ったことなどにより、実際は通常の言葉、会話の力をもっているのにもかかわらず、話せない、話さないという課題が発生することもある。ある場面やある人に向かっては話すが他では話さない、あるいは逆に、ある場面（人）では話さないというような姿を見せる緘黙、一時的に発声や発語の機能を失ってし

まう失声や失語などもその一つである。

　これらはいずれも、何らかの要因による心のつまずきが予想され、それを取り除くための対応が必要になる。言葉を話させることのみに周囲が気遣いをすればするほど、うまく話せない、話さない状態に陥ることもしばしばあることを知っておきたい。

3　保育の場への受け入れと指導

　さまざまな状態での言葉の発達上の課題が考えられるが、実際に、園でそういう子どもを受け入れていくとき、大きく二つの面から考えることが必要である。

　一つは、その対象の子どもをどう理解しどう育てていくかということであり、もう一つは、共に生活をする大勢の子どもたちをどう育てていくかということである。

　事例をあげながら考えてみよう。

(1)　対象の子どものことを考えよう

> **事例3-17　「みてみて……おたかな」（4歳）**
> 　子どもたちが好きな絵を描いていた時間。A児が、担任を大きな声で呼んだ。
> 「てんてー！　みてみて……おたかな」と言う。保育者はA児に近づき、「なあに？　Aくん、今、大きな声で『せんせー』って呼んだでしょ？　元気がいいね。よく聞こえたよ」と笑顔で応じる。A児は「うん」とうれしそうにうなずき、もう一度「みて、おたかな！」と、手にした絵を保育者に示す。すると保育者は「あら、かわいいおさかなね。Aくんが描いたの？　このおさかな……」と言う。カラフルに色づけされたA児のおさかな。絵を描くことが大好きなA児としばらく会話をする。

　「セ」が「テ」に置き換わり、「サ」が「タ」に置き換わっているA児。サ行音がタ行音に置換されている構音の課題があるといえる。

　このことを十分知っている保育者は、その発音を気にせず大きな声で自分を呼んだA児、自ら話しかけてくるA児をまず大事にしている。そしてさらに、「『せんせー』って呼んだでしょ？」「かわいいおさかなね……このおさかな」というように、A児がつまずいている言葉（音）を、耳から正しく伝えてやるために、自分が話しかける言葉の中にその言葉をゆっくり、繰り返して入れている。しかし修正したいからと思って「もう一度言ってごらんなさい」とは言っていない。

　今この場面で、楽しんで大好きな絵を描いているA児、自己表出して充実しているA児にとって、それが中断されるような働きかけはしていない。それは活動にとってもマイナスであるとともに、言葉の獲得にもマイナスにしかならないからである。最近、保護者の考えで相談機関にも行き始めているA児のことを考え、毎日の保育の中では、自然なかかわりの中で、正しい音を耳からきちんと伝えてやることを心がけている保育者である。

> **事例3-18 「だれときましたか」（3歳）**
> 　朝、登園してきたB児に、保育者が「おはよう」と声をかけると、B児は元気よくはっきりと「おはよう」と答える。けれどもその後保育者が「誰と来ましたか？」と尋ねると、「だれときましたか」と答える。
> 　保育者が「絵本を読みますよ」とみんなを集めると、B児はすぐに「えほんをよみますよ」「えほんをよみますよ」と言いながら、落ち着きなく保育者の周りをうろうろする。全員が座っても自分の場所には座らず、「えほんをよみますよ」とつぶやいている。
> 　保育者は、準備ができると、もう一度「Bちゃん、絵本読もうね」と声をかけ、自分の近くにB児を寄せていっしょに座る。

　B児は、このようにおうむ返しのような言葉や、同じ言葉の繰り返しが多い子どもである。だから周囲の子どもたちとのコミュニケーションは取りにくいが、保育者はそのことに必要以上には触れず、B児が生活しやすいように言葉の環境をつくる努力をしている。
　B児が「えほんをよみますよ」と言うと、「絵本読もうね」と返したり、保育者と他児の自然なやりとりをB児に聞こえる場所で意識して展開したりもする。しかし、B児に言い直しをさせるようなことはしない。それよりもB児と他児の関係が生まれるようにしたり、遊びの中で自然に生じる言葉の体験ができる場面を大切にしたりしたいと考えている。

(2) 共に生活をする子どもたちのことを考えよう

> **事例3-19 「待っててあげようね」（4歳）**
> 　4歳児クラスに、吃音のあるC児がいる。これまでずっとC児と仲良く過ごしてきた子どもたちだったが、最近F児がC児の言葉を気にするようになった。「せんせい、Cちゃん、へんなおはなしするよ。……ダ、ダ、ダレカ、キ、キテっていうの」と、吃音があることを不自然に感じ始めている。保育者は「そうね。Cちゃんも、みんなといっぱいお話したいのよ。でも、一生懸命にお話しようとすると、急いじゃうので、言葉がすぐに出てこないみたいね。Cちゃんが、ゆっくりお話するのを、みんな待っててあげようね」と答えた。

　保育者は、周囲の子どもたちが気づいている「へんだ」「おかしい」「何かが違う」ということを否定していない。何でもないと伝えても、不自然さを感じている子どもたちには答えにならない。でも簡単に「病気だから」「そのうち治るのよ」というような安易な説明もしていない。C児のありのままを、自分はもちろん、周囲の子どもたちにもそのまま受け止めさせていこうとする姿勢が、保育者の姿勢である。吃音自体は改善できるように

保護者や専門家との相談を重ねているが、保育の中では、ありのままの子どもを大切にするという考えだ。

　基本的に、どの子どもも、それぞれの発達の課題をもって育っている最中であるとふまえている保育者は、日頃からごく自然に、ゆっくり話す、ゆっくり聞くということを、どの子どもたちにも伝え、クラスみんなの話す力や聞く力を高めていこうと考えている。C児もまたその中にきちんと位置づけている保育者である。これはすべての子どもに対するこの保育者の、そしてこの園の保育の姿勢である。

事例3-20　「いっぱい　いっしょに遊んでね」（5歳）

　園生活の中でほとんど話をしないD児は、優しいG児が好きである。いつもG児について回っていっしょに遊ぼうとする。友達のお世話が好きなG児は、それがむしろうれしくて、自分から「Dちゃん行こう」などと毎日のように遊びに誘う。そのG児が、最近D児が話をしないことを気にし始めた。そしてあるとき、「Dちゃん、あたしに、おうちごっこしようって、言ってごらん」「Dちゃん、おうちごっこ好きでしょ？」「ねえ、お、う、ち……言ってごらん」と、D児に話をさせようという働きかけをしている場面が出てきた。D児はにこにこしているがうつむいてしまい、その後動かなくなった。

　すぐに気づいた保育者が近づき、「あら、おうちごっこするの？　先生も入れて」と話を展開し、遊びに入った。その後はD児も保育者の援助を得てまたいっしょに遊んだ。

　その日の別の時間に保育者は、よいタイミングでG児と2人だけの時間をつくった。そして、「Gちゃんは、Dちゃんがお話しないのが変だなあって思っているね？」と問いかけた。するとG児は「うん、何も言わないから、あたしが、教えてあげるの」と言う。

　そこで保育者は「ありがとう。2人は仲良しだものね。Gちゃん優しいね。DちゃんもGちゃんのことが大好きよ。でもね。Dちゃんは、まだGちゃんみたいにいっぱいお話することができないの。だから、Dちゃんがお話できるように教えるのは先生がするから、Gちゃんは、今までどおり、いっぱいいっしょに遊んでね。Gちゃんのお話の仕方をまねて、Dちゃんもきっといつか、いっぱいお話するようになるよ」とゆっくり話した。

　「ふーん。わかった。遊ぶね。あたしたち仲良しだもん」とG児。

　このことの後は、また2人がいっしょに過ごすことが続いていった。

　このように子ども自身が何らかの違和感をもつと、それを是正したくなるのもまた子ど

もの普通の感覚である。何ら悪びれた様子もない。仲良しと言い切るような関係だとなおそうである。しかし、この保育者のように、子どもが「わかった」と思えるような助言をしてくれる大人がいると、多少の違和感はもちながらも、言葉の課題など気にしないで共に過ごすことができるのも子どもである。

　保育者は、それぞれの子どもの気持ちに寄り添いながら、言葉の発達に課題があるような子どもが、大勢の子どもたちの中に自然に溶け込み、共に育っていける環境づくりをすることが大切である。この保育者はその後、クラス全員の前でも、2人の仲良しぶりを取り上げた話題を出していた。

4　子どもを取り巻く園と保護者とのかかわり

　子どもたち自身の育ちやそれにかかわる指導が日々重要だとしたら、その一方で、子どもを取り巻き支援をしていく園と保護者が、何を考え、どうかかわっていくかということが、同じくらい重要な課題である。

　保護者は、誰よりも早くわが子の言葉の課題に気づき、改善をしたいと手探りや工夫をしていることが多い。しかしそのことを、自ら表面化したり、保育者に相談をしたりすることには躊躇することも多い。それは、「まだ年齢が低いからやがて改善されるだろう」という願望であったり、「言葉の課題を自分以外の誰かに相談することで、逆に表面化してわが子が不利になったり、周囲から特別な目で見られたりするのではないか」という不安であったりすることもしばしば見られる。これは保護者の純粋な気持ちとしてはけっして否定できない思いであるといえよう。

　そのようなそれぞれの事情の中にある子どもについて、園側としてはどのように向き合っていくことが必要だろうか。

　何よりもその中心は子どもである。真ん中にいる子どもを守り、育てていかなければならない。さまざまな保護者の気持ちをまっすぐに受け止めながら、園はそれぞれの保護者としっかりとした連携をしていかなければならない。この連携は、言葉の発達上の課題の有無にかかわらず、日頃から園、そして保育者が心がけているはずの「保護者や家庭との連携」という基本に基づくものであり、まずはその連携を土台としながら、以下に述べるようなことを大切にしていきたいものである。

(1) 何でも話し合える保護者と保育者（園）の関係づくりをしよう

　こんなことを先生に話したら、明日から子どもをそういう目で見るだろうと、保護者に思わせてしまうような関係では、まず何もスタートができない。「先生、ちょっと子どものことで心配なことがあるのですが……」「先生、うちの子ども、言葉が遅れていると思いませんか？」などと、いつでも気軽に保育者や園に相談をもちかけられる関係が、大事な基盤である。

(2) 正しい情報の共有をしよう

　言葉の発達の課題は、さまざまな背景をもっている。保育者の多少の経験や知識で、決定的な見方や先の予想などをすることは絶対に避けたいが、保育者が相談を受けたり、自身が気づいたりしたときに、きちんとそのことに向き合って対処しなければ、その子どもが好ましい発達の機会を逸してしまうことにもなりかねない。

　どのような状態に誰が気づき、今どのようなことが課題なのか、その情報を正しく理解し、整理し、それらを園の中で、また保護者と共有する必要がある。特にすでに何らかの障害があるので、そのことへの対応が進んでいる場合や、専門的な指導を受けているような場合は、その状況を相互に知ることが最初である。

(3) 指導のプランをもとう

　専門的な機関等での指導を受けている場合でも、園の中で日々心掛ける必要のあることは多々ある。園の保育のすべてに指導のプランがあるように、言葉の発達の課題を改善していくためにも、指導のプランが必要である。その対象の子どもへのかかわり、配慮点、他の子どもたちへの指導、配慮点などを整理しながらもちたいものである。思いつきで適当にかかわっていったり、思いやりのつもりの不十分なやさしさを周囲の子どもたちに求めたりするような安易な保育ではなく、見通しをもったプランをもつことが大切である。

(4) 障害の名称や課題の根拠は正しく、しかしレッテルを貼って見ないようにしよう

　「構音の障害があります」「知的な遅れがあるために、言葉の発達も遅れています」「自閉的な傾向があるためおうむ返しが目立ちます」などと、園に入った段階ですでに専門機関等での診断に基づく障害名がついていることもよくある。これは、その後の保育を進めていくときには大切な情報であり、そのことを無視して保育は成り立たない。

　しかし「Aくんは〇〇という障害のある子」というレッテルを貼ることは避けなければならない。同じ診断名の子どもが目の前に2人いたとすると、くわしい様相は一人ひとり別である。けっして同じではない。

　園に来ているすべての子どもが、それぞれに個性をもち、特性をもち、それを大事にされながら育まれていくように、障害のある子どもも同じ子どもである。先に障害名が貼られているわけではない。このことを、子どもを取り巻く園と保護者は共通理解し、共に手を携えていくことが何よりも大切である。

5　専門機関や専門家等との連携

　これまで、言葉の発達に課題のある子どものことを考えてきたが、関連してすでに一部触れたように、子どもにとってふさわしい環境を整えるためには、専門機関や専門家、経験者などとの連携が欠かせないことである。各地域にある支援センターなど相談機関、言葉の教室などに応じてくれる相談員がいたり、直接言葉の指導にあたってくれる言語聴覚

二がいたりする。時には医療機関との連携が必要な場合もある。

　いずれにしても、そういう専門機関や専門家と連携しての指導が必要な子どもは、適した時期にその指導が受けられることが何より望ましい。

　そこで、園がそのような専門機関や専門家と連携していくために大切なことを、以下、整理してみよう。

(1)　専門機関や専門家を必要とするのは子どもである

　その子どもにとって、専門の指導を受けることが、何より必要であるから選ばれる方法である。そこへ連れていくのはもちろん大人であるが、その専門家から学ぶことを子ども自身が楽しみにし、積極的に指導を受けに行くことができるような「時」「場」を用意することがまず大切である。

(2)　相談をしたいと思い、専門機関や専門家を訪ねるのは保護者である

　わが子の状況は、保護者が誰よりもよく知っている。たとえ保育者が最初に何かに気づいた場合であっても、相談に行こうと決めて行動するのは保護者である。保護者の知らない間にわが子のことが園と機関とでやりとりされていたとか、相談に行きたいという保護者の気持ちが固まらないうちに、情報だけが先走っていたというような事態は、保護者の気持ちを不安にさせ、園に対する不信感を生む。結果的に、(1)で述べたような子どもにとっての最適な機会を逸することにもなる。園はあくまでもつなぐ役目であると考えることが大切である。

(3)　園も専門機関や専門家から、情報を得たり助言を受けたりすることが必要である

　次に、(2)で述べたことを園側に置き換えてみよう。専門機関や専門家の指導を受けることになった子どもの状況は、園もきちんと把握することが必要である。保護者と園とがずれのない指導を進めていくためには、園も専門機関や専門家からたしかな情報を得たり、必要な助言を受けたりして、園側からの対応の在り方を見出すことが必要である。そのことが、そういう機関や人との組織としての連携であり、より子どもにふさわしい環境を生み出すことにつながる。

(4)　得られた情報は、その子どもの指導に生きてこそ意味がある

　専門的な情報を得た保育者が、それを他の子どもに勝手に当てはめたり，言葉の指導はこうするものだというようにその方法のみを乱用したりすることは、もちろん好ましいことではない。得られた情報や指導の方法は、あくまでも今対象としているその子どものためのものである。その子どもの指導に、園生活の中でどう生かしていくかという観点で、全職員が共有して活用していくことが大切である。

(5) 園側からの情報を発信することが必要である

園生活の中のその子どもの様子を、できるだけ丁寧に提供し、具体的な助言が得られるようにする。受けるだけではなく発信する姿勢が園側には必要である。そのためには、日頃から子どもの園生活の様子を記録に残し、それを提供するような細やかな工夫が大切である。

(6) 保育者自身が学ぶことが必要である

小さな疑問や少しの不安を保育者がもっていることが、子どもの言葉のつまずきをますます大きくしてしまうこともある。保育者自身が、日頃の保育の在り方のさまざまを学び続けていることと同じように、言葉に課題のある子どものことも、自身、積極的に学ぶ姿勢をもつことが必要である。

以上のようなことを踏まえ、各地域にある専門機関や、関係する専門家、身近にいる経験者などとつながることで、いつでも連携できるような基盤となるネットワークをもつことを心掛けたいものである。

〈髙梨　珪子〉

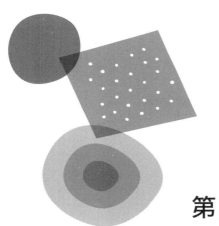

実践編

第4章

言葉を楽しむ
― 言葉と心 ―

「はじめに言葉ありき」と言われるように、「心の叫び」がそのまま「声の響き」となって、言葉が生まれた。そして、言葉が文字に置き換えられ文学になっていく。それを読む多くの人によって、言葉はさまざまに受け止められ、それぞれの人の感性のふるいを通して、その人らしい言葉になってまた語られていく。
　日本語は、日本人の心の表現であり、日本の文化を形成する。
　そして、言葉は、その人の文化、品格を匂わせる。話し言葉で、家庭の文化が窺える。
　自然の姿を表す言葉、しぐさや様子を表す言葉、気持ちや意思を表す言葉、言葉には、伝えようとする言葉のもつ意味にもまして、伝わってしまうその人の心情が現れる。
　言葉は、人によって生命が与えられ、人と共に変化する。
　誰もが、はじめに両親から、とりわけ母親から言葉を与えられた。それは愛情そのものである。親のまなざしとぬくもりと言葉によって、心地よい、人への信頼が育まれ、その幸福感を、やがて親によって語りかけられる絵本や物語の言葉に見つけて幸せなときを共有する。
　人は人によって語りかけられる言葉で、自己の存在価値と生きる力が与えられる。その基本を真に理解して、幼児に対する語りかけ、絵本や物語の読み聞かせに、心したい。

　ここでは幼児期に経験させたい「おはなしの世界」を、さまざまな工夫によって、より楽しくより充実したひとときとなるよう考えられた教材を紹介する。
　子どもたちが想像の羽を広げ、イメージをはっきりと結んでお話の世界を冒険したり、夢のような安らかなときを過ごしたり、主人公と共に考え悩み、喜んだり笑ったり、涙したり……そんな経験が豊かにできることを願っている。
　子どもを育てていく周囲の大人が「言葉」を子どもたちに手渡していく方法として、種々様々なアイデアを自分に取り込みながら、さらに新たな工夫を創出していくことを期待する。
　また、近年コンピューターなどICT機器を媒体とした言葉の体験も、重要なアイテムの一つとして取り上げられている。しかしながら、どのメディアを取ってみても、そこには人と人とのかかわりがあって初めて「心ある言葉」として人に伝えられるものであることは変わりない。私たちは、言葉に関するさまざまなアイテムを柔軟に試みながら、そこに「語られる言葉」、それによって「生まれる言葉」のありようを省みて、美しい心のこもった言葉の世界を子どもたちと共有していくことを願っている。

第1節 お話の世界を楽しむために

1 言葉の世界

(1) 心のこもった言葉

　幼児を取り巻く言葉の環境は、第一に、家族を中心とした日常生活での話し言葉、第二に、絵本・物語を読んでもらうことを通しての文学的な言葉、第三に、テレビやラジオによる一方的に投げかけられる機械の言葉、と大きく三つに分けられる。

　幼児期に特に大切にしたいのは、一と二による、人間同士のかかわりの中で交わす、豊かな心のこもった言葉の世界である。

　しかし、実際にはテレビやゲーム機などによる機械からの言葉が急激に増大する一方、親など、その子が最も信頼関係を保っているはずの人の、豊かな暖かい言葉を耳にする機会がどんどん失われていることが危惧される。つまり、それは幼児にとって聞き流す言葉、心に届かない軽い言葉の氾濫を意味する。

　また、家族の言葉の交流を減少させる要因の一つに、ICT機器の普及も大きく影響していると思われる。スマホやビデオカメラのレンズを通してわが子を見つめることで、周囲の状況が見えなくなり、周りの子どもとのかかわりにも無関心となる。同時にその臨場感の中における肌で感じるものを放棄してしまうことにもなり、語りかける機会を失う。つまり、「言葉」や「表情」にして伝えたい気持ちが希薄になるのである。

　語りかける喜びと語りかけられる喜びの中で親子の信頼感が深められ、心に残る言葉の世界を楽しむ体験が、家庭という文化の基礎を創ることを考えれば、残念なことである。

　幼児は、人間らしい情感に溢れた言葉を、耳で聞く幸福感の中で、心を開き、心を表現する豊かな言葉を獲得することができる。

　また、詩や物語の言葉によって体験する、言葉のリズム、響き、イメージの創造、その中にある楽しさ、快さといった感覚は、言葉の音声的な刺激によってより鋭敏に磨かれ、それが言葉を生き生きと使う力に発展していく。

　幼児期には、細かい言葉の意味や理解よりも、言葉のおもしろさ、楽しさ、うれしさといった感覚的なものが体得されていく。この時期に、文学的・詩的な言葉の世界を十分に体験することが、想像力や理解力を豊かに伸ばしていくことになる。

　耳から豊かな言葉を聞く体験を深くもてばもつほど、文字を通して読み取る言葉に、豊かなイメージや感情や人間らしい心を感じ取ることができるようになるであろう。

　また、幼児の日本語に対する音や響きやリズムの感覚を培うためには、わらべ歌の力も見逃せない。日本語には、音楽的な美しさがある。そしてわらべ歌には、友達を受け入れ人とのかかわりを暖かく結ぶ心がこめられている。

(2) 言葉から想像の世界へ

　やさしい言葉、厳しい言葉、愛情に満ちた言葉、時に苦しみや怒りから出る人間の言葉を、身近に語り合ってこそ、言葉に対する豊かな感受性を養い、言葉から伝わる気持ちを素直に受け止めることができる。

　幼児にとっては、言葉は知識と結びついて獲得されるというより、豊かな、美しい、楽しい、快いリズムや響きをもった、幸福感と共に体感されていく。家族や友達、周囲の大人と交わされる人間らしい言葉の世界を、幼児期に十分経験させたいものである。

　すぐれた物語や昔話、詩は、豊かなイメージを誘い出す力をもっている。そのためには、このように心と結びついた心地よい言葉を豊かに交わし合う「体験」が必要であり、それがなければ、言葉の世界——お話の世界から、確かなイメージを創り出していくことはできないであろう。

　言葉という目に見えない世界を自分の心の中にイメージする力が、想像力である。想像力によって、目には見えないものを見ることができる。幼児期においては、主に直接体験を通して獲得され、五感を駆使した実体験が豊かであればあるほど、想像力も豊かになっていく。

　そして子どものイメージをかきたてるような言葉を支えるのは、やはり語りかける者の豊かな体験とイメージであろう。しっかりと五感で受け止め、腑に落ちた体験から生まれる言葉が、聞き手にも確かなイメージを創造させる。

2　絵本を楽しむために

(1)　言葉の世界と絵本

　幼児はよく、絵本の楽しい言葉や文章を、たとえ意味がわからなくても、すっかりそのまま覚え込んで暗誦することができる。それがやがて意味を得たとき、その言葉は存在感をもって真にその子どものものになる。耳から聞いて、わかりやすく、楽しく、美しい文章の絵本が求められる。

　絵本は、人と人とのかかわりの中に存在して、心の架け橋となる。絵本の言葉が、「語り手の心」としてその言葉に溶け込み、言葉が生命をもって子どもに語りかけられるとき、最も意味ある「絵本の体験」となる。

　子どもは、この生命力をもった言葉を聞きながら、絵本の絵を読み取っていくことができる。繰り返し聞いた「お話」と、それと同時に見た「絵」は、周囲の状況も含めて、それぞれ切り離しては考えられないほど一体化して記憶に刻まれていく。

　絵本は、子どもが見て楽しむだけではなく、そこに描かれたお話の世界に足を踏み入れて楽しむものである。

　幼児は絵を通して、よりいっそう物語の世界へ入り込むことができる。絵本の表紙はまさに別世界への扉であり、開くと自然にその世界へ入り込んでいく。そして主人公と共に冒険をして、現実の世界とを自由に行き来する。やがて本を閉じてまた現実へ戻ってくる。

よくわかる言葉、楽しい言葉、リズミカルな言葉、子どもの体験を引き出し共感させる言葉、曖昧さのない言葉によって、絵に助けられつつ、子どもは心の中に物語の世界を描いていくことができ、新しい体験を自分のものにする。

　絵本の絵は、物語の世界を子どもの中に創り出す助けとなる。よい絵であれば、子どものイメージを鮮明に創り出し、想像の世界でそれらをつなげ映像のように動かして楽しむことができる。新しい世界を見る貴重な経験となる。

　子どもといっしょに絵本を読み、子どもがその本のどこをどう楽しんだか、何を喜んだか、子どもの気持ちになり、子どもの目で絵本を見るようにすることを通して、よりよい絵本を選ぶ力を培って、子どもの環境に用意したいものである。

(2) イメージと想像

　多種多様な豊かなイメージを自分のものにすることで、人間はより多く未知のものを想像し、理解することができるようになる。絵本は、まだ十分に発達していない子どもの想像力を補い豊かにするのに大きな役割をもっている。

　絵本の絵は、子どもの心の中に物語のイメージを描くきっかけをつくり、手掛かりを与える役目をする。イメージを描く力、そしてその絵を動かす力が、子どもの想像力である。

　子どもの自由な発想や豊かな想像力は、こうした絵によってつくられるイメージを手掛かりとして、より伸び伸びと広がっていく。

　絵本の絵を見て、その中から物語を読み取ったり、その絵からいろいろな楽しい空想をしたりすることは、読書の楽しさであり目的でもある。絵本を見ながら空想にふける時間は、子どもと絵本の世界が一体となる時である。

　幼児期に豊かな想像力を身につけていることが、将来「読書」を楽しむ力となっていく。無理に絵本の字を読ませたり、絵本で字を教えたりすることは、お話の世界に入り込む楽しみを奪い、想像の世界を失わせることにもなりかねない。

　絵が、生き生きと物語を語り表現していれば、子どもたちのイメージも躍動感をもって楽しく発展していく。そのとき子どもたちの心の中に映し出された主人公が、自分と一体化して動き始める。

　逆に、読み手一人ひとりの想像に委ねるべきイメージまで、先回りして絵本の画面に描かれてしまうと、イメージが押し付けられ、子どもの想像の楽しみを奪うことにもなる。絵と言葉とが、相乗的に発揮し合い、読み手の想像をかきたてて、お話の世界に入っていける絵本であってほしい。

(3) 絵本の読み聞かせ―聞くこと―

　絵本を子どもに読み聞かせる時間は、大人が子どもに語りかけることのできる貴重な時間である。絵本に表現された内容やその世界は、絵本（作者）が直接子どもに語りかけているのではなく、読み手である「親」あるいは「先生」が伝えてくれた言葉として子ども

の心に刻まれていく。

　子どもは、読み聞かせの言葉を聞いて、語り手の自分に対する愛情や、語り手のもつ文学に対する理解力・感性をも感受するといわれる。つまり、読み手の感性に共鳴した絵本の言葉が、読み手の言葉として子どもの心に届くということであろう。

　子どもが信頼する人に絵本を読んでもらうとき、子どもは安心してその人に心を開く。そのとき、それらは素直に子どもの気持ちに吸い込まれていく。語り手の好きな本は子どもたちも好きになる。ここに、語り手と、絵本と、聞き手の大切な通い合いがある。機械ではなく人間が、人間に語る意味である。

　また絵本を読み聞かせることは、読み手と子どもが共に一つの物語世界を共有すると同時に、暖かな幸せに満ちた楽しい時間をも共有することになる。

　この共通体験は、生涯を通じて失われることなく、楽しい精神的な絆として生き続ける。この幸福感の体験の繰り返しが、「生きる力」を広げていく。

　ここで気をつけたいのは、読後の時間である。子どもたちは、しばらくは物語の世界で、いろいろと空想を働かせている。私たち大人が、読書の後に、主人公の気持ちを思い返したり、自分の体験や思いと比べて自分を見つめ直したりするのと同じであろう。

　子どもたちは、自由な想像の世界にはばたいて、想像力をかきたてている。そのひとときも、静かに共有したいものである。

(4)　絵本の種類

　生後満1年前後には、幼児の身近に、手ごろな絵本を準備しておきたい。あまり大きくなく、重くなく、幼児の手で開けたり閉じたりしやすいもの、色や形の鮮明な挿絵のものが望まれる。

■知識絵本

認識絵本

　自動車や犬、猫などの絵は、幼児の日常体験と重なり合い、自分の知っているものを絵本の中に再発見する喜びは、ごく初歩的な認識活動への糸口になる。初めて再認する喜びを味わうという点で、「認識絵本」「ものの絵本」といわれる類の絵本の存在は貴重である。

タイトル	赤ちゃん絵本セット（4冊組）		
作者	とだこうしろう作	出版社	戸田デザイン研究室、1992年
特徴		生まれて初めて手にする絵本の一つに。小さい赤ちゃんの手で、扱いやすく手ごろな大きさである。	

タイトル	にこにこメイシーちゃん		
作者	ルーシー・カズンズ作	出版社	偕成社、2001年
特徴	ふわふわで手にやさしく、なめたり、踏みつけたり、投げたりしても安全。傷みにくい。		

タイトル	ノンタン　のりものだいすき！		
作者	キヨノサチコ作	出版社	偕成社、2000年
特徴	ふわふわで、触り心地がよい。なめても安心素材。物の絵本。		

タイトル	あいうえおうた		
作者	谷川俊太郎作、降矢なな絵	出版社	福音館書店、1999年
特徴	ゆっくりと声に出して読み聞かせ、言葉のリズムとともに、絵を楽しむことができる。さまざまな動物の姿がユーモラスに描かれている。		

タイトル	PETER RABBIT 123		
作者	ビアトリクス・ポター作、きたむらまさお訳	出版社	大日本絵画、2013年
特徴	小さなピーター・ラビットのぬいぐるみが付いており、各ページ、ピーターが話すように会話ができる。1～10までの数を学ぶ。		

タイトル	おおどろぼうをつかまえろ！		
作者	上野与志作、中村景児訳	出版社	チャイルド本社、1993年
特徴	色や形を認識し、それらを組み合わせながら、泥棒を見つけ出すおもしろさを体験する。探偵になった気分が味わえる。		

タイトル	ことばのえほん　ABC		
作者	村上勉作	出版社	あかね書房、1988年
特徴	物の名前を認識しながら、英語の言葉に触れる。わかりやすい絵を見て、自分の知っているものの名前を言える喜びを味わう。加えて、英語にも興味をもつ。		

科学絵本

　科学的なテーマが、ストーリーをもって描かれているもの、事実に即して編集されたものなどがある。図鑑的なものも含まれる。身近な虫や草花、人体や天文についてなど、好奇心をもって知る喜びが味わえる。

タイトル	**はじめてのかり**		
作者	吉田遠志作	出版社	リブリオ出版、1982年
特徴		さまざまな動物の習性や特徴が、3匹の子どもライオンの生活を中心に書かれている。お話を聞きながら、画面の動物を探して絵を読むことが楽しめる。	

タイトル	**魔法使いのあいうえお**		
作者	安野光雅・安野雅一郎作	出版社	童話屋、1980年
特徴		真ん中に円筒を置くことで、本来の絵と文字が円筒の周りの鏡に映し出される。どんな文字や絵が見られるか、わくわくしながら円筒を置く。	

タイトル	**かぞえてみよう**		
作者	安野光雅作	出版社	講談社、1975年
特徴		画面の中から、その数のものを探す楽しみがある。美しい絵の中に、生活の姿が見えて、想像が引き出される。	

タイトル	**葉っぱのフレディ**		
作者	レオ・バスカーリア作、みらいなな訳	出版社	童話屋、1998年
特徴		私たちは、どこから来て、どこへ行くのだろう？　生きること、死ぬことは、どういうことだろう？　人の命の輪廻に気づかせてくれる。	

タイトル	**ちきゅうがウンチだらけにならないわけ**		
作者	松岡たつひで作	出版社	福音館書店、2013年
特徴		たくさんの動物からさまざまなウンチが出ていること。そのウンチがいろいろな方法で役に立っていることを丁寧に教えてくれる。でも、人間のウンチは？と最後に問題提起をして終わる。親子で考えるきっかけに！	

■物語絵本

創作絵本

　創作された物語の絵本で、現在の絵本の多くがこの創作絵本である。この中には、お話の文字がなく、絵だけで表現されたものもある。

タイトル	かいじゅうたちのいるところ		
作者	モーリス・センダック作、神宮輝夫訳	出版社	冨山房、1975年
特徴	子どもたちは、ぐんぐんお話の世界に引き込まれていく。マックスといっしょに冒険ができる、おもしろい世界に入っていく。扉に描かれた２匹の怪獣は、パパとママの象徴？		
タイトル	三びきのやぎのがらがらどん		
作者	マリー・ホール・エッツ作、瀬田貞二訳	出版社	福音館書店、1965年
特徴	絵の迫力、画面の流れとリズムが、心地よく心に届く。		
タイトル	しょうぼうじどうしゃ　じぷた		
作者	渡辺茂男作、山本忠敬絵	出版社	福音館書店、1966年
特徴	小さな消防自動車じぷた。自分のもっているよさを信じて、自分に誇りをもって生きていく幸せを子どもたちももっていてほしい。		
タイトル	まねしんぼう		
作者	宮西達也作	出版社	岩崎書店、2015年
特徴	子どもの視点で描かれた、大好きな兄妹の姿が微笑ましい。		
タイトル	ひとまねこざる		
作者	Ｈ．Ａ．レイ作、光吉夏弥訳	出版社	岩波書店、1998年
特徴	子どもたちは、ジョージの姿に自分を重ねてお話を聞くことだろう。わかっていても、ついやってしまう子どもの気持ちが伝わってくる。		

タイトル	ねずみくんのチョッキ		
作者	なかえよしを作、上野紀子絵	出版社	ポプラ社、2004年
特徴	ねずみくん自慢の赤いチョッキ。次々に出会う動物たちにも、そのチョッキを貸してあげる優しいねずみくん。最後はぞうさんにも……。さてその結末は？		

タイトル	おおきくなるっていうことは		
作者	中川ひろたか作、村上康成絵	出版社	童心社、1999年
特徴	「大きくなること」の喜びが伝わる絵本。大きくなるっていうことはどんなことなのかを園長先生が教えてくれる。リズムのある繰り返しの文章で、大きくなった喜びと誇りを味わう。		

タイトル	11ぴきのねこ		
作者	馬場のぼる作	出版社	こぐま社、1967年
特徴	お腹を空かせたねこたちは、湖へ。力を合わせて大きな魚を捕まえる。みんなに見せるまでは「食べない」と約束をするが……。		

タイトル	おしゃべりなたまごやき		
作者	寺村輝夫作、長新太絵	出版社	福音館書店、1972年
特徴	卵焼きの大好きな王様。ある日、ぎゅうぎゅう詰めになったにわとり小屋の鍵を開けてしまう。1匹残らず逃げ出して、お城は大騒ぎ！		

タイトル	もうぬげない		
作者	ヨシタケシンスケ作	出版社	ブロンズ新社、2015年
特徴	何でも「自分で！」と自我が芽生える頃。首のところで引っかかって脱げないシャツの中で、「このままだったらどうしよう」とユーモア溢れる想像を巡らせる。さて結末は？		

<u>昔話絵本</u>

　本来、口承の文芸で、必ずしも挿絵を必要としない。絵があることで、かえって物語の現実感を弱め、イメージが窮屈に固定化されて、自由に躍動する語りの世界の楽しさや広がりをなくしてしまう場合もある。しかし子ども自身の力では、物語のイメージが浮かべ

にくい場合もあり、絵本の絵は、心の中に場面や登場人物を思い描く手掛かりとなる。

　昔話は多くの場合、言葉の一つひとつの意味はわからなくても、繰り返し繰り返し楽しみ、記憶の中に刻み込まれていく。それは、言葉のもっている不思議な力であり、それを支えているのは、言葉の響きやリズムや快さや楽しさであり、語り手との人間関係である。語りの中には、その人が人生の中で味わったいろいろな思いが込められており、聞き手は、物語への興味だけでなく、その語り手のこめる心情や共感を敏感に感じ取って、自分の未来に思いを馳せ心ときめかせることであろう。

　昔話の語りの中にこめられている豊かな人間感情や生活体験を汲み取る力と、それを汲み取らせる語り口が重要である。

タイトル	**ももたろう**		
作者	小澤俊夫再話、赤羽末吉絵	出版社	福音館書店、1995年
特徴	昔話の定番の一つ。だからこそ日本のお話にふさわしい絵本を選びたいもの。日本の風土をも表現した赤羽末吉の絵が、昔話の世界へ誘う。		

タイトル	**かさじぞう**		
作者	瀬田貞二再話、赤羽末吉絵	出版社	福音館書店、1966年
特徴	昔話の定番の一つ。湿気の多い日本の雪国の風土をも表現した赤羽末吉の絵が、おじいさんとおばあさんの優しさをしんみりと伝える。		

タイトル	**だいくとおにろく**		
作者	松居直再話、赤羽末吉絵	出版社	福音館書店、1967年
特徴	日本の民話。話の流れと画面転換がぴったり合って、想像をかきたてる。		

タイトル	**泣いた赤おに**		
作者	浜田廣介作、梶山俊夫絵	出版社	偕成社、1992年
特徴	友達の幸せを願い、見返りを求めない青鬼の友情。「ドコマデモキミノトモダチ」という置き手紙に胸が熱くなる。廣介童話の傑作の一つ。		

タイトル	スーホの白い馬		
作者	大塚勇三再話、赤羽末吉絵	出版社	福音館書店、1967年
特徴		大陸の広がり、大きさが感じられる画面である。馬頭琴が生まれた由来が語られたお話。	

■詩や言葉の絵本

　言葉の響きやリズムのおもしろさなど、日本語の美しさが、絵と共に楽しめる。絵本の数は少ないが、ぜひ体験させたい言葉の世界である。

タイトル	きょうはみんなでクマがりだ		
作者	マイケル・ローゼン再話、ヘレン・オクセンバリー絵、山口文生訳	出版社	評論社、1991年
特徴		遊び歌をもとにした絵本。リズミカルな言葉の繰り返しと、さまざまな障害物を通り抜ける動きの表現が楽しめる。お話の世界に入り込んで、冒険を楽しもう。	

タイトル	わらべうた		
作者	赤羽末吉作	出版社	偕成社、1977年
特徴		リズミカルな日本語のおもしろさを体験する。声に出して繰り返し読んでみたい歌である。意味はよくわからないが、言葉遊びのように口ずさんで楽しむ。	

タイトル	まりーちゃんとひつじ		
作者	フランソアーズ作・絵、与田準一訳	出版社	岩波書店、1956年
特徴		言葉のリズムが心地よい文章。このリズムを感じながら読み進めていきたい本である。	

タイトル	ことばあそびうた		
作者	谷川俊太郎作、瀬川康男絵	出版社	福音館書店、1973年
特徴		韻を踏んだ言葉のリズムを楽しみながら、声に出して読んであげたい本。繰り返し読むことで、リズムの心地よさが味わえる。	

■しかけ絵本

簡単な切り抜きのものから、緻密で複雑な立体アートとして玩具性の強いものまで、多くが出版されている。布製のものも含まれる。

タイトル	まどから・おくりもの		
作者	五味太郎作	出版社	偕成社、1983年
特徴	穴開きになった窓から、家の中の動物や子どもの一部が見え、サンタさんはそれが誰かを思い込みで決めて、プレゼントを投げ入れてしまう……。きっと見ている子どもたちも、サンタさんと同じように思い違いをしてしまうかも？		

タイトル	このいろ　なあに		
作者	トリーシャ・ラネルズ作、デイビッド・シム絵	出版社	学習研究社、2005年
特徴	色と物の組み合わせを学ぶ。矢印を引っ張ったり、しかけを開いたりして楽しむとともに、指先のよい運動にもなる。		

タイトル	あれ？これなあに		
作者	ディック・ブルーナ作	出版社	講談社、1988年
特徴	お風呂に入れると徐々に絵が変わり、隠れていた絵が現れる。明るくはっきりとした色彩とシンプルな絵が、乳幼児期に理解しやすく印象的。		

タイトル	オセアノ号、海へ！		
作者	アヌック・ボロワベールとルイ・リゴー作、松田素子訳	出版社	アノニマ・スタジオ、2013年
特徴	オセアノ号が世界の海へ旅立つ。海の中は不思議がいっぱい。さあ、広い海の中をいっしょに探検しよう。		

タイトル	不思議の国のアリス		
作者	ルイス・キャロル原作、ロバート・サブダ作、わくはじめ訳	出版社	大日本絵画、2004年
特徴	「不思議の国のアリス」の世界が、飛び出すしかけで立体的に表現されている。精巧に入り組んだしかけがぱっと飛び出すたびに、絵本の世界に引き込まれる。		

■手作り絵本

　子どもが興味をもちそうな、乗り物や動植物などの写真や絵を、雑誌、広告、チラシ、カタログ、パンフレット等から切り抜いて、適当なアルバム、ノートなどに貼り込んでいく。子どもが最も信頼を置く親や先生が作ってくれたものは、一番子どもたちの気持ちにぴったりしていて、いつまでも愛着をもて、大切にするであろう。

■月刊保育絵本

　1926年、幼稚園令の発布に伴って、1927年に創刊されたのが、観察絵本『キンダーブック』（フレーベル館）。多くが市販されず、幼稚園単位で購読されている。単行本的な物語絵本、科学絵本、そして科学・自然・生活・お話が総合的に網羅された絵本などがある。どれも保育教材としての展開と、家庭での読み聞かせ双方に期待される。

〈野上　秀子〉

3　幼年童話・昔話を楽しむために

　幼年童話とは絵のない物語か、絵はあっても挿絵程度の物語である。子どもにわかりやすくイメージしやすい題材が取り上げられている。物語を読む子どもたちと同年齢に近い子どもたちが登場し、言葉遣いもやさしく、話の展開も子どもたちが理解しやすく単純でわかりやすいものとなっている。そのため、子どもたちは保育者から読んでもらうことで、絵に頼らずともその想像の世界を大いに楽しむことができる。一方、昔話は生きていくための知恵や勇気また文化が語られており、子どもたちの育ちには欠かせないものである。

(1)　絵本から物語・幼年童話へ

　子どもたちはお話の世界で豊かに心を広げ遊ぶ。幼稚園や保育所など幼児教育の場でのお話の世界の発信は、保育者から語られる絵本の言葉であったり、そこに描かれている絵であったりする。そして子どもたちは、そこに絵と言葉で描き出されるさまざまな人や動物また物と心を重ねながらお話の楽しさを体に取り込み、物語を楽しめるようになる。その中で見ている絵本の絵が生き生きと動き出したり、あるときには自分も空を飛んでいたり、冒険に出てハラハラドキドキしたり、悲しい場面で心を痛めたり、心から笑ったり、喜んだりと、想像の中でさまざまな世界を体験していく。

　絵本の世界で十分遊び、絵本を読んでもらうことの心地よさを堪能した子どもたちは、しだいに話を聞きながらイメージをつくっていけるようになる。物語を読んでもらうことで、言葉によって想像の世界を広げ楽しめるようになる。これが、絵がなくても言葉だけを頼りに頭の中でイメージをふくらませ物語を楽しめるようになる道筋である。そして幼年童話は、最後は必ずもとに戻り、めでたしめでたしと安心できる物語でもある。

　しかし今の日本では、保育の現場で絵本を読んでいると、絵本の絵のみに反応して、保育者の読んでいる言葉を聞かず、話の内容とはかけ離れた脈絡のない言葉を、次々に発す

る子どもが見られる。また落ち着いて絵本を読んでいる場にいられない子どももいる。この子どもたちの多くは、テレビやゲームなど映像のシャワーを浴び過ぎていて、自分で想像をすることの楽しさを体験できないでいる。またイメージは全部、映像が表現してくれるので、その必要もなく育ってきた子どもたちである場合が多いと考えられる。

この子どもたちは、物語や言葉をじっくり聞いて理解することができない。そのため、今の保育の現場での大きな課題は、言葉のリズムを楽しみ、その言葉から想像することの楽しさを実感する機会をより多くつくっていくことである。物語ははじめから終わりまでがつながっていて、それが一つの物語として意識できるようにすること、そしてその展開を楽しめるよう援助していくことなどが必要不可欠と考える。それには丁寧な読み聞かせと、絵を手掛かりにしながらイメージを広げていける場を共有していくことが大切である。じっとしていられない子どもにはクラス全体に読み聞かせをしながらも、スッとその子と視線を合わせるなどして、1ページずつ瞬間の共有を試みることも有効である。

(2) 物語・幼年童話の読み聞かせ

子どもは3歳頃になると、話を聞いて内容を何とか理解できるようになる。そして4歳を過ぎる頃から、少しずつ言葉を頼りにイメージをつくっていけるようになる。その中で大人に読んでもらう物語を聞きながら、また絵を手掛かりにしながら想像の世界を楽しめるようになる。この積み重ねがあって、しだいに言葉だけを手掛かりに自分の中でイメージをつくれるようになり、内容を理解し、物語を楽しみ、自分なりの世界を描けるようになる。これがだいたい幼稚園・保育所の年長組5、6歳の子どもたちである。

絵本と違って幼年童話は文章での表現が基本となり、絵は挿絵になることが多い。その挿絵もカラフルな場合もあるが、白黒あるいはそれに他の色が1色加わる程度のものが多い。この挿絵はお話の内容をたしかなものにするための情景を補うもので、絵本のように絵を手掛かりに物語全体をイメージすることは難しくなる。また漢字も加わり（ルビが振られている）、物語も長くなる。

保育の現場では保育者が毎日少しずつ（10～15分）読み聞かせをしていくことになる。この読み聞かせを大切にしていくと、やがて本格的な童話を楽しむことにつながっていく。

子どもたちは大好きな保育者に心を込めた声で物語を読んでもらい、その世界を共有できることは本当に心地よく、その物語が心に届く体験になる。そしてその時間は、安心して空想の世界に思いを馳せ、描き、そこで遊ぶことのできる空間といえる。そのとき、子どもたちは耳から保育者の言葉を聞いているだけではない。その表情、目の動き、姿勢、声の調子などから保育者がどのくらいこの物語を楽しみ、大切に思い、みんなと共有したいと思っているか等、瞬時に感じ取り、その上でその楽しみ方を体に取り込んでいく。保育者が時間的な制約や、体調などから投げやりな読み方をすれば、その物語は子どもたちの頭の上をただ通り過ぎていくだけになるかもしれない。

物語を読むということは言葉を通してそのストーリーを伝えるだけではなく、その物語

の中に流れる心の動き、愛であったり、楽しさであったり、驚きであったり、わくわくする冒険心であったり、また怒りや悲しみを伝えるものでもある。保育者が心を込めて読むことにより、子どもたちは豊かな想像力を働かせ、感情を動かし、イメージの世界を存分に遊ぶことができる。心を込めて読むというのは、上手に読もうとがんばるのとは違う。また、感情を込め過ぎたり、技巧を凝らしたりすることでもなく、物語の流れを壊すことなく、場面に応じた自然な感情を表現しながら、丁寧に読んでいくことである。具体的には、保育者が本を自分のほうに向けて読み進めていく。挿絵も、その日読み終わったところで子どもたちと共有するとよい。子どもたちからいろいろな声が聞こえて楽しい。

■**保育の現場でよく読まれている幼年童話**

　4歳児の3学期頃から『いやいやえん』を読むと、自分たちと同じ幼稚園の物語で喜んで聞ける。5歳児に進級すると『エルマーのぼうけん』『エルマーとりゅう』『エルマーと16ぴきのりゅう』のシリーズを読み進めると、子どもたちは地図を作ったり劇遊びをしたり、イメージを広げ楽しむ。その他、『ロボットカミイ』『たんたのたんけん』『もりのへなそうる』『くまのローラ』『こぐまのくまくん』『ハナさんのおきゃくさま』などがある。

(3)　昔話のもつ意味

　日本、イギリス、ロシア、イタリア、北欧、アジア等いろいろな国の昔話が、子ども向けに書かれた昔話の本となって紹介されている。改めて昔話と言われると少し堅い感じでとらえてしまうが、日常の保育の中で考えると、日本の昔話「ももたろう」「さるとかに」「大工と鬼六」「ちからたろう」、イギリスの昔話「3びきのこぶた」、グリム童話「ブレーメンのおんがくたい」「おおかみと7ひきのこやぎ」「ねむりひめ」、北欧の民話「てぶくろ」「三びきのやぎのがらがらどん」、ロシアの民話「おおきなかぶ」など、子どもたちが大好きでいつも身近にある話がたくさんある。

　昔話は人々の生活、民衆の中から語り継がれてきた口承文芸である。そのため時代や地方により、また再話の仕方により同じ話の展開にもいろいろ違いが見られる。人々は何千年もの昔からお話を子どもたちに語り継いできた。

　昔話・民話には人が生きていくとはどのようなことか、人を愛することの大切さ、人が一生懸命生きていくとはどういう姿なのか、生きていくために知恵を働かせることがいかに大切か、困難に立ち向かうありさま、人（動物も含めて）と力と心を合わせて生活していくことの重要性、その国や地方の文化との共存など、生きていくため、子どもたちが一

人の人間として成長していくための知恵が凝縮されて表現されている。それは楽しさや温かさ、わくわくする冒険心やがんばり、正義感、生きていくためのエネルギーに加えて、人間が畏れているものや悪とされるものも恐ろしい形で描かれている。それは悪魔や魔女であったり、鬼や山婆であったりする。また、死や戦い、殺し、病気、生きたままオオカミがお腹を縫われる、鍋で煮られるシーン等、さまざまな残酷な表現も少なくない。

　保育の現場で読み聞かせをしていると、子どもたちはその残酷な表現の中にその事柄自体の「痛い、苦しい、悲しい、辛い」等のリアルな感情やその情景を実感するものでなく、そのことの事実だけがすっと子どもの頭の中を通り過ぎているのが感じ取れる。子どもたちは自分が今までしてきた経験やもっている知識、能力をベースにして、その範囲の中で想像を働かせたり、絵の読み取りをしたりしていると考えられる。その残酷な要素を含んだ表現について考えてみると、その表現がそのままを意図としていることは少ない。たとえば「3びきのこぶた」でこぶたが1匹ずつオオカミに食べられていく話は、子どもが成長して姿を変えていくと解釈されている。最後のレンガで家を造ったこぶたは立派に成長し、自立できた姿として表現されている。そのこぶたが人を苦しめる悪、災いまたは怠け者を戒める存在として表現されている「オオカミ」を鍋で煮て食べることで、世の中の邪悪なものに打ち勝つことができ、その成長を実感できるものとしている。よく保育の現場で見かけるこの昔話の解釈として、「兄弟仲良くすることはいいことだ。また、最後ごめんなさいと謝ったのでオオカミとも仲良くくらしましょう」としているのは間違いである。こぶたやオオカミを殺すのはとても忍びないと考える保育者が筆者の周りでも多く見られるが、その場合はせめて、「オオカミは一目散に森へ逃げていき、二度とこぶたの前には現れませんでした」で終わってほしい。読み聞かせをする保育者はその昔話の底流にある、その昔話の意図するところを確実に読み取っておくことが必要と考えられる。それには原形に近い再話のものを読まれることをお勧めする。

(4) 昔話の読み聞かせ

　幼児は絵本を読んでもらう体験をたくさん経験すると、5・6歳の年長組になってから、昔話も愉快な話や楽しい話に加えて怖い話、悲しい話、不思議な話、少し長い話の読み聞かせを聞くことができるようになる。昔話の不思議さ、おもしろさ、豪快さ、誠実さに加えて残酷な場面も語られている。この中には、子どもたちが成長していくため、生きるための勇気や知恵がいっぱい含まれている。

　怖い話や悲しい話も、子どもたちは大好きな保育者に心を込めて読んでもらうと、怖いけれども保育者がいっしょなので安心して聞いていられる。また、悲しい話も自分に置き換えても大丈夫、何とかそれを乗り越えてみようと無意識のうちに力が湧いてきているように見える。初めての読み聞かせで切迫したシーンではみんな真剣に引き込まれて聞いている姿が見られるが、話が展開して安心な場面になると、子どもたちの肩の力が抜け、ほっとした空気が流れる。何回も同じ本を読んでいると、先の見通しがもて、物語そのもの

をじっくり楽しんでいる様子が見られる。自分のお気に入りの繰り返しの言葉の場面が近づいてくると、いっしょに声をかけるのを楽しもうと友達と目で合図をしたり、心の準備をしたりしている姿も微笑ましい。昔話はいろいろな場所で語り継がれてきたものなので、わかりやすく、また言葉が単純でインパクトがあるものが多い。2回3回と繰り返しがあるなど、心地よく言葉が響いてくる。子どもたちにもその楽しさは感覚として感じられているようだ。したがって、これらのことが満たされているかどうかが昔話を選ぶめやすの一つになると考える。

　保育の場で昔話を読み聞かせる場合、絵を見せながら読み聞かせるほうがよいのか、後で見せるのがよいのか、よく議論になる。本来は語りから子どもたちがイメージを広げ描けることが望ましい。しかし幼児の場合、言葉だけの読み聞かせではどうにもイメージがもてず、話が楽しめない場合が多い。しかし、絵を見せることで話に入り込んでいく手掛かりとなる。そのために保育者は、物語の流れが自然で、その昔話に寄り添っている絵により構成されているものを選べる目を養いたい。

　昔話を読み聞かせるときは必ず何度か下読みをしておく必要がある。その話独特の言い回しやリズム、時には方言が使われていることもあるからである。方言は少し意識してそれらしく読めば、そんなにこだわる必要はない。できれば語り口調で読めることが望ましい。また、子どもたちが知らない言葉や物の名前はそのつど説明をする必要はなく、何度も読んでいると、自然と雰囲気から子どもたちに理解されてくる。大きくなってからそうだったのかとわかって感動することもある。今は昔と風土や文化があまりにも違うので、質問されたとき、絵の中に表現されているときは話の流れを止めない程度に、言葉でさらりと答えるのも理解を助けるよい機会である。また話が終わって余韻を壊さないよう気をつけながら、具体的に質問に応じるのも話を深めるのに役に立つ。

　繰り返し昔話を読んでいると、その心地よさや不思議さ楽しさ、また意外性など子どもたちの想像力を刺激し物語を感じ取り、子どもたちは自分たちで楽しむようになる。言葉やその情景を自分たちの中に取り込み表現したくなるのである。

　さあ、「むかーしむかし、あるところに……」子どもたちと大いに楽しみましょう。

(5) 昔話から劇遊びへ

　「泣いた赤おに」を何度か読んだ。そのたびに子どもたちの表情が変わっていくのが読み取れた。

　ある日、担任が話の中に出てくる看板を作っておくと、子どもたちから自然に劇ごっこが始まった。その中で、登場人物の気持ちを聞いてみると、子どもたちからは絵本に書かれていない赤鬼、青鬼の心の動きを感じる声が聞かれた。最後の手紙「赤おにくん、人間たちと仲良くして……」の全文を子どもたちが繰り返し口にするようになった。

　クラスの子どもの気持ちが一つになり、生活発表会でこの話を演じて保護者に見てもらうことになり、子どもの中には演じるたびに目に涙をためる子や、「ホールを涙のプール

にしたい」という子も見られた。赤鬼、青鬼、村人たちそれぞれの気持ちの機微を子どもたちが感じ取れる作品である。

保護者会の折に、保護者に向けても絵本を読むと、感動して涙ぐむ姿も見られた。家庭と幼稚園がいっしょにつくりあげたすばらしい劇になり、心の大きな成長につながった。

〈畠山　範子〉

4　紙芝居を楽しむために

(1)　紙芝居とは

　物語の筋を追って描いた数枚１組の絵を演者の台詞に合わせて見せるものであり、今日では幼稚園や保育所、また、児童が集う場所などで利用されているが、日本独特の児童文化で外国ではほとんど見られない。

　紙芝居の元祖は江戸時代にさかのぼり、寄席などで上映されていた「写し絵」といわれるものであった。その後、明治、大正時代には紙の裏表に絵を描き串棒に付けた「紙人形」のようなものを演じる「立ち絵」と呼ばれ、戦後、児童文化研究家、永柴孝堂によってペープサートと称され、幼児教育の場に登場した。

　一方、今日のように１枚ずつ引き抜いて場面を変化させる紙芝居は、大正末期から昭和にかけて登場したものである。

　戦後、昭和20年代は、子どもたちの娯楽が乏しく、テレビなどはまだ一般家庭にはない時代であった。そのような時代、紙芝居業者が拍子木を鳴らして子どもたちを集め、飴などを売り、自転車の荷台に載せて演じた街頭紙芝居は、空き地や路地裏で行われた。シリーズものの紙芝居などもあり、子どもたちは次回を心待ちにしていた。

　しかし昭和30年代からしだいにテレビに移行し、街頭紙芝居は徐々に姿を消していった。

(2)　紙芝居の特徴

　紙芝居は日常保育の中でよく利用されているが、その特性を考えてみると次のような特徴が考えられる。

　①　最近では一部変形（横長）のものや、大型で舞台が使えないものもあるが、基本的には舞台を利用し、演じ手の語りによってお話の世界を楽しみ、集団で見たり聞いたりする喜びを体験できる。ただし、低年齢児の紙芝居でいっしょに言葉のやりとりを

しながら見ていくものもある。
- 絵本とは違い、はじめから多人数を想定して作られたもので、お話に共感しながらも言葉には出さず、静かに心の中で想像しながらお話を聞くことを覚えていく。

② 目的に合わせた絵の展開や内容のものを選ぶことができ、視覚に訴えて、わかりやすく伝えることができる。
- 生活の約束事、行事の意味など、言葉だけでは伝達しにくい内容の共通理解をしやすい。

③ 手軽に扱える教材であり、ルールがある。
- 紙芝居はサイズも一定で、一般的に8～16画面で、長い物語は12画面の前・後編とさまざまであるが、すべてが1枚ずつ右側へ画面を引き抜くように作られている。
- 短時間で演じることができるので、保育現場などでは気軽に使われ、舞台を使わずに演じる姿が見られる。しかし、基本的には必ず舞台を用い、扉やカーテンで目隠しして、子どもにこれから始まる話への興味・関心を高めていくようにする。

④ 画面ごとの手法を用い、絵本とは異なったお話の世界へ誘うことができる。
- 画面を引き抜きながら、途中で止めることもでき、効果音なども入れ、次への想像をかきたてて、お話の世界へ導いていくことができる。
- 文章は、台詞を生かしたものであり、単純明快である。複雑な心理描写や背景より、会話を楽しめる擬音や擬態語が多く、動きを表す言葉や文章で構成されている。

⑤ みんなで共感し、共通理解ができるので、「劇ごっこ」等他の活動への発展も可能である。
- じっくりとお話を聞くことで共通理解をし、後の話し合いを通してお話のイメージも広がり、想像力を豊かにしていく。

⑥ 絵本や紙芝居は、幼児にとって人とつながっている安心感や物語を想像し、ファンタジーの世界を描き出す楽しい教材である。保育者は、紙芝居や絵本を活動と活動のつなぎによく用いている。では、どんなときにどのように使い分けていけばよいのであろうか。それぞれのもつ特徴と意義を解説しておきたい。

絵本	紙芝居
・文字が描画の中に書かれている。	・文字は描画の中にはなく、裏に書かれている。
・画面が小さい。	・画面が大きい。大勢で観ることができる。
・枚数に制限があまりない。	・枚数が限られている。
・内容とストーリーが、画面ごとに想像しやすい工夫がされている。	・内容と画面が、比較的1面ごとに完結していて、展開が画面ごとに構成されていることが多い。
・聞き手が自分なりの想像の世界を描くことができる。	・聞き手に伝える内容が明確に描写されている。
・基本的には、1人から数名を対象としている。	・集団を対象として描画されている。
・描画の一つひとつの絵が小さく繊細に描かれている。	・一つひとつの絵が大きく描かれている。
・何度も繰り返し観たり、読んだり、聞いたりしていく中で、想像と想像をつなぎながら物語化していく。	・伝えたいねらいと内容から構成されている。
・一人ひとりが多様な印象を描くことができる。拡散性に富んでいる。	・聞き手が同じ気持ちを受け止めやすいように構成されている。集約性に富んでいる。

(3) 紙芝居の選び方と楽しみ方

■子どもと言葉のやりとり遊びを楽しむ

基本的には紙芝居は演じ手が一方的に話をするが、「よいしょ　よいしょ」は子どもも演じ手と一体となって言葉のやりとりができる。

> ### 事例4-1　「よいしょ　よいしょ」（2〜3歳向き）
>
> ひもをひっぱるとタコ、8足の靴、ウマ、人参、小人、ゾウ、そしてサンタクロースと、次々に登場してくるものはなんだろうと想像していく。また、ねらいを合わせられるよう最後のページが3枚あり、言葉のやりとりも楽しめ、登場してくるものと子どもが一体となり、年齢層も広く活用できる作品である。
>
>
> まついのりこ脚本・画、童心社
>
> まず、子どもたちは「何が出てくるかな？」の問いに「わあ〜くつがいっぱい」、「だれのかな？」の問いに「タコさんのだあ！」と驚き、そして、ウマの次は「せんせい、ぜったいにんじんだよ」。すると、想像したものより大きなにんじんが現れ大喜び。また、保育者の「いっしょに引っ張ってね」の言葉で、「よいしょ　よいしょ」とかけ声を楽しんでいた。

■生活習慣のしつけ紙芝居

日常の生活習慣が身についていない主人公を通して、自分たちの行動を見直していけるストーリーになっている。

> ### 事例4-2　「ぼくにものせてよ」（3〜4歳向き）
>
> 主人公はどこでも見られる男の子。小さな子は主人公の三輪車をほしがり、主人公は友達の自転車をほしがる。しかしそれを貸してもらえない。そこで、黙って友達の自転車に乗り、他のところに乗り捨てる。そのような画面を見ている子どもたちは日々の自分たちの経験と結びつけ、
>
>
> 関七美作、山本まつ子画、教育画劇
>
> 「Aくんもこないだぼくのじてんしゃだまってのったよ」「いもうともあたしのをいつものってるよ」など会話が弾む。お母さんが登場し、2人のやりとりの言葉から見ている子どもたちも共感し、「いつもおかあさんもおんなじこという」「ぼく、こないだ、ねんしょうさんにかしてあげたら、えんちょうせんせいがほめてくれたよ」等と園内での日常生活のトラブルを思い出して話し合っている。紙芝居の終了後もいろいろとみんなで話し合う姿が見られた。

■心を育てるファンタジックな紙芝居

　一人ひとりが違っていてもみんなお友達、みんなで仲良くすること、思いやりの心を育てるストーリーになっている。

事例4-3　「しっぽのながいながいねことみじかいねこ」（4〜5歳向き）

　長い長いしっぽのネコばかり住んでいる島に、1匹のしっぽの短いネコが生まれ、魚を釣ることができない。釣ろうとして海に落ち、魚がみな逃げてしまいみんなに嫌われてしまうが、兄弟が力を合わせてその子ネコに泳ぎを教え、泳いで捕ることに。子ネコは泳ぎのチャンピオン。魚捕りの名人に……というお話を静かに聞き、「すごいね……せんせい」「えらいね」「うちのタマもおよげるかな……」とお話に共感する。「みんなとちがっていてもいいんだよ」という保育者の言葉にうなずくことしきり、保育者はやさしい心が育つことを願った。

矢野洋子作・画、教育画劇

■民話や昔話、季節や行事の意味を教えてくれる紙芝居

　お話を通して季節の意味や伝統的な行事の意味を知らせ、気づかせてくれるファンタジックなストーリーになっている。

事例4-4　「かさじぞう」（4〜6歳向き）

　貧乏だが心やさしいおじいさんとおばあさん。お正月のお餅を買いに自分で織った布を持って町まで行くが、笠と取り替えたおじいさんは雪まみれのおじぞう様がかわいそうで、その笠をかぶせて帰ってくる。子どもたちにとってあまり経験がないお話の内容に最初はあまり興味を示さない子もいたが、「おじいさんさむくないのかな……」「おばあさんにおこられちゃうよ」と心配顔。しかし、夜中におぞうさまがたくさんのお金、ご馳走、お餅を持ってくると、「よかったね」「おじそうさんやさしいね」「だってののさま（仏様）だもの」等と口々に仏様のやさしさにほっとする。また、お正月の意味にも気づいた様子であった。

松谷みよ子作、まつやまふみお画、童心社

■お話の世界を楽しみ、他の活動への発展をねらった紙芝居

事例4-5　「三びきのヤギ」（3〜5歳向き）

　大中小3匹のヤギのブルーセが、野原にえさを求めて出かける。途中の大きな川には魔物のトロルが住んでいて3匹を食べようと待ち構えているが、一番小さいヤギと

中くらいのヤギはトンチで勝ち、大きなヤギのブルーセがトロルをやっつけるお話に、「せんせい！　ちいさいやぎ、あたまいいね」「ちゅうやぎさんも」「うわあ、トロルこわい」「だいじょうぶだよ、ほら、おにいさんがやっつけたじゃない！」。子どもたちは大喜び、繰り返し出てくるお話の単純さと「ガタゴトガタゴト」などの擬音語をおもしろがり音のまねっこをし、その後何度も「よんで！」とせがみ、トロルごっこの遊びが始まった。

水谷章三脚色、渡辺和行画、NHKサービスセンター

(4) 紙芝居の演じ方

① 演じる前に順番を確認し、そろえ、下読みをしておく。
・番号が違っているとお話が中断してしまうので、必ずきちんとそろえておく。
② 舞台を用い安定させる。
・紙芝居は「芝居」なので、画面を安定させ、絵本のように手で持たずに必ず舞台を利用すること。舞台がない場合は机など台を利用して安定させ、子どもの目線に合わせて高さを調節する。
③ 画面は必ず右手で横に引く（指示がある場合は上でもよい）。
・人物、乗り物など、動くものは左手から右手に動くよう描かれているので、演じ手は右側に引き抜く。また、紙芝居には画面下に演出ノートがあり、その手法を参考に三分の一だけ抜く、線まで抜く、半分だけ抜くなど、印に合わせて抜く。時には速く、時にはゆっくり等、話の内容によって抜き方を工夫する。
④ 話し方は時に擬音を加え、登場人物に合わせて声のトーンを変化させていく。
⑤ 舞台の後ろに顔を隠さない。
・演じるときは右横に立つか、子どもの目線に合わせて腰かけ、必ず子どもの反応が見えるようにする。

5　お話（ストーリーテリング）を楽しむために

(1) ストーリーテリングとは

絵本の絵をもとに読み聞かせる絵本とは異なり、素話ともいわれ、読み手が物語を覚えてしっかりと内容をイメージし、聞き手に語ることである。語りの技術は、古代から囲炉裏端や焚火を囲んで受け継がれてきた。特に中世の琵琶法師や吟遊詩人は名高い。現代では、公共図書館や学校図書館で、子どもたちを対象に図書館員や教師が物語ることが多い。

公共図書館で行われているお話会の中では読み聞かせや紙人形劇と共になされることが多いが、いずれも子どもたちに読書に対する興味をもたせることを目的とする点では共通する。

しかし、本や絵本の読み聞かせでは、絵をもとにお話を想像させたり、文字で書かれているとおりに読んで聞かせたりすることが多いが、ストーリーテリングでは、語り手が自分の言葉で語り、聞き手は耳で聞いてイメージし、引き込まれていくところに特徴がある。
　しかし、現代ではテレビの普及、ビデオやテレビゲームにとって替わり、伝統的な口承による語りの体験がない人が多く、保育の場でも絵本の読み聞かせが主流となり、ストーリーテリングがどの程度受け入れられるか疑問をもつ人もいる。しかし、伝統的な語りは子どもたちの顔を見て、温かな肉声によって、語りの世界に引き込むことができる。
　そこで、保育の場においても、保育者や子どもたちとかかわる人々によって継承していくことが必要である。

(2)　ストーリーテリングはお話を楽しみ、想像力を豊かにし、言葉を育てる
　日々の生活の中でさまざまな環境を通し、愛情をもち、自分に共感し、さまざまな体験を共有してくれる保育者のかかわりが、乳幼児の言葉を育てている。
　子どもたちに物語を聞かせていると、映像がある世界に慣れている子どもたちから、最初は「先生、絵を見せて」とせがまれることもたびたびである。しかし、ストーリーテリングの楽しさに触れてくると、絵本のように目の前に絵がないことに慣れ、限りなく自由な想像ができることに気づき、それぞれが自由な発想で語り始める。
　子どもたちは語り手のほうを見ているので、お話をより深く共有できるという喜びがある。物語の進展に合わせて子どもたちの表情がみるみる変わって、お話の想像の世界に入っていることがよくわかる。
　絵本では絵が言葉のイメージを助けてくれるのに対し、ストーリーテリングは登場人物への共感などを通して想像力を高めていく。しかし、一方では、お話の世界に入れない子どももいる。幼い子どもにとってお話を聞くということは、言葉を聞きながら、そこに出てくる光景を目の前に見て、自分がイメージした物語の中に入り込み、主人公になりきってお話を追体験することである。しかし、体験が乏しい子どもたちにとって、それをイメージするのは不可能である。日々の豊かな実体験をもとに、たくさんのお話を聞くことが読書の素地となり、「文字を読む力」「話を聞く力」となってイメージトレーニングされ、想像力を豊かにしていくのである。

(3)　一般的な題材の選び方と注意点
　お話には、昔話、伝説、神話、童話、実話など、さまざまなものがある。
　まず、読み手である保育者が読んだり聞いたりして楽しみ、読んであげたいと思うものを基本に選ぶ。
　①　お話を覚える技を身につけ、選んだお話は繰り返し声に出して読む
　　　まずは、テキストに沿って覚える。その上で、丸暗記ではなく話の骨組みをつかむ。
　　　たとえば、大変親しまれている「大きなかぶ」のお話では、登場するおじいさんやお

ばあさん、孫娘、動物たちの表情や服装、そして、かぶの大きさなど、自分なりのイメージをつくることが大切である。また、子どもがわからないものであれば、そのものを紹介する。
② ストーリーの構成がしっかりしたものを選ぶ
　子どもが理解できる比喩などが使われており、劇的要素があり、人物描写がはっきりしているものを選ぶ。
③ 子どもの年齢や人数を考慮する
　低年齢では、絵本を中心に読み聞かせの経験を多くもち、ごく短く繰り返しがあるお話を選ぶ。ある程度イメージが豊かになってくる幼児や児童には、徐々に長いお話（アンデルセンなど）にしていくとよい。
④ ノンバーバルな表現
　話に関係ないオーバーなリアクションは避け、自然に出てくるゼスチュアにとどめる。登場人物や動物のまねも避け、演技過剰にならないようにする。
　また、声の音程や声量にも気をつけ、丁寧にアイコンタクトをし、一人ひとりの表情に気をとめる。

(4) 幼児にふさわしい話とは
① はじめは短い話から始める。
② 低年齢の場合は子どもの実体験に合わせ、言葉のおもしろさが感じられ（擬音）、繰り返し言葉が多く出てくるお話がよい。
③ 物語が単純で、筋立てがはっきりしていること。
④ 単刀直入な始まりと、満足がいく結末であること。
⑤ 登場人物が多過ぎないこと。
⑥ 簡潔な文体、短い文章でわかりやすいこと。
⑦ 起承転結がはっきりしていること。
⑧ 子どもの発達に合わせて形容詞を入れるが、多過ぎないもの。
　その他、自然描写や心理描写は聞き手の子どもに合わせて使用し、会話とアクションで物語の筋が展開され、聞き手が主人公に自己同一化できるものがよい。

(5) 話の内容によって環境設定をする
　基本は語り手の生の声、肉声の魅力を感じさせ、子どもの自由なイメージを大切にしていく。そのために以下の環境を考慮したい。
① 低年齢の場合、お話の前に関連した手遊びや絵などを組み合わせ、聞き手がイメージしやすいように工夫する。
② 窓際は避け、壁に背を向け、落ち着けるようにする。
③ 昔話の場合は、語り手が座布団などを敷いて座り、子どもたちも楽に座って聞ける

ようにする。また、それなりの衣装を身にまとい、カーテンを引いて部屋を暗くし、ろうそくのようなものを演出として用いる。
　④　季節に合ったお話を選び、室内だけでなく、園庭や公園の木陰なども利用する。
　⑤　園外に出かける行事では、行事の内容に合わせた環境の中で話す。

(6)　子どもの発達に合わせたお話を楽しむ
■2歳から3歳

　絵本や紙芝居で繰り返し聞いているお話はストーリーを理解し、お昼寝時に「もう1回」とねだってくるなど、何度も繰り返し聞くことが大好きな子どもたちである。また、保育者のそばでいっしょに遊んでいる少人数の子どもたちがお話を聞けるようになる。その中で単純なお話と言葉を楽しむ。

> **事例4-6　ロシア民話「大きなかぶ」**
> 　おじいさんが畑に植えたかぶが育った。見たこともない、とっても大きなかぶである。「おお、これはすごい。さっそくぬいてみようか」。
> 　おじいさんはかぶを引っ張るが、かぶは抜けない。そこへおばあさんがやってきて手伝うが、抜けない。子どもたちは次々にやってくる孫娘、イヌ、ネコ、ネズミの登場を期待し、繰り返し出てくる「うんとこ　しょ、どっこい　しょ」の言葉のリズムをいっしょに楽しむ。また、「うーん　ワン」「うーん　ニャー」「うーん　チュー」という動物の鳴き声に興味をもつ。「こんどイヌさんだよ」「ネコさんも」「ネズミさんも」と大はしゃぎ。お話には出てこない他の動物までも登場する。
> 　およそお昼寝の雰囲気にはならない。しかし、保育者が語る最後の「スッポ〜ン」という言葉を待ち、よかったねと共感し、お話に耳を傾け楽しい気持ちに浸り、満足してお昼寝に入る。
> 　じっとお話を聞くストーリーテリングとは程遠いが、子どもたちはリズミカルな繰り返し言葉を楽しみ、言葉のおもしろさに気づき、お話を聞く楽しみの素地を育てている。

<u>他のお話の例</u>
・エウゲーニー・M・ラチョフ絵、うちだりさこ訳『てぶくろ』福音館書店、1965年（ウクライナ民話）
・マーシャ・ブラウン絵、せたていじ訳『三びきのやぎのがらがらどん』福音館書店、1965年（ノルウェー民話）
・グリム著、フェリクス・ホフマン絵、せたていじ訳『おおかみと七ひきのこやぎ』福音館書店、1967年（グリム童話）
・山田三郎絵、瀬田貞二訳『三びきのこぶた』福音館書店、1967年（イギリスの昔話）

・せなけいこ作『ねないこ　だれだ』福音館書店、1969年
・五味太郎『きんぎょが　にげた』福音館書店、1982年

■4歳から5歳

　この年齢になると、かなり落ち着いてお話を聞くことができるようになる。園の行事や季節に合わせたお話にも興味をもつ。それは、話の内容を具体的にイメージすることができるようになるからである。

　一方で、お話を聞くことが苦手な子や話に興味を示さない子、好きな話ならば聞く子、すでに知ってるお話に対しては「ぼく知ってる」「聞いたことある」など自己主張をする子も出てくる。そのようなときは「そう、知っているのね、でも今日のお話はちょっと違うかもしれないよ」などと否定せずに興味をもたせるよう問いかけをしていく。

　また、少し長い話も聞くことができるようになるが、あまり長い話ばかりにならないよう配慮する。もし長い話をするのであれば、昼食後や安静にしたい時間帯などに「また明日」と何度かに分けて話すことで、興味が持続する。

> **事例4-7　日本の民話「だいくとおにろく」**
>
> 　むかしむかしあるところに大きな川があった。ところが、とても流れがはやくて大雨が降るたび流れてしまう。そこで、困った村人は、村で一番腕のいい大工に頼んで橋をかけてもらうことにした。大工は「よしまかせておけ」とすぐに引き受けてくれる。
>
> 　子どもたちはテレビのニュースで自然災害を見聞きしているので、「こないだはしがこわれたよ」「それがいいね」と共感していく。大工が川の様子を見ていると「ぶくっぶくぶっくら」と大きな青鬼が現れ、「おまえのふたつの目玉をくれるならわしが代わりにかけてやろう」と提案する。どうなることかとハラハラドキドキする、「だめだよ、うそついてるよ」と疑心暗鬼の子。大工は「おれはどうでもいいよ」といいかげんな返事をする。子どもたちは「ええ～」と興味津々である。
>
> 　翌日、川に行ってみると半分できあがっていた。その次の日には橋ができあがっていたという話にほっとする。だが、鬼に目玉を取られるはめになり、山奥に逃げ回る大工。しかし、鬼の名前を当てれば許すという鬼の言葉に、どこからともなく聞こえてきた「おにろくおにろくはーやくめんたま　もってくれば　いいのにな」の歌を思い出し、「おにろく」と気づいたが、大工はわざと考えるふりをして、「おにへい」「おにきち」「おにごろう」と違う名前を連発して鬼を喜ばす。子どもたちは途中緊張を強いられるが、わざと違う名前を言う大工と鬼の対話に大喜びする。子どもたちもお話を聞くたびに、新しい鬼の名前を追加して楽しむ。
>
> 　そして最後に、みんなで大きな声で「おにろく！」と言うと、鬼は消えてしまい、「めでたし、めでたし」の話にほっとする。

この話は物語が単純で、筋立てがはっきりしていること、単刀直入な始まりと満足がいく結末であること、登場人物が多過ぎないこと、お話の流れに起承転結がはっきりしていることから、ストーリーテリングに慣れていない子どもたちに最適である。

> **事例4-8　ジェイン・ヨーレン作、工藤直子訳「月夜のみみずく」**
>
> 　この話は寒い冬季に最適。部屋の温度も調節する。
>
> 　冬の夜更け、みみずくに会うために、寒さも我慢して、怖いのも我慢して、はしゃがないで静かにしていて、じっと、じーっと待つお話である。お話を聞くことに慣れてきた子どもたちに聞かせたい。
>
> 　お父さんが「ほーほーほ・ほ・ほ・ほ」とみみずくの歌声で呼ぶが、返事がない。
>
> 　とてもとても寒いけれど、女の子はじっと黙って待っている。主人公といっしょに、クラスのみんなもなんだかじっと待っているような気になる。そして「いつ会えるかな」「いつ会えるかな」と子どもたちは待っている。そのワクワク感、会えた後の高揚感、すべてを擬似体験することができる。最初は落ち着きがなかった子も、このお話を聞くうちに、いつのまにか静かな静かな森の中にいるような気になり、それぞれが自由なイメージの世界に誘われていく。

　この話は国語の教科書にも出ているのだが、挿絵が小さく、ストーリーテリングに最適である。淡々と語るだけで自然と引き込まれていく。身振りや話に関係のないオーバーなリアクションは避け、自然に出てくる女の子のやわらかい語りで話す。

<u>他のお話の例</u>
・エズラ＝ジャック＝キーツ著、木島始訳『ピーターの椅子』偕成社、1969年
・エリック＝カール作、もりひさし訳『はらぺこあおむし』偕成社、1976年
・なかえよしを作、上野紀子絵『ねずみくんのチョッキ』ポプラ社、2004年
・ふるたたるひ・たばたせいいち作『おしいれのぼうけん』童心社、1974年
・木下順二作、清水崑絵『かにむかし』岩波書店、1976年（日本の昔話）
・ルース・スタイルス・ガネット作、ルース・クリスマン・ガネット絵、わたなべしげお訳『エルマーのぼうけん』福音館書店、1963年
・『子どもに語るグリムの昔話』1～6巻、こぐま社
・『子どもに語る日本の昔話』1～3巻、こぐま社
・石井桃子編集・訳、J・D・バトン絵『イギリスとアイルランドの昔話』福音館書店、2002年
・矢崎源九郎編『子どもに聞かせる世界の民話』実業之日本社、1988年
・馬場のぼる『11ぴきのねこ　ふくろのなか』こぐま社、1985年

6　手作り絵本を楽しむために

　手作り絵本は、保育者の想いが先行し、自らが作った絵本を紹介することが多いといわれている。しかし、発達に合わせて子どもが「何だろう」「おもしろそう」と手に取って遊べるような、遊び道具の一つとして楽しめるものがよい。そこで、子どもたちが手に取って楽しみ、触れて遊べる「替わり絵本」を紹介する。

(1) 保育者の手作り絵本で遊ぶ
■「替わり絵本１」で遊ぶ

事例4-9　3歳

　５月、やっと園生活のいろいろな約束事や基本的な生活習慣が身につきはじめた頃、子どもたちが日々の生活の中で経験していることの振り返りができればと思い、子どもたちがよく知っている動物の中から、「泣いているウサギ」「笑っているトラ」「元気そうなブタ」「怒っているサル」の絵を描き、４面ある手作り絵本を見せた。「どうしたの？」とそれぞれの画面で見せながら尋ねると、
　「あ！　ウサギさんないてる」
　「どうしてかな？」
　「ママがいないから」「ころんだの」「おなかいたいの」と自分たちの経験と合わせて次々に話す。
　「さて、次は誰かな？」と絵本をめくると、
　「あ、ねこさんだ。ちがうよ〜、とらさんだよ」と大喜び。
　「どんな顔してる？」と尋ねると、
　「よろこんでる。おともだちいるから、いっしょにあそびたいの」
　「そう、とらおくんは大好きなお友達がいっぱいいるのね。みんなといっしょね。みんなやさしくって仲良しでよかったね」。子どもたちは次々に自分たちの経験を話してくれる。
　「元気そうなブタ」「怒っているサル」の様子も、自分たちの気持ちと経験の中から「なぜ」「どうして」を共感し、次々に話し出す。
　保育者は一人ひとりの子どもたちの気持ちを大切にしながら、絵本を見るように言葉を引き出していった。
　その後、その手作り絵本を子どもたちが自由に手に取って遊べるように絵本コーナーに置いた。最初は取り合いをしていたが、動物のほかに、乗り物や食べ物など、子どもが興味をもちそうなものを加えて数冊置くことにより、トラブルも解消された。
　また、その絵を手掛かりに自由にお話づくりをして遊んだり、友達と絵本を手掛かりに会話をしたりすることに広がっていった。

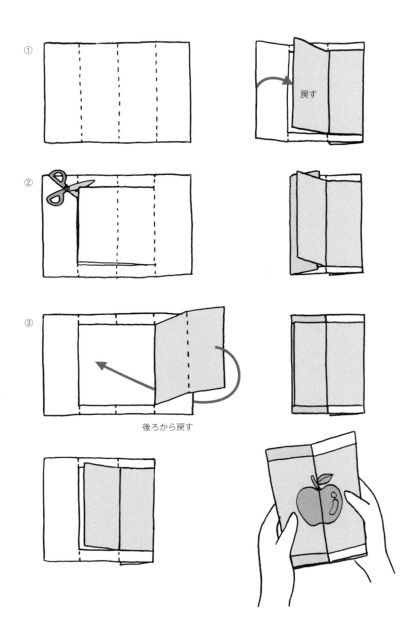

「替わり絵本1」のつくり方

第4章 言葉を楽しむ―言葉と心― **実 践 編**

■「替わり絵本2」でお話をつくって遊ぶ

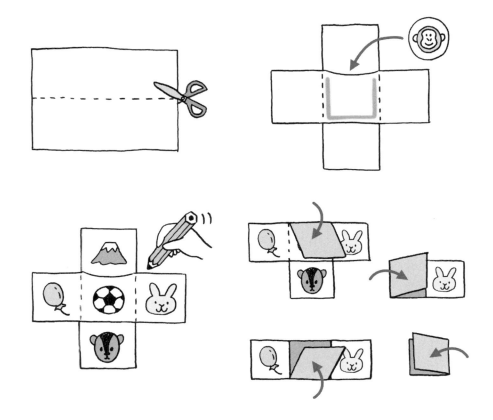

「替わり絵本2」のつくり方

　日頃たくさんの絵本の読み聞かせをしてもらっている子どもたちは、やがて自分の好きなように絵本をつくりたいと、たくさんの画用紙を要求するようになる。

　しかし、まだまだ思うように描けない。そこで、4歳児のために、子どもが得意とする簡単な絵を描くだけで絵本になるように工夫した替わり絵本をつくり、絵本コーナーに置くことにした。

　ある日、絵本が大好きなSちゃんはそれを見つけ、「先生これなあに、どうやって遊ぶの？」とやってきた。

　「あら、おもしろそうね、誰が置いたのかしら」「園長先生じゃないの？」「違うよ、サンタさんだよ」と大騒ぎ。クリスマスも近いので、あらゆるところにプレゼントのお話が出てくる。

　「どうやるの？」「先生、教えて」と自由に触っている。「どうやって遊ぶのかしらね。先生もわからないな」と伝えると、数人の子が「なあに、見せて」と集まってくる。「ちょっと貸して、こうやるんだよ」と好奇心旺盛なFくんが遊び方を工夫しはじめる。閉じたり開いたりするが、「これ絵本じゃないよ、字が書いてない」と言い出す子もいる。

「でも、文字が書いてないけど、お話できないかな？」と投げかけると、自由に折る順番を変え、お話をつくりはじめた。「次、貸して」と奪い合いになるほどの人気になった。

事例4-10 「それでの話」（4歳）

6画面の絵（①うさぎ、②タクシー、③山〔田舎〕、④風船、⑤サッカーボール、⑥サル〔ポケットの中〕）が描かれた「替わり絵本2」。

●Sちゃんのお話
　ある日、うさぎさん（①）が車（②）に乗りました。それで風船（④）を追いかけたの。それで、山（③）に行ったの。それで、おさるさん（⑥）に会ったのでボール（⑤）で遊ぼうって言ったの。それで遊んだの。

●Fくんのお話
　えとね、ぼくはタクシー（②）が来たので田舎（③）にドライブに行きました。それでうさぎさん（①）に会いました。それでいっしょにサッカーボール（⑤）で遊んでいたら風船（④）が飛んできました。それで取ろうとしたら、おさるさん（⑥）が出てきて「ぼくのだよ」って言いました。（保育者：それでどうしたのかな？）それで取ってあげたの。おさるさんは「ありがとう」って喜んで帰っていきました。（保育者：よかったね）

保育者が「こうして遊ぶのよ」と遊び方を伝えなくても、自由にお話づくりをして楽しんでいった。また、保育者がその先のお話を尋ねると、友達のお話とつながることもある。簡単に作れることから、自分たちでも作ってみたいという気持ちにつながり、「先生、できた！　お話聞いて」という子どもが増えていった。

(2) 日々のさまざまな経験を経て、絵本づくり

4月、年長組になり、戦隊ものの「ごっこ遊び」に明け暮れていた男児たち。体育遊具を使った些細なトラブルも絶えない。そこで担任は、子どもたちの心を育てるために、リクエストに沿った絵本の読み聞かせや紙芝居、食後など静かにさせたい時間帯にはストーリーテリングなどを加えていった。

そんな中、冒険好きな子どもたちのリクエストで「エルマーのぼうけん」の読み聞かせやストーリーテリングを行うことにした。お話は「ぼくのおとうさんのエルマーは」で始まる。お腹をすかせた、汚れた年寄りネコに出会い、かわいそうになり家に連れ帰る。しかし、母親がネコ嫌いのためネコを連れて家出をし、「どうぶつ島」に捕えられているかわいそうなリュウの子どもを助けにいくお話である。

子どもたちはすっかりそのお話に魅せられ、園庭で遊んでいるときも砂場にどうぶつ島を作り、ジャングルジムを山に見立て、穴を掘り、川を作り、また近所の公園に出かける

と、その遊具を利用してエルマーごっこを始めた。2学期の運動会でも、体育遊具を使った障害物競争を「エルマーのぼうけん」と名づけて行った。

しかし、冒険だけでは飽きたらない子どもたちは、新しいお話を創造していくようになり、できたお話で「絵本を描きたい」と提案してきた。保育者は、子どもたちが年少組のときから、画用紙1枚で4画面ができる手作り絵本（替わり絵本1）を紹介していたので、改めて提案してみた。すると、それぞれが自由に描きはじめ、子どもたちが大好きな言葉遊びで語彙を豊かにして、お話づくりを楽しんでいた。また、それをきっかけに「創作エルマーのぼうけん」をつくって、12月の発表会で劇遊びにした。

その頃になると、想像力たくましい子どもたちは、「もし～だったら」のお話づくりに興味をもち、身近な不思議を創造して、年少組や年中組へのプレゼントにする絵本づくりを進めていった。

事例4-11　子どもがつくった物語「ふしぎなかばん」（5歳）

① あるひ　ひろしくんが　こうえんで、かばんを　みつけました。
　　さっそく　かばんに　ものを　いれて　みました。
② そしたら　かばんに　いれた　ものが、おうちに　ありました。
③ そして　かいものに　いきました。でも、さいふは　もって　いません。
　　それで、かばんに　てを　いれて　みました。
　　そしたら　なにか　ありました。すると　さいふが　ありました。
　　その　よる　ごはんを　たべて、つぎの　ひは　かいものに　いって、かえって　きたら　かばんに、あなが　あいて　いるのを　みつけました。
④ そして　ママに　いいました。それで　なおして　もらいました。
⑤ そしたら　かばんの　なかから　プレゼントが　でて　きました。
　　きょうは　クリスマス　だったか。
⑥ プレゼントを　あけて　みると　おもちゃが　はいって　いました。あそんで　みました。
⑦ そしたら　きしゃから　けむりが　でて　きました。おもしろかったので　また、あそんで　みたら　ベルが　なりました。
⑧ つぎは　カメラの　おもちゃで　あそびました。すると　ほんとうの　しゃしんが　とれました。
⑨ そして　ずっと　かばんを　たいせつに　しました。
　　おしまい

子どもたちは、「そして」「そしたら」を頻繁に使い、一生懸命長いお話をつくろうとしている。文章力も文字を書くことも、まだまだこれから学習していくことなので、保育者は子どもが書きたいように書くことを見守る。その中で、「こんなかばんがあったらいいな」と想像してつくった、すてきな楽しいお話である。

7 障害児と絵本

乳児期の絵本は、信頼関係がもてる養育者とのスキンシップの道具であり、はじめは、「絵本を触る、なめる、かじる」ことが主流である。膝の上に抱かれながら言葉の音の響きやリズムを楽しみ、その心地よい感覚を味わうようになる。

やがて、言葉の発達に伴い、身の回りにあるものに興味をもち、それらを絵本の中から見つけ、「おんなじ」を体感しながら言葉を身につけていくようになる。

幼児期の子どもたちにとって、絵本は絵と文が融合して一つの世界を創っていくものである。そして、それを与える大人の願いや、子どもに手渡したいものが詰まった文化である。

また、かかわってくれた大人との心のふれあいを通し、言葉の世界を楽しみ、想像力を膨らませていくことにもつながっていく。

絵本を媒介に子どもの「喜び、悲しみ、とまどい、怒り、やさしさ、忍耐、思いやり」など情操を育て、生きる力のもとになる意欲、生活態度、自主性、行動力、探究心なども育てていく。

障害のある子どもたちの場合も同じである。その子にかかわる大人がその子どもの個性を大切にしながら、願いを込め、子どもが興味をもつ絵本との出会いを大切にしていかなければならない。

(1) 子どもに合ったさまざまな能力を育てていくための絵本の種類

■しかけ絵本
・音、光、香りが出るもの
・穴開き、切り抜きがあるもの
・立体的に飛び出すもの
・折りたたみや取っ手が付いているもの
・スライドする（引く）と色や形が変わるもの
・手先の訓練ができるもの（貼る、はがす、ボタンをはめる、取る、紐を結ぶ、解く、回すなど）
・ページをめくると絵が動くもの
・透明シートの絵を重ねて、その変化を楽しむもの
・書き込みや塗り絵をして絵を完成させられるもの

これらは、五感の中の視覚、聴覚、触覚などが刺激され、手先の訓練もでき、お話の内

容や言葉の理解にもつながるものである。

■文字がない絵本
　これらは絵を手掛かりに創造力と言葉を育てる。
　また、絵カードと同じように、文字の代わりに記号としてとらえ、生活習慣のルールを理解していく。

■文字を加工した絵本
点訳本
　点字で書かれたお話やストーリー。触る絵も掲載。視覚障害者が一人で読む楽しさを味わえる。
文字そのものをデフォルメしたり、配列・配置が工夫されたりしたもの
　言葉や文字そのものに興味・関心を広げさせる効果があるもの。
手作り絵本
　素材、内容・形式を工夫した独自のもの。その子に合ったものを提供できる。また、いっしょに作成できるものはコミュニケーションを深められる。
大型絵本、小型絵本
　サイズの特徴を生かした変化と新鮮さを創り出すことができる。一般的な絵本より意外性を刺激し、鮮明さや親しみをもたせる効果がある。

(2) 絵本の選び方
　まずはその子の障害を理解し、信頼関係を築いていくことである。その上で適切なものは何かを把握し、保育者自身がたくさんの本に触れていくことが一番大切である。
　その中から子どもが興味を示すものを選ぶようにするが、時に保育者の想いと違っても子どもを理解し、認めながら、徐々に保育者のねらいに合ったものを提供していく。
　そして、子どもといっしょに保育者も楽しむこと。保育者自身が楽しんでいることを示していくと、最初は興味を示さなくても、その姿を見ていることで「なんだろう」と関心を示し、やがて「本は楽しむもの」と理解し、興味を示すようになる。

事例4-12　音が出る絵本で遊ぶ

　ダウン症のある2歳のAちゃん。歌ったり踊ったりするのが大好きで、保育者とよく手遊びや歌遊びをしている。いつもかかわってくれる保育者は歌いながら手遊びをしているが、Aちゃんはにこにこすることだけで言葉は発しない。
　また他の子どもたちのまねをして、絵本コーナーから食べ物の絵本や動物の絵本などを見つけては、保育者の膝に座り、いっしょに見ようとせがむが、すぐに飽きてしまい動き出す。

しかし、他の子どもが同じことをすると、他の本を持ってきてはその子をどかし、自分がまた座ろうとする。

　ある日、手遊びや歌遊びが大好きなAちゃんのために、色鮮やかな『てあそび　おうた　えほん』（学習研究社）を提供してみた。まず、他の子どもたちが興味を示して大騒ぎをし、取り合いになった。保育者が歌ってみせると、他の子どもたちはノリノリで歌い踊り出す。

　それを見ていたAちゃんがまた、保育者にだっこをせがむ。それをきっかけに毎日その本を求め、保育者に歌ってとせがみ、曲に合わせて楽しそうに体を動かし、時に喃語のような言葉を発するようになった。

　そこで、Aちゃん専用の本を与え、他の子どもたちの言葉も育つように、同じような音が出る「おうた絵本」を用意した。Aちゃんは、入園当初は他の子どもたちとかかわりながら遊ぶのは苦手で、ほとんど一人遊びで生活をしていたが、自分用の本を使いながら他の子どもといっしょに遊べるようになっていった。

　障害のある子どもたちは、保育園での集団生活が困難な状況にあることも多い。しかし、乳児期は健常児の子どもとあまり変わりがないので、五感を刺激する絵本に触れることは、さまざまな実体験を通して、子どもの言葉を育てていくことにつながる。またAちゃんは、最初は絵本を「触る、なめる、かじる」行為をし、保育者とのスキンシップの道具にしていたが、やがて、言葉のおもしろさや楽しいリズムを感じるようになっていった。

事例4-13　布絵本を手段にしていっしょに楽しむ

　肢体が不自由な4歳のTくん。保育者の援助を受けて、日常生活の細かい所作を営んでいる。一つひとつの動作をできるだけ自分で行いたいが、思うようにできないことに苛立っている。

　そこで、楽しみながら手先の訓練ができるように構成された布絵本でいっしょに遊ぶことを提案する。まず、①マジックテープで留めてある丸、三角、四角のフェルトを装着する、②スナップを装着する、③花の真ん中のボタンを装着する、③ファスナーの開け閉めをする、⑤靴の紐を結ぶなど、基本的な指先の訓練を楽しみながら行う。

　この場合も、訓練であることをあまり意識せず、保育者といっしょに遊んでいく。

　大人でも訓練はなかなか厳しいものである。そのため、特に子どもたちには、細かなことであっても、できたことを一つひとつ褒めるようにする。

　また、大切なことであっても、楽しくなければ長続きはしない。時にはゲーム感覚でい

っしょに遊び、子どもの達成感を大切にするようにする。

　使用する絵本は、障害のある子ども向けのものではなく、低年齢の子どもがよく遊ぶ布絵本などでもよい。

> **事例4-14　静かに絵本の読み聞かせを聞く**
>
> 　広汎性発達障害とアスペルガー症候群の診断がある5歳のBくん。保育者と絵本を見ることもあるが、じっとしていることができず、友達の気持ちを理解することが苦手なためトラブルも多い。
>
> 　子どもたちはちょうどお昼寝タイム。Bくんはお昼寝が苦手なため、なかなか寝られず、うろうろと動き回っている。保育者が椅子に腰掛けて事務処理をしていると、Bくんは疲れたのか、黙ってそばに来て座る。
>
> 　そこで、保育者は今がチャンスと思い、『わたしとあそんで』(マリー・ホール・エッツ作、よだじゅんいち訳、福音館書店、1968年)の本をそっと出し、小声で読む。Bくんは小さな生き物が好きで、アリにこだわると毎日「アリいるアリいる」と動き回っている。Bくんの気持ちに沿うように、小声で語りかける。
>
> 　このお話では、女の子が原っぱに行って、バッタ、カメ、リス、カケス、ウサギ、ヘビ、カエルとたくさんの小動物に「わたしとあそんで」と声をかけるが、次々に逃げられてしまう。しかし最後に、じっと池のほとりに腰掛けていると、シカの赤ちゃんが近寄ってきて、ペロリと女の子をなめる。女の子も、それを機に、じっと待っていればみんなが来てくれることを知る、という話である。
>
> 　Bくんは途中で何度も大きな声で話そうとするが、そのたびに保育者は小さい声で「しーっ」と唇に指を当てると、やがてBくんも「しーっ」とまねて最後まで話を聞いた。

　絵本がもつ力は深く広い。日頃、静かにすることと他人の気持ちを理解することが苦手なBくんにとって、静かに最後までお話を聞くことは初体験。昼寝の時間もよい環境であった。いつもはにぎやかで静粛な時間を取りにくいが、あらゆる機会をとらえ、2人で静かにかかわる機会を創ることができた。

〈齋藤　二三子〉

第2節 表現の世界を楽しむために

1　劇遊び

　劇遊びは、絵本やお話のストーリーをもとに虚構の世界で役になり切り、一緒に遊び、友達とイメージの共有をして創りあげていく。

　そのもとにあるのは、日常的に印象的なことの「見立て遊び」や「ごっこ遊び」である。

　1～2歳児は、保育者との日々の生活の中でのさまざまな実体験を通して、身近にあるままごと道具を利用して、「ごちそうを食べるまね」「ぬいぐるみをおんぶしておかあさんごっこ」などを始める。3歳頃からは、「おうちごっこ」「先生ごっこ」「お店屋さんごっこ」「病院ごっこ」「乗り物ごっこ」、また、「キャラクターごっこ」「戦いごっこ」など、気の合う友達と共感し合い、さまざまな「ごっこ」が始まる。

　本格的な劇遊びは3歳頃から始まるが、絵本やテレビアニメをもとに気に入った部分を取り出し、「うそっこ」の世界で役になり、友達とイメージの共有を図り、自由に演じ遊ぶようになる。

　ここに保育者との何らかのかかわりがあると、気に入った場面だけでなく、簡単なストーリーに沿って遊ぶこともできるようになる。これが劇遊びの始まりである。

　4～5歳児になると、さらにお話の世界に入ってイメージを膨らませ、役の特徴をとらえながら自由に身振り表現やお話を構成していくことができるようになる。

　また、自分の役だけではなく、他の役にも関心をもち、友達にも教え合い、劇づくりにより興味をもつようになる。

　劇遊びは自らが楽しむだけでなく、他の人々に見てもらうことを前提にして、保育者の働きかけによって、おもしろさや楽しさを加え、演じ方なども子どもと共に考え、つくりあげていくようにする。

(1)　ごっこ遊びから劇遊びへ

> **事例4-15　絵本『三びきのやぎのがらがらどん』（3歳）**
>
> 　保育者からたくさんの絵本や紙芝居を読み聞かせてもらっている保育園の子どもたち。中でも『三びきのやぎのがらがらどん』が大好きで、「がらがらどん」ごっこで遊んでいる。
>
> 　大中小のやぎのがらがらどんが、知恵を使って、川に住む魔物のトロルをやっつけることができるストーリーで、単純明快なため、子どもたちが「ごっこ」をしやすい。また、「トントン」「ドンドン」「ドスンドスン」という擬音の繰り返しも楽しむことが

でき、子どもたちにとって何度遊んでも飽きないストーリーである。

　ある日、園庭に置いてある丸太を渡る遊びをしていたAくんと3、4人の子どもたちが、そこを通りかかった園長に「だれだ！　わしの橋を渡るのは！」と声をかけられると、「キャー」と言いながら逃げ回る。鬼ごっこの始まりである。

　この遊びをよほどおもしろく感じたのか、他の子どもたちも参加し、ここから「がらがらどん鬼ごっこ」が始まる。園長だけでなく、保育者、年長児、時に自分たちもトロルになり、しばらく続く。他に、園庭の「つなくぐり」「ゆらゆら橋」「的あて」を利用して、がらがらどんになってトロルをやっつけるという運動遊びも楽しんだ。

　またある日、年長児が行う障害物競争の練習を見ていた3歳児が、自分たちもやりたいと言う。

　「運動会が終わったら貸してもらおうね」と約束をし、その後、草原（マット）、一本橋（平均台）、山（跳び箱）に見立てて「トロルごっこ」を計画した。普段怖がっていやがる子も、保育者の援助で楽しく活動をしていた。

　久しぶりに園長先生の姿を見つけた子どもたちが「えんちょうせんせい　またトロルごっこしよう」と声をかけてくる。園長はとうに忘れていたが、この様子を見ていた担任は発表会をどうしようか悩んでいたので、園長に相談をした。すると、「ぼくがトロルになってもいいよ」と言ってくれたので、子どもたちは大喜び。大道具は体育用具を使用し、子どもたちと草原や川をつくりあげる。子どもたちは全員がらがらどんかと思いきや、遊び込んでいるうちに他の動物がいいという子どもも現れ、好きな役になり、にぎやかで創作性の高い劇遊びの発表会になった。

　3歳児は園庭のさまざまな遊具を使用して遊ぶ中で、基礎的な身体能力も育ってくる。しかし、子どもは、運動能力や言葉の発達も個人差が大きく、思考力や自分の感情のコントロールも未熟である。言葉を仲立ちにして友達とイメージの共有を図りながら「ごっこ遊び」をしていくが、まだまだ思いの違いからトラブルも発生しやすい。

　そこで、保育者がさまざまな面から子どもたちを支えながら、さまざまな環境を通して「ごっこ遊び」をたっぷり経験していく。そうすることで、その後、無理なく劇遊びへ移行し、友達とお話の世界に入り込めるようになった。回を重ねるたびに、そのお話にオリジナリティを加えていくことで、楽しさや満足感を育てることができた。

(2)　子どもたちがつくりあげたお話をもとに劇遊びへ
　■きっかけ
　幼稚園の5歳児たちは、毎日の保育の中で語り聞かせや読み聞かせをしてもらい、楽しい「お話の世界」に浸っている。そのような子どもたちは、友達との楽しい遊びを「ごっこ遊び」に変えていく。

　数人の子どもたちがプレイルームの片隅のままごとコーナーでお姫様ごっこを始めた。

保育者がその様子を見て「何しているの?」「お姫様たちどこへお出かけですか?」と遊びの一員として声をかけると、「今日はダンスパーティーに行くので忙しいの」とその遊びの筋を明かしてくれた。子どもたちのイメージを深めるために「それはすてきね。お城で王子様が待っているかもね」と声をかけると、「王子様はいないよ」「ダンスの練習をしているだけ」と返ってくる。そこで、それを見せてくれるようお願いすると、そばにあったラジカセをかけ、いつも踊っているフォークダンスを踊ってくれた。また、「上手なのでクラスのみんなにも見せて」と提案すると、降園時に見せてくれた。それをきっかけに他の子も仲間入りをするようになった。

　今年も劇遊びを計画しようかと思い始めた矢先、この子どもたちの活動が始まった。それをきっかけに、自然な形で劇遊びに発展していくのではないかと瞬時に判断し、「シンデレラ」の童話をイメージする援助をする。
　また、この「ごっこ遊び」に刺激され、参加を希望した他の子どもたちの意欲が活動を広げていく原動力になることを期待し、明日の保育につなげることにした。

　■発展
　子どもたちがままごとコーナーで衣装を着けていると、他の子どもも参加したいと言い出したのをきっかけに、保育者は、クラスのみんなを誘ってダンスパーティーをしようと提案した。しかし、一部の男児から「ダンスなんかやりたくない」「サッカーの練習をしているから」という子が出てきた。「サッカーの練習が終わってからはどう?」「劇はどう?」と尋ね、「劇なら小さい子にも見せてあげられるけど」と提案し、クラス全体で行うことになった。
　「シンデレラ」だけでなく、他のお話でもやりたいと、「孫悟空」や「舌切り雀」など各グループそれぞれが意見を出し合い、役づくりをするが、なかなか決まらない。保育者ははじめからあまり介入せず、幼児の心の中に浮かんだ物語の筋道を、自然な会話で楽しませていった。中でも、おとなしいKちゃんグループは自分たちでなかなか決められなかったが、運動会で踊った遊戯をヒントに、親にも相談して「舌切り雀」に決めた。
　演じることだけでなく、背景や小道具など、劇に必要なものも自分たちで作っていく体験を大切にしながら進めていった。「孫悟空」グループは道具作りでトラブルが発生したが、保育者の仲立ちで大型紙芝居に変更して、一件落着した。

　幼児の劇遊びの中には、教師が台本や台詞をつくり、配役も教師が決めて大勢の前で演じることが多くあるが、ここでは、幼児の心の中に浮かんだ物語の筋道を自然な会話で楽しませながら演じさせることにした。
　特に大勢の観客に見せようとすると、「大きな声で」という指導が中心になり、子どもたちへのプレッシャーも大きい。

そこで、演じることだけでなく、背景や小道具など劇に必要なものも自分たちで考えて作っていく体験を大切にし、今回は、小グループ編成で、台詞もマイクなしで聞こえる程度の観客を前に演じることにした。

■発表会

それぞれのグループが役に必要な背景、大道具、小道具などを制作し、話の筋に合った台詞をつくるなど、教師の手を借りずに自分たちで劇をつくりあげていく。

最初に「シンデレラ」のグループが発表したいと提案し、クラスで発表をするが、子どもたちはにぎやかでなかなか聞いてもらえない。そこで保育者がナレーターをすることを提案する。子どもたちの賛同を得て、保育者は「シンデレラ」のあらすじのナレーションを最初にすることになった。そして、それをきっかけに、自分たちでナレーションをしたいと提案するグループも出てきた。

また、いろいろな役割が必要であることに気づき、一人二役で、幕開け係、プログラムめくり係、切符を売る係、ポスターや招待状を作る係、他のクラス（年中や年少）の案内係など、いろいろな役割も生まれていった。

他のクラスに喜んでもらえたことをきっかけに、保護者にも見せることになり、全クラス参加の１週間の公演期間を設けた。

幼児の劇遊びは、セリフを覚えて毎日練習させるのではなく、幼児の心の中に生まれた物語のイメージからその役になり切り、動きや会話で表現していくものといえる。そのことを大切にしていくためには、保育者自身の言語感覚を磨き、正しい日本語を身につけ、子どもの「言葉」を大切にしたかかわりが重要である。

① 日常生活の中で、先生や友達と楽しい会話を経験させ、言葉で伝え合う楽しさと大切さを、さらに場に応じた言葉の遣い方をたくさん経験させておく。
② 毎日の保育の中で語り聞かせや読み聞かせをして、楽しい「お話の世界」に浸らせるとともに、話の内容や全体像を把握する感覚を育てておく。
③ 会話や物語の読み聞かせから、正しい言葉遣いや美しい文章に触れさせておく。
④ 特に年長などでは劇の構成や企画を幼児に任せることにより、生活に必要なものを考えたり、作ったり、意見を言い合ったりする経験につながっていくようにする。このことは、将来自分の生活を楽しく豊かなものに創造していくことにもつながる。

〈齋藤　二三子〉

2　パネルシアター

(1)　パネルシアターとは

「Ｐペーパー」といわれるパネルシアター専用の不織布で作った絵人形を、パネルに貼ったりはがしたりしながら進めていくお話の形式のことを「パネルシアター」という。

1970年代前半に考案され、現在では保育現場を中心に広く活用されている。絵人形を貼る舞台となるパネルには、パネルシアター専用の「パネル布」という毛羽立った布が一面に貼られている。パネル上に絵人形を置くだけでそれがぴったりとくっつき、また簡単にははがすことができるのは、Pペーパーとパネル布の繊維が適度に絡み合っていることによる。

(2) パネルシアターを楽しむ

　パネルシアターは、日常の保育場面でさまざまに活用できる児童文化財である。「お話を語る」だけではなく、クイズをしたり、歌を歌ったり、文字に親しんだりと、多様な活用法を見出してほしい。絵人形をパネル舞台に貼ったりはがしたりすることは子どもでも簡単にできるので、時には子どもたちが参加できるような活動にするのもよい。

　また、蛍光絵の具で着色した絵人形をブラックライトで照らしながら演じる「ブラックパネルシアター」では、通常のパネルシアターとはまた違った幻想的な雰囲気を味わうことができる。明かりを落とした暗い部屋で、鮮やかに光る絵人形を使ってクリスマスや七夕のパネルシアターを楽しむのもまた、特別で印象深い経験になるだろう。

■物語を楽しむ

　パネル舞台上に次々と登場人物が現れたり、驚くしかけが施されたりと、変化に富んだお話の世界が繰り広げられるパネルシアターは、子どもたちの集中力を引き出す。見ている子どもたちは「次はどうなるのだろう」という期待を抱き、想像をふくらませながら、お話を楽しむことができるのである。パネルシアターでは演じ手が姿を見せて語るため、子どもたちに問いかけたり、子どもの声に応えたりと、言葉のキャッチボールがしやすいのも特徴である。お話の途中で「さあ、みんなで魔法の呪文を唱えよう」というような、子どもたちの参加を促す演出を取り入れるのもよい。

■ゲームを楽しむ

　パネルシアターは演じ手と聞き手の間で言葉のやりとりが行いやすいため、クイズのようなゲーム性のある作品が演じられることが多い。この形式は、子どもたちに問いかけ、言葉を引き出しながら進めていくものであるから、子どもの主体的な参加を期待できる。「答えたい！」という積極性を伸ばし、「わかった！」という喜びを受け止めながら演じるとよい。シルエットクイズ、かくれんぼ、箱の中身を当てるなどの趣向が特に人気である。

■歌遊びを楽しむ

　音楽に合わせて展開するパネルシアターもまた、子どもたちの自発的な参加を期待できる。たとえば「森のくまさん」や「カレーライスのうた」などの歌い慣れた曲も、パネル上で展開されるとまた違った味わいがあり、子どもたちの興味を引く。このような音楽的要素は、作品内で部分的に取り入れられることも多い。

■季節や行事への理解を深める

　誕生会、入園式、卒園式などの「お祝いの行事」、発表会や運動会などの「日頃の成果を披露する行事」、七夕やひな祭りなどの「季節や伝統に関連した行事」など、園生活においては、年間を通じてさまざまな行事が執り行われている。パネルシアターは、七夕や節分などの伝統行事の由来をわかりやすく説明したり、交通安全や防災訓練の大切さを伝えたりするなど、園行事の一環として用いられることも多い。行事の意味合いについて子どもたちなりに理解し、大きな楽しみや期待を抱いて行事に臨めるように、パネルシアターならではの「目で見てイメージをふくらませる」という特徴を活用できるとよい。

(3)　パネルシアターの作り方

　パネルシアターは完成品が市販されているが、絵人形もパネル舞台も手作りすることができるので、ぜひ自分で作成してみてほしい。自分自身で作ることでパネルシアターの特徴がよく理解できるし、独自のアイデアを作品に生かす楽しさを味わうこともできる。

■パネル舞台の作り方

　パネルシアターの絵人形を貼る舞台は、「パネル舞台」「パネルボード」「パネル板」などと言われ、その大きさに決まりはない。大勢の前で演じるときや登場人物が多いとき、絵人形のサイズが大きいときなどは、大きなボードを使用したほうが演じやすい。反対に、ごく少人数の前で演じるときは、小さなボードで行うのもよいだろう。いずれにしても、上演する絵人形が舞台上に収まる程度の大きさは必要となるので、上演前には必ず「同時に登場する絵人形がパネル上にすべて収まるかどうか」を確認する必要がある。市販品には、縦80cm×横110cm前後のものがよく見られる。パネル舞台は、持ち運びしやすいように、2枚のパネルをつなぎ合わせ、半分に折りたためるように工夫してもよい。

　【用意するもの】発泡スチロールやプラスチック製ダンボールなどの板、パネル布、布粘着テープ、はさみ。
① 　パネル布をパネルよりもひとまわり大きく切り、パネルをパネル布の中央に置く。このとき、パネル布に折り目やしわがあれば、アイロンをかけて伸ばしておく。
② 　布がたるまないように気をつけながら、折り返した余白部分を粘着テープでとめる。パネルの表側に両面テープを貼っておくと、布にしわやたるみが寄りにくく、きれい

に仕上がる。

③　四辺を粘着テープでとめたら、完成。

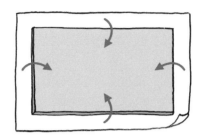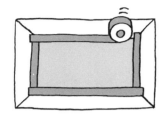

■絵人形の作り方

　パネルシアターの絵人形製作は難しいものではないが、初めて作る場合は、型紙や台本が収められた本を参考にするとよいだろう。作成方法がわかったら、オリジナル作品にも挑戦してみよう。また、絵人形にはさまざまなしかけを施すことができる。犬のしっぽが動く、クマの目がぎょろりと動く、豆の木が空高く伸びていく、ポケットの中からビスケットが次々と出てくる、ロウソクの炎が消えるなど、単純なものから複雑なものまでいろいろである。思いもよらないしかけに、子どもたちは歓声をあげて喜ぶものである。

【用意するもの】下絵、Pペーパー、鉛筆、黒の油性ペン、絵の具（ポスターカラー、アクリル絵の具など）、水入れ、パレット、筆拭き用の布、はさみ。

①　下絵の上にPペーパーを載せ、鉛筆で絵を写し取る。
②　写し取った絵に絵の具で着色する。
③　絵の具が乾いたら黒ペンで縁取る。太めの線で描くと、遠目がきき、美しく仕上がる。
④　線に沿って切り取ったら（細かい部分は余白を残して切る）、完成。

(4) パネルシアターの準備と演じ方

　パネルシアターの上演には、大がかりな舞台や装置は使わない。絵人形の操作もけっして難しいものではない。しかし、絵人形を貼ったりはがしたりしながらお話を進めることは、最初のうちは難しく感じるかもしれない。準備と経験を重ね、上達をめざしてほしい。

① 事前の準備
- 「活動のねらい」「子どもたちの年齢」「子どもたちの興味」に合った演目を選ぶ。
- 台本をよく読み、絵人形を「いつ貼り、いつはずすのか」を考えながら、実際に絵人形を動かして練習する。絵人形はまっすぐ貼り、ボード上の空間を偏りなく使えるとよい。
- 絵人形にしかけがある場合は、しかけが効果的に表現できるように工夫する。
- 台本の台詞を丸暗記しようとせず、自分の言葉で自然に語ればよい。

② 当日の準備
- 子どもたちが舞台に集中できるように環境を整える。子どもたちが楽な姿勢で見ることができるか、光の具合はどうか、気のそれるものはないかなど、さまざまな角度から点検する。
- パネル舞台の傾斜が絵人形の付着しやすい角度か、また、子どもたちから絵人形が見にくい傾斜になっていないか確認する。たとえば冷暖房や扇風機などの風が当たると、絵人形がパネルから落ちやすくなるので、舞台の配置にも気をつける。
- 舞台裏に絵人形を置くスペースをつくり、すべてそろっているかを確認したら、取り出しやすいように並べておく。はずした絵人形の置き場所もあらかじめ考えておく。

③ 演じ方
- 上演中は、原則として右利きの場合は子どもたちから見て右側に立ち、右手で絵人形を扱う（左利きの場合は逆）。
- 上演中は顔と体を子どもたちに向け（パネルや絵人形ばかり見ない）、表情豊かに演じる。
- 子どもたち全員に届く声で、はっきりと話すことが第一である。登場人物の声を演じ分けたり、感情を表現できたりするとなおよい。声の高低、しゃべる速さなどでも違いを表現できる。
- 台本どおりに演じることばかりに集中せず、子どもたちの反応を受け止めながら進めていくように心掛ける。
- 上演中に絵人形がパネルから落ちてしまったら、動揺を見せずに絵人形を拾い、落ち着いた態度で進めていく。なお、絵人形がパネルに付着しにくい原因には、絵人形が折れ曲がっていることやパネル舞台の傾斜がたりないことなどが考えられる。上演の際はパネルボードの角度に気をつけるとともに、普段から絵人形が折れないような保管方法を工夫する。

(5) 活動の進め方の例（「ひまわり」）
① 保育者がひまわりの絵人形を見せると、子どもたちが口々に「ひまわりだ！」と言う。
② 保育者が「そうだね。これはひまわりだね。でも、いつも見るひまわりとどこか違っていないかな」と言うと（見せているひまわりの茎は極端に短い）、子どもたちは「小さい！　ひまわりはもっと背が高いよ」「茎がもっと長いの」などと答える。
③ 「もっと長いの。じゃあ……。このくらい？」と、保育者がひまわりの茎を引っ張って少し伸ばして見せると（あらかじめ茎が伸びるようにしかけを作っておく）、子どもたちは茎が伸びたことに驚き、歓声をあげる。
④ 保育者が茎を少しだけ伸ばしたところで「これでいいかな？」と聞くと、「まだ短い」「もっとー！」の声。子どもたちの「もっとー！」に合わせて、保育者は茎を伸ばしていく。

■活動のポイント
　子どもたちは絵人形のしかけに驚き、その変化を喜ぶ。保育者の「どこが違うかな？」という問いかけに、「茎がもっと長い」と答えるやりとりを通じて、自然な流れの中で子どもたちの自由な発言を引き出していくことができる。パネルシアターは演者が姿を見せて語るため、子どもたちに問いかけたり、子どもの声に応えたりと、言葉のやりとりを楽しめるところに魅力がある。しかし、上演に慣れないうちは、子どもたちとのやりとりを臨機応変に行うのは難しいかもしれない。そのような場合は、作品の中に子どもたちが知っている歌を取り入れる、クイズ形式で問いかける、子どもたちのかけ声を呼び込む、などの観客参加型のスタイルで行ってみると演じやすくなり、一体感も生まれるだろう。

〈岸　美桜〉

3　ペープサート

(1) ペープサートとは

　Paper Puppet Theater（紙の操り人形の劇場）を縮めてできた造語である。
　明治の頃から街頭や縁日等で「立絵」として演じられていたうちわ式人形劇の手法をヒントに、永柴孝堂（1909-1984）が1948年頃に考案した。内容を子ども向けにし、新しい紙人形劇「ペープサート」として世に送り出した。手軽に作れて子どもたちに親しみやすいので、保育教材としても広く使われている。

■ペープサートの特徴
・ペープサートは紙に絵を描き、割り箸やヒゴ等に挟めば幼児でも簡単に作れる。
・幼児が自分で作った人形で遊ぶことができ、1人でも友達といっしょでも楽しめる。
・製作の教材としても活用できる。また、それを演じながらごっこ遊びも楽しめる。

- イメージしたものをそのまま絵として表現することができ、また、人形としてできたものが軽くて持ちやすく、動かしやすいので、保育者も子どもたちもペープサートの人形といっしょに歌やお話の世界をいろいろに楽しむことができる。
- ペープサートは人形の動きをいろいろに変化させたり、瞬時に変身させたり、ポーズや表情を変えたりすることができることから、感情の表現である喜怒哀楽も演じることができる。それが子どもたちをお話や歌の世界に引き込んでいく要因でもある。
- 形も大きさも自由に作れるので、保育者が幼児一人に声をかけるときのもの、クラスの子どもたちと楽しむもの、行事など広い場所で大勢の子どもたちを対象にして演じるためのものと、簡単に大きさや内容を変えて作ることができる。

■ペープサートの作り方

【用意するもの】
- 画用紙、ケント紙など（B5～A3）
- ヒゴ、割り箸、細い棒など（絵の大きさで使い分ける）
- 油性ペン、水彩絵の具、色鉛筆など。クレヨンを使うと絵にボリュームが出るが、余白を汚さないよう気をつける。
- のり
- はさみ
- 長く使いたいときはスプレーのニス（保育者が、子どもがいないときに使用）かフィルム、木工用ボンド（クレヨンの場合）などでコーティングをしておくとよい。
- 両面が同じ絵でその絵にボリュームが必要な場合（たとえばサツマイモの表現）、新聞紙などをやわらかくして中に入れると立体感が出る。
- うちわを利用したり、変形として大きな紙を折って連続性を楽しんだりするのもよい。

【人形画の描き方】
- 紙を半分に折る。
- 半分にしたそれぞれの面に人形などを描くが、はじめに輪郭を太めのペン（黒の油性ペンなど）ではっきり描く。
- 顔はやや横向き（7：3くらい）で描くとよい。場面によって正面向きで描く。
- 色つけで、いくつかの人形を作るときは、それぞれの色調が重ならないよう配慮する。
- 紙を広げて、裏に薄めたのりを平らにまんべんなく伸ばす。
- ヒゴには濃いめののりを紙に隠れる部分につける（手に持つ部分を10cmくらい残すとよい）。
- ヒゴを片面の中央に置き、両面を貼り合わせる。
- のりが乾ききらないうちに周りをなめらかなカーブで切り取る。この場合、絵の余白は絵を引き立たせるので、ある程度残しておく。
- 完成した人形は本などの間にはさみ圧しをしておく。

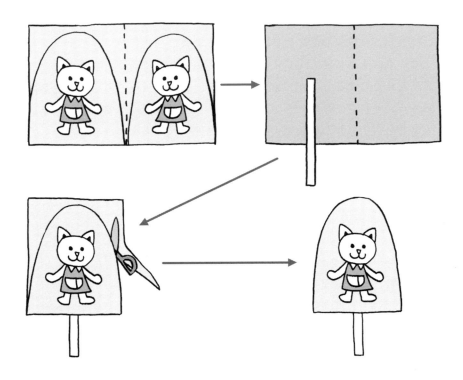

(2) ペープサートを使って楽しむ

　ペープサートは子どもたちと歌や物語に親しみ、また会話を広げることができる。扱い方が簡単で楽しめるので、保育の現場ではいつも身近に置きたい教材である。

　【入園式】幼稚園生活始まりの日、不安と緊張の中で、子どもたちが関心をもって歌える歌が簡単なペープサートで表現されていると、子どもたちも楽しめ、気持ちが和み緊張がほぐれる。たとえば、チューリップをカラフルに表現して「チューリップ」を歌うと、子どもたちはうれしそうに楽しく歌える。また、簡単なお話を演じる等もよい。

　【誕生会で劇を演じる】誕生会で保育者からのプレゼントとして、物語などをペープサートで演じる。年度のはじめの頃は、人間が登場する劇で担任の姿が見えると、子どもたちはお話の中身に集中できないこともあるが、ペープサートを使うと物語に集中して楽しめる。ホールなどで大勢の子どもが参加する場合はペープサートを大きく作り、後ろまで見えるようにする。演じる声も、マイクなどを使って全体に聞こえるよう配慮する。

　【行事に生かす】七夕やひな祭りなど、お話をペープサートで演じる。ひな祭りは、おひな様が飾ってあるところで、ひな人形のペープサートを使って子どもと対話を楽しむ。子どもたちはさらにイメ

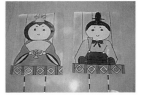 

ージをふくらませ興味を深める。また、運動会などこれからの行事を演じると、子どもたちの期待は大きくなる。

【クラスでお誕生児を祝う】誕生日の子どものお祝いをクラスでする。ケーキなどをペープサートで表現すると、子どもは大喜び。子どもたちは自分の誕生日を心待ちにする。

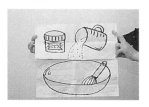

【歌を楽しむ】年齢が低いほど、歌に登場する「人や動物」「花」「事柄」等を表現したペープサートがあると楽しめる。また、新しい歌を歌い始める

とき、ペープサートを使うと子どもたちが歌のイメージをつくりやすい。

【幼稚園の生活に関して】基本的な生活習慣や園生活の約束など（所持品の始末の仕方、おもちゃの使い方、トイレの使い方など）をペープサートにすると、子どもたちは具体的にイメージでき、理解しやすい。

【クイズやゲームを楽しむ】ペープサートは具体的に絵が見えるので、子どもたちは期待をもって参加でき、また答えも絵で確認できる。理解力やイメージする力の違いにかかわらず、どの子も楽しめる。

【劇遊びの導入として】生活発表会などクラス全体で劇遊びに取り組む場合、登場人物や動物などをペープサートで作り、子どもたちがそれぞれの役を交代で楽しむ。その中でイメージをつくり、自分のやりたい役を決めたり、場面づくりやストーリーの展開を共通理解したりしていくのに役立つ。

(3) ペープサートの人形の種類

- 表と裏が同じポーズの絵で、向きだけが反対のもの
- 表と裏で表情が違うもの（笑っている、泣いている、怒っているなど）
- 表と裏で同じ人形が違う動き、ポーズをしているもの
- 表と裏で絵が違うもの（役柄が違うものに変身するなど）
- 場面の風景や、大道具、小道具など

※人形が見えにくくなるのを防ぐため、背景・ホリゾントは用意しない場合が多い。

(4) ペープサートの演じ方

■演じ方の種類

- 舞台や衝立を使って、ホールなど広い場所で人形劇の形で演じる。人形だけが見える

ようにする。
・保育室で机の上に台や積み木を置き、演じる保育者や子どもはいすに座るなどして、顔を見せながら人形を動かし演じる。
・舞台や台などを使わずに、保育者が手に人形を持ち演じながら、子どもと対話や歌などを楽しむ。

事例4-16　カレーライスがにげだした（対象：3〜5歳）
　子どもたちの大好きな絵本の話をペープサートにする。大きく作り、全体会などで楽しむ。

事例4-17　五といったらサツマイモ〜10月の誕生会で〜（対象：4・5歳）
・10月の誕生会のお楽しみとして、子どもたちが芋掘りを経験する。
・10月には多くの園で園外保育として、または自園の畑で子どもたちが育てたサツマイモを掘り収穫することを楽しむ。子どもたちがお話のイメージを実際の経験と重ね合わせて楽しむことができる。また、自分の名前について意識をもち、大切に思うことへのつながりにもなる。物語と一体感をもち、大いに楽しめるよい教材である。
　子どもたちははじめに登場する魔法使いにシーンとして見入る。ヘビのいたずらで動物たちが一瞬にしてサツマイモに変わると、「あーあー」といっしょに落胆する。また動物たちがサツマイモを数えるときは、手や足を使って入り込んで、いっしょに数える。ハトが知恵を使う場面や、ヘビがサツマイモになってしまう場面は大喜びする。魔法使いが自分の名前「五」が嫌いだと言うと、「そんなことないよ」「いい名前だよ」「5歳の五だよ」といろいろ声が飛び交い応援する姿は微笑ましい。

「五といったらサツマイモ」

　ずっと昔のことです。「五」という魔法使いがいました。魔法使いは「五」という名前が大嫌いでした。魔法使いは魔法の草を鍋でぐつぐつと煮ながらおまじないをしました。そうすると本当にそれが起こるのです。

　魔法使い「五という言葉をしゃべったものはサツマイモになってしまえ！」（ヘビが草かげで聞いている）

　ヘビ「ヒヒヒいいことを聞いた。よーし畑からサツマイモを5つ掘ってこよう」（サツマイモを出す）

　ヘビ「よいしょ、よいしょ、ここに並べればいいなっ」（アヒル登場）

　アヒル「ガァ、ガァ」

　ヘビ「ウサギさんこんにちは。ここにあるサツマイモいくつあるか数えてくれませんか」

　ウサギ「いいですよ、1、2、3、4、5！」（ペープサートを裏返す）

　ヘビ「ヘッ、ヘッ、ヘッ、しめしめ、サツマイモになった。ウサギの形だっ！」（イモを1つ下げる）

　（アヒル登場）……同じ流れでサツマイモになる（ここでまた1つ、もとのサツマイモを下げる）

　ヘビ「ヘッ、ヘッ、ヘッ、またうまくいった。今度もちゃーんとアヒルの形だ」（ハト登場）

　ヘビ「ハトさん、こんにちは。ここにあるサツマイモいくつあるか数えてくれませんか？」

　ハト「いいわよ、数えてあげましょう」（サツマイモの上に乗って一歩ずつ、ピョンピョン跳びながら）

　ハト「いち、にい、さん、しい、それからもう1つ私の足が乗ってる分」（ヘビが少し怒って言う）

　ヘビ「ハトさんその数え方変だよ」

　ハト「あらそうかしら、じゃあもう一度数えてみましょう」（またサツマイモに乗って同じに数える）

　ヘビ（ずいぶん怒って言う）「違う！　違う！　そんな数え方、あるものか！」

　ハト「あら、そう？　じゃあもう一度。1、2、3、4、……それからもう1つ、私の足が乗ってる分」

　ヘビ（すごく激怒して）「なんておまえはバカなんだ！　数はこうやって数えるんだよ。よく、よーく聞いていろ。1、2、3、4、5!!」（その瞬間、ヘビを裏返すと同時にアヒルとウサギを裏返してもとの姿に戻す）

　ハト「やったー！　みんなもとに戻ったー！」

　ウサギ・アヒル「よかったねー、ハトさんありがとう」（少し間を置く）

ヘビのサツマイモ（暴れながら）「わーん、許しておくれー、このままイモでいるのはいやだよー」
　ウサギ・アヒル「いやよ！　わたしたちをオイモにしたのにっ！」
　ヘビ「本当にごめんなさい」
　アヒル・ウサギ・ハト（考える）「どーする？」「どーする？」「ガヤガヤ」
　ウサギ「うーん、やっぱりかわいそうだから許してあげようよ」（ここは状況に応じてかけ合いをふくらませたり、子どもに投げかけたりしてもよい）
　みんな「そうだね、では魔法使いさんにお願いにいこう」「魔法使いさん、ヘビさんをもとに戻してください」
　魔法使い「わしは五という名前が大嫌いだ！　だから五と言った者は許さないんじゃ！」
　みんな「五という名前はすてきだよ、ぼくは好きだな！」「私も好きよ」（ここで子どもたちにも呼びかける）
　みんな「ほら、五ってすごくすてきな名前だよ」「魔法使いのお父さんが大切につけた名前だよね」
　魔法使い「そうかな……、だんだん五の名前が好きになってきた。では魔法を解こう、チチンプイプイのプイ」
　ヘビ（もとに戻る）「どうもありがとう、ぼく、もう絶対意地悪はしないよ」
　みんな「よかったね」「よかった、よかった」「名前も大切にしようね」「仲良くしようね」「これからみんなでサツマイモのごちそうを作ろう」　終わり

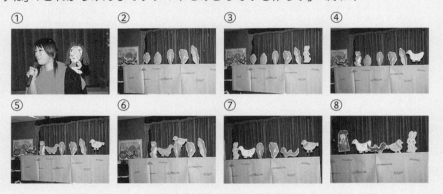

①　②　③　④
⑤　⑥　⑦　⑧

事例4-18　大きなかぶ（対象：5歳）
　子どもたちが絵本等で物語を楽しんだ後、自分たちで人形を作りお話を展開していく。
　それぞれの登場人物に子どもの思いなどが表現され、自分で作った人形で楽しめる。1人でお話全部を表現したり、友達といっしょにイメージを共有しながら発展させたりすることもできる。舞台として積み木や机など、身近なものを利用するとよい。

① ② ③ ④

事例4-19　名前紹介のペープサート

　自己紹介などのときに使う。楽しくインパクトのあるペープサートを使うことで、名前を書くことに興味を示す4・5歳児が楽しんで作れる。

【作り方】

　ペープサートの部分は、自分の顔や好きなものを描いて楽しむ。

　絵の方向は、「向きがあるもの」は2つが向き合うようにする。

　ペープサートの間を、果物や花などで名前の字数分つなげる。表に苗字、裏に名前を書く。

【演じ方（新学期の始まりのとき、保育者の自己紹介の場面）】

　「今日は大好きなお友達がいっしょに来ました。かわいい『こあら』くんです」と言いながらコアラを見せる。

　「みんなのクラスの名前とおんなじね。では先生の名前を言いますので覚えてくださいね」と言いながら名前を広げる。

　「苗字は『はたけやま』です。名前は」と言いながら裏返し「『のりこ』です」。

　「こあら組のみんなが大好きです。これから楽しくいっぱい遊びましょうね。よろしくお願いします」

① ② ③ ④

4　人形劇

(1)　人形劇とは

　子どもたちは人形で遊ぶのが大好きである。子どもたちが親しみをもったものは自分たちと同じように命があり（アニミズム）、話したり、食べたり、怒ったり、笑ったりするものになる。人形と遊びながら自分の思いを言葉にのせて表現したり、友達とのかかわりを楽しんだ

手袋人形

りする。人間だけでなく、動物や花や虫など身近なものを表現した人形は、どんな形のものでも子どもたちの友達や分身になる。また、イメージの世界を楽しむ素材となる。

　人形は幼児が手に取って遊ぶ人形と、人形劇として演じるための人形に分けられる。人形劇は舞台を使い人形の動きやセリフ、背景や音楽などの組み合わせで表現される。子どもたちは物語を実際の人形の動きや情景からイメージし、想像の世界を広げ遊ぶことができる。また、集会などの場面で人形を１つ登場させることで、興味をもって保育者の話に集中することができる。

指人形

■人形の種類
- 指人形……指で動かす指人形や手袋人形など
- 手づかい人形……片手で扱える片手人形・両手で扱う両手人形がある。

　片手づかい人形は「ギニョール」とも呼ばれ、人形の首と手の部分に指を入れ操作する。
　両手づかい人形は、人形の手にそれぞれ棒や針金等を付け、片手でこれを操作し、もう片方の手は人形の首や頭を操作する。
　抱えづかい人形は、人形を抱えて片手で頭や首、もう片方の手で人形の足や体を操作して立体感を出す。
　ぱくぱく人形は口をぱくぱくさせることで立体感が出る。
　封筒人形
- 糸や棒で動かす人形……操り人形や棒で動かす棒人形

片手づかい人形

両手づかい人形

抱えづかい人形

■人形を作る素材
- スチロール、スポンジ、ウレタン、紙粘土などで頭を作る。そのほか洋服用の布（タオル地、フェルト、フリース、不織布など）、人形の目になるボタンや目の素材など。人形に合わせたり、手元にあるもので作っていく。

　※スチロールの接着では、ゴム用接着剤は溶けるので専用のものを使う。
- 手袋人形はカラーの軍手を使うといろいろ楽しめる。
- 封筒人形はいろいろな大きさの封筒を使い分ける。
- ぱくぱく人形は大人用靴下を使って基本のところを作ると簡単に作れる。

ぱくぱく人形

■人形の作り方（例：紙コップで作るパクパク人形）

日常の生活場面、朝の会や食事などで人形に話をさせて子どもの興味を引く。子どもたちが劇の登場人物をつくり、劇遊びを楽しむ。子どもが自分を表現したり、好きな動物を作ったりして友達とかかわりを楽しむ。

棒人形

操り人形

- 下図の用意ができたら、表面に折り紙やマーカー等で動物や人、劇中の人物などを表現する。手や足を付けると、より表情が豊かになる。足は短めにするとよい。
- 最後に口の裏に両面テープを貼ると、人形が扱いやすくなる（効果がなくなったら貼り替える）

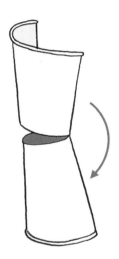

(2) 人形劇を楽しむ

人形劇を子どもたちが楽しむ場合、自分たちで動かしたり演じたりしながら楽しむ場合と、保育者や人形劇団が演じるのを見て楽しむ場合とがある。

■子どもたちが自分たちで人形を動かしながら楽しむ

- 子どもたちはいろいろな物を擬人化して遊ぶ。その遊びの中で自分の感情や思いを人形にのせて表現する。また、いっしょに遊んでいる友達と場を共有しながら、言葉のやりとりも同時に楽しむ。見立て、ごっこ、お話の世界の登場人物などになり切り遊びを発展させていく。
- 保育の環境として、子どもが興味をもち遊びに入り込めるいろいろな人形や、それを作るための素材、発展できる時間と空間、イメージを広げ楽しむためのお話の読み聞

かせなど、いろいろな要素が必要となる。

【子どもたちが人形を作って遊ぶ】簡単に作れるように（たとえば紙コップと割り箸で棒人形を作るなど）、年齢やクラスの子どもの興味に沿って素材を用意しておく。子どもたちがみんなの前で演じられる機会も適宜意識してつくっていくと、より発展させることができる。

■**子どもたちが人形劇を見て楽しむ**
・子どもたちは舞台で動く人形と演じている人の声、音楽、情景などによってお話の世界に入り込む。生き生きとした命を感じ想像やイメージをふくらませ、ワクワク、ハラハラ、ドキドキしながら楽しむ。その中で子どもたちは夢中になって人形に呼びかけたり、応援したり、心配したりして参加していく。
・あまり難しく考えないで、保育者も、いろいろな物を見立てたり、必要な素材を用意して簡単な人形を作ったりして子どもたちと楽しんでほしい。また、クラスで１つマスコット的な人形を用意しておくと、朝や帰りの集会、手紙を配るときなど、興味をもって保育者に注目する。
※保育者養成の期間に「クラスで使えるお気に入りの人形」を１つと、さまざまに利用できる「オオカミや魔法使い」などを作っておくことをお勧めする。

【入園式で簡単な園生活を演じる】子どもたちは不安と緊張の中、入園式に参加している。その中でこれからの園生活に期待がもて安心できるよう「幼稚園は先生がいるから安心なところ」「お友達がいて楽しいところ」「いっぱい遊べるところ」などをテーマに盛り込んで人形劇を演じる。子どもたちは実際に目で見える人形に興味をもち、劇を楽しむ。そして園生活にも期待をもつことができる。

【行事・誕生会などで物語を表現する】絵本の物語、昔話、七夕物語など、その時期に因んだものを保育者が演じると、子どもたちはお話の世界を楽しむ。保育者は事前に台本などを用意して練習をする。衣装、大道具、小道具なども子どもたちがお話を楽しめるように配慮する。お話には季節感や、対象の子どもの年齢などを考慮して適切な題材を選ぶ。

【集会など大勢が集まるときの導入として人形を登場させる】子どもたちは興味のある人形が登場すると保育者の話に集中できる。

【クラスでマスコット的人形を保育の中に入れていく】保育者が人形と対話しながら（少し声を変えて腹話術的に）子どもたちに呼びかけていく。

【場に応じて人形を登場させる】物語を話したり、読んだり、ペープサートで演じたりする場合、「オオカミ」や「魔法使い」のみを人形で登場させるなど、さまざまに活用できる。

【泣いたり不安になったりしている子どもにかかわるとき】手に小さな人形を持って話しかけていくと、人形に興味を示し保育者とのかかわりがもて、話が聞けたり自分で気持ちを切り替えられたりすることが多い。

【指人形などと歌を楽しむ】手遊び歌などで指人形を使うと、人形と一体感をもちながら、歌うことを楽しめる。

(3) 人形劇の演じ方

■人形の動かし方、演じ方

・人形をはめるとき、首の筒に人差し指をしっかり入れる。
・人形はまっすぐ持ち、使う人が体ごと動く。手だけ伸ばして動かすと、人形が斜めになったり倒れたりする。
・人形の高さはできるだけ一定に保つと安定して見える。
・しゃべる人形が動く。他の人形は相づちなど最小限の動きで答える。舞台の人形全部をやたらに動かすと、劇にまとまりがなくなる。
・連続動作がある場合は、動きと動きの間に一瞬間を取ると動きがはっきりわかる。たとえば「走ってきて振り返る」は、「走る→一瞬止まって前を見ている→おもむろにぱっと振り返る」。
・人形の視線は観客、進行方向、かかわっている人形やものなどにしっかり向ける。
・演じる人の顔が出ているとき、演じる人の視線は人形を見ている。
・台詞ははっきりと話す。
・キーワードになる言葉は特に丁寧に、しっかり聞き取れるようにする。
・言葉の一節で一つの動きをすると、表現がすっきりしてわかりやすい。
・台詞はコンパクトに短くする。
・舞台は衝立や黒板、机を立てかけた物に「けこみ」(使い手を隠す布)をかけて用意。

> **事例4-20　三びきのこぶた**
>
> 　誕生会でお楽しみとして演じる。子どもたちは物語をおおかた知っている。子どもたちにとって親しみやすいこぶたたちとオオカミの動き、繰り返しの要素もあり、3匹が兄弟というところも親近感がある。話の展開がわかりやすいので、入り込みやすい。子どもたちはオオカミが出てくると必死でこぶたを応援する。最後オオカミが森に逃げていくと、やったーと大喜びする。どの年齢でも楽しめる題材である。大道具の家は、こぶたの顔が見えるように、それぞれ窓の大きさを考えて開けると効果的である。
>
> ①　　　　②　　　　③　　　　④
>
>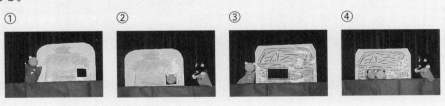

事例4-21　入園式に野菜人形を使って野菜の子どもの入園式を演じる

　初めて親から離れて（親は後ろの席に座っている）、幼稚園の入園式に臨んでいる子どもたちは心細く、不安いっぱいである。入園式はなるべく短時間の内に済ませたい。その中で、これから始まる幼稚園の生活に期待がもてるようなお楽しみも入れたい。そこで用意に手間取らず、保育者が前に出て人形を持って演じると、子どもたちは大喜びする。今、自分にかかわってくれている保育者がいろいろな野菜になって、自分たちと同じ気持ちを表現してくれるのは親しみがもて、とてもうれしいようである。ダイコン先生の「明日から〇〇幼稚園のお友達も元気に幼稚園に来ようね」の呼びかけに真剣な顔でうなずいたり、「はーい」と手を挙げたりする子どももいる。

〈畠山　範子〉

5　エプロンシアター

(1)　エプロンシアターとは

　エプロンシアターとは胸当て式のエプロンを舞台に見立て、ポケットから人形や小物を取り出して付けたり、外したり、ポケットに戻したりしながら、物語などを演じていくものである。人形劇と違い、演じ手は自由に移動しながら体全体で表情豊かに演じることができるのが特徴である（中谷真弓氏が1979年に考案）。

　エプロンにはたくさんのポケットがあり、その中に人形を収納して、それを登場させたり、隠したりすることにより話を進めていくので、飛び出す絵本のような立体感も味わえる。

　人形や小物の裏にはマジックテープを貼り付けてエプロンに付けたり、外したり、ポケ

ットだけでなくエプロンに扉を付けたりするなど、さまざまな工夫で変化をもたせることもできる。

(2) エプロンシアターを楽しむ

舞台がエプロンなので、演じ手の顔が見える。また、場所を選ばず、どこでも演じられるので、乳児から幼児まで楽しむことができる。子どもたちは、演じ手の顔（大好きな先生）が見えるので安心して物語の世界に浸ることができ、物語に登場する主人公にも共感しやすい教材である。

保育者も、子どもの顔を見て直に反応を感じられるので、同じ話でもその時々で台詞や動きなどの演出を変えたりしながら、一味違ったストーリーにアレンジしていける。子どもたちとやりとりをし、いろいろな表現遊びを楽しみながら、子どもといっしょに新しい話をつくりあげていくこともできる。

(3) エプロンシアターの作り方

■材料

キルティング、綾テープ（綿ロープなどひもにする材料）、フェルト、綿、刺繍糸、マジックテープ

■エプロンの製作方法

乳幼児の施設でよく演じられるお話は、市販でできあがっているセットのものがあるが、演じやすくするために、少しだけ小物をたしたり、エプロンにデコレーションをしたりしてカスタマイズしてみても楽しい。基本的なエプロンの土台を作っておくと、さまざまな物語に活用できる。土台のエプロンは、ある程度の厚みのあるキルティングなどが好ましい。人形を土台のエプロンに付けるときにはマジックテープを使用するが、トイクロス（全面マジックテープのようになっている布）のようにどこにでもマジックテープを貼ることができる布を使うと、演じる幅が広がる。

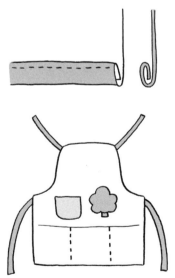

- エプロンの形と大きさは、基本的には普段使うものを考えれば大丈夫である。作るときに周り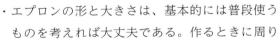をパイピングしたり、三つ折りにしたりするなど、端の始末の仕方はさまざまである。
- ポケットの形は、その作品に合わせて変化させる。大小や長さなど、演じたい作品に合わせて大きさを決める。物語などでは家や池、木の形そのものをポケットの形にす

ることもできる。エプロンの裏側、もしくは2枚重ねをしたスリット部分にポケットを作ってもよい。
・エプロンの下のほうを全面ポケットにすることもできるが、小物を中に入れたときに人形の重みでたわんでしまわないように、エプロンが3つに分かれるように、縦に2か所ミシンを入れておく。

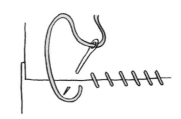

たてまつり：針はフェルトに対してやや斜めに刺すと、縫い目がきれいになる

ブランケットステッチ

■人形の製作方法

人形はフェルトで作ると製作しやすい。作る題材によって、人形に手足をボタンで留めて動くようにしておいたり、動く目のものにしてみたりすると表情が豊かになる。

・作成したい人形の型紙を取る。
・人形を作るときは、フェルトを2枚合わせて作って立体感を出す。周りをかがるときは、たてまつりで縫い合わせると早くできるが、ブランケットステッチで縫ってもよい。この方法は少し時間がかかるが、しっかりできる。ミシンを使ってジグザグ縫いでもよい。
・綿を詰めるときは、細かい部分を先に縫い、綿を詰めながら縫っていく。
・竹串のような細い棒で押し入れるようにすると、細部まできれいに詰められる。
・人形全体の綿は人形が少しふくらんでも張りがあり、人形の端や下を持って動かしてもグニャグニャしない程度が好ましい。
・マジックテープは、接着面を触ってみると硬い面とやわらかい面がある。人形を硬い面と決めたら、すべての人形は硬い面にする。ただし、しかけや小道具などで硬い面とやわらかい面との両面を使用することもあるので、注意する。
・マジックテープにはアイロン接着のものもあるが、取れやすいので、周りを縫ったほうがよい。

(4) エプロンシアターの演じ方
・エプロンシアターは、通常のエプロンのように後ろのひもを結んでもいいが、話の内容によってはひもを外して広く使うこともできる。
・演じ手は子どもの視線を考慮し、子どもから遠からず、近過ぎず、鑑賞しやすい位置に立つようする。
・手で人形を隠さないよう持ち方を工夫する。手に持っていても、台詞がないときには人形を動かさないようにする。

・台詞はあまりオーバーにならないように気をつけながら、役によってメリハリをつけ、表情豊かに演じる。
・歩く、走る、踊るなどの動作が出てくるときは、演じ手も動作を交え、体を動かしながら進めていく。
・擬音や擬態語などを効果的に取り入れて、臨場感が出るようにする。
・演じ手も子どもたちも双方に顔がよく見えるので、繰り返し言葉や合いの手など言葉でのやりとりも楽しむ。
・途中で話が途切れないように、どのポケットにどんなしかけがあって、何が入っているのかを事前にしっかり確認し、練習をしておく。

事例4-22　エプロンシアターを使ったやりとり（1歳）

ポケットからいろいろな動物の人形が出てくるエプロンシアターを使い、歌を歌いながら子どもたちとやりとりを楽しむ。動物を1つずつポケットからゆっくり出していくと、子どもたちは指さしをしながら大歓声。「これは首が長いきりんさん、これはぞうさん。

ぞうさんはお鼻が長いね。これはね、へびさん。へびさんは、体が長いね」などと保育者が言うと、「キリンサン」「ゾウサン」「ヘビサン」とおうむ返しをする姿も見られる。子どものおうむ返しには「そう、キリンさんね」と言葉で返すようにしていくと、いつのまにか、エプロンのポケットから動物が少し顔を出すだけで、次に何の動物が出てくるかわかって、「ゾウサン・ゾウサン」と指をさして教えてくれるようになる。

事例4-23　エプロンシアター（2～3歳）

午前の活動と食事の合間にエプロンシアターを楽しむ。この日の題材は子どもたちのリクエストで「三びきのこぶた」。よく知っているお話のため、演じる保育者が前に立つとすぐに「オオカミさんはどこにいる？」と少し不安そうに聞いてくる子もいる。演じ手の

保育者が辺りを見回しながら「大丈夫よ。まだまだ遠くにいるみたい」と応えると、少し安心した様子で、始まるまでの間、静かに待っている。演じ手がポケットから人形を取り出し、いざ始まると、今まで落ち着かない様子で隣の友達と話しながら座っていた子も、すぐにエプロンシアターに引き込まれ、ポケットから次に何が出てくるのか、期待をもってよく見ている。順番に大きさが違うこぶたが出てくると、「ちいぶたちゃん」「ちゅうぶたちゃん」「おおぶたちゃん」と名前を呼んだりする姿も見られ

る。そして、こぶたの家がオオカミに吹き飛ばされたり、食べられそうになったりするところでは、「キャー」と大きな悲鳴をあげる子、「ダメ」とオオカミに立ち向かう子、こぶたに感情移入して泣き出す子、近くの保育者に抱きついて怖がる子など、さまざまな反応が見られる。

子どもたちの様子に応じて、演じ手の保育者は話の展開を変えていく。今日は食べられそうになったこぶたをポケットにいったん戻し、また出して、オオカミから無事に逃げたように演じると、泣いていた子も気持ちを切り替えて、笑顔になって続きをよく見ていた。

また、4・5歳児では、演じた後にエプロンシアターを自由に触れて遊べるようにしておくと、子ども同士、次々にイメージがふくらんでお話づくりを楽しむことができる。このようによく知られている話でも、演じ手しだいで何とおりもの話につくり替えることができることと、近くで子どもたちの反応を見ながらさまざまに演出を変えていくことができるのが、エプロンシアターのよさであり魅力である。

［参考文献］
・中谷真弓著『中谷真弓の作って遊ぼうエプロンシアター』ブティック社、2002年
・乳幼児教育研究所ホームページ　http://nyuyoken.com/

〈小川　香代子〉

6　視聴覚機器の取り入れ方

　保育の中に視聴覚機器を取り入れるということについては、さまざまな議論がある。周知のように保育とは直接経験を中心とした営みであって、視聴覚機器はそれと対極をなす経験を提供するからである。

　しかし、広い意味では絵本なども視聴覚メディアであり、その導入に異論を唱える人は少ないであろう。つまり、視聴覚機器に限らずどのような道具でも、保育者がきちんとねらいをもち、教材研究などを行って使うか否かが保育の質につながっていくのである。

　特に「言葉」領域の経験には視聴覚機器は有効であることが多い。

(1)　保育の記録より

事例4-24　OHP絵本

　4歳の子どもたちが、何人かで絵本を作り始めた。ストーリーを話し合い、誰がどのページを分担するかを決めてそれぞれの場面を描き、持ち寄って1冊の絵本にする。周りの子どもたちも興味をもって「見せて！　見せて！」とせがんだり、自分たちでも作ってみたりするようになっていった。

　しかし小さな絵本なので、一度に見られる子どもたちの人数は限られてしまい、奪い合いになったりした。作った子どもたちも「もっと大勢の友達に見てもらいたい」

と思い担任に相談してきたので、「OHP絵本」を提案してみた。透明フィルムにフェルトペンで絵を描き、OHPで投影する。

　簡単な発表会を行ってみると、みな真剣に絵本を読み、子どもたちも食い入るようにスクリーンを見ていた。それぞれのグループの発表が終わると、見ている子どもたちから自然と「ホットケーキがおいしそうだった」「あそこでがらがらどんが落ちていくのを見たかった」などの感想の言葉が出て、作った子どもたちの励みになったようだ。作った子どもたちの側も「橋を描くのが難しかった」とか「描いてるうちにヨダレが出ちゃった」などの言葉を活発に発していた。

　その後、2枚のフィルムを重ねて、部分的に動かしてみたり、揺らしてみたりと、動きをつける工夫をするグループも出てきて、その動きを表現する言葉が多く発せられるようになった。

事例4-25　メールごっこ

　5歳児がお手紙ごっこを始めた。最初はそれぞれが絵を描いて、郵便やさん役の友達に「○○ちゃんに配達してください」というものだったが、しだいに絵の裏に宛先を書くようになり、絵だけでなく文字の入った手紙に発展していった。

　そんなとき、Aくんが保育室にあるパソコンのことを思い出し、「お手紙だけじゃなくてメールも出してみたい」と言い出した。5歳児の担任たちがこのことを話し合い、無料のメールアドレスをクラスに1つずつ取得し、子どもでも使えそうなメールソフトを探したりして、メールを送受信できる環境を整えた。

　Aくんとその友達がまず始めた。しかしその時点ではまだほかのクラスの子どもたちはメールに関心がなく、送る相手がいないことに気づいた。そこで担任に相談して、手始めに園長先生に送ってみようということになった。最初は、50音順ではないキーボードにとまどったりメールソフトの操作方法を覚えるのに苦労したりしていたが、励まし合いながら1つの文章をつくった。

　担任から事前に連絡を受けていた園長は、職員室のパソコンの前で子どもたちからのメールを待ち受けていた。Aくんたちはメール送信ボタンを押して完了メッセージが出るやいなや職員室の園長のパソコンの前まで走ってきて、「園長先生、メール来てる！？」と叫んだ。園長が受信操作をして、子どもたちからのメールが着信したことを告げると、子どもたちから歓声が沸き上がった。パソコンのモニターで自分たちのメールを確かめ、「あ、書いたのとおんなじだ！」「あっという間だね、すぐに着いちゃうんだね」と喜び合った。

　走っていくAくんたちを見て何事かと追いかけた子どもたちも、Aくんたちから説明を受けて関心をもち、それ以後クラス間のメールのやりとりが広がっていった。相手のメールに返信する操作を発見し、「やりとり」が生まれるようになり、もとから行

> っていたお手紙ごっこでも「送りっぱなし」「もらいっぱなし」から言葉のやりとりに発展していく姿が見られた。

(2) 保育の中でのメディア機器のとらえ方

　「メディア」とは「伝達などの手段、媒介、媒体」という意味である。だから最先端の機器だけでなく電話や「のろし」などもメディア機器である。「言葉」は自分の考えを明確にしていく機能と、情報を伝える機能（コミュニケーション）とがあるので、メディア機器は言葉の経験にとって大変効果のある道具だといえよう。

　今まで「メディア」「メディア機器」といえば、ほとんどの場合、情報の送り手は一握りの「プロ」であって、それ以外の者は情報を受け取るだけであった。「メディア」と聞いて思い浮かべる媒体、たとえば新聞、テレビ、ラジオなどはすべてそのような構造である。

　ところがパソコンとインターネットの普及により、プロでなくても情報を発信できるようになってきた。

　考えてみれば、人間はすべて情報を受けるだけでなく発信している。普通の対面コミュニケーションにおいて、どちらかが一方的に話し、もう一方の人間はずっと黙って聞いているという場面は稀である。人間はお互いに情報（主張や気持ちも情報である）をやりとりする技術を発達させてきたからこそ、今まで発展できてきたのである。

　インターネットという双方向の情報発信システムをきっかけに、子どもたちの「情報のやりとり」「子どもたちが情報を発信する機会」ということを考え直してみるのもよいと思う。

　たとえばOHPやOHCは保育者が子どもたちに情報を流すために使う場面が多かったと思われるが、前項の事例4-24のように子どもたちが絵本を発表するための道具としてとらえてみるというのもおもしろい。

(3) コンピュータソフトの利用

　一時期、幼児用のコンピュータソフトが多数開発された。その中には文字の読み方や書き方を学習するソフトもあった。しかし、保育とはそのような「勉強」を通して行われるものではなく、子どもたちの主体的な活動を通して行われるものであって、保育者は活動ができる環境を用意・整備するというのが、幼稚園教育要領や保育所保育指針等で示されている理念である。そこで、このようなソフトを利用することには慎重になるべきであり、使うにしても子どもたちの主体性を損ねないように配慮したい。

　最近は幼児用ソフト自体の開発は少なくなり、流通しているものも限られていて、「言葉」領域に直接関係するようなソフトは皆無といってよい。

　しかし、たとえばお絵かきソフトには「文字スタンプ」機能がついているものがあり、その文字を選ぶと発音を流してくれたりする。子どもたちはお絵かきの中で自然と文字に

親しみ、発音に対応する文字を覚えていくようになる。もちろんその過程は機械的な暗記ではなく、子どもが必要に迫られて発見的に覚えていくのである。そのような活動を取り入れている園やクラスでは、子どもたちが自分で描いた「文字入りの絵」を誇らしげに友達や保育者に見せている姿が見られる。

また、シューティングゲームのように「必要な文字が書かれている的を撃ち、単語を完成させる」というようなソフトも存在する。これも遊びを通して文字に親しみをもち覚えていくという点では有効なソフトではあるが、ゲーム性が強く、文字や言葉自体への関心が育っていくためには保育者の配慮が必要だと思われることと、ほかのゲームにも惹きつけられて、直接経験への興味が損なわれる可能性もあるので注意が必要だと思われる。

絵本ソフトというものもある。実はこのカテゴリーのソフトが一番多い。

ストーリーを読み上げてくれたりするのはビデオと同様といえるが、書かれている単語をクリックするとそこだけ発声してくれたりするので、子どもの興味に沿って遊べるという点でビデオよりもすぐれている部分がある。実際このようなソフトを経験すると、紙の絵本も一文字一文字の「拾い読み」から単語やセンテンスのまとまりで読もうとする傾向が強くなり、意味やストーリーへの理解が深まるし、絵本そのものへの関心が高まっていると観察できる。

しかしこのようなソフトの中には、絵のある部分をクリックすると動きが出たりするものがあり、子どもの興味がストーリーよりも動きのほうばかりにいってしまい、読み終わった後でストーリーを聞いても覚えていないというケースもあったので、ソフト選びには注意を要する。

(4) インターネットの活用

最初に述べたように、保育は直接経験を中心に行われるべきものであり、コンピュータやインターネットのような間接経験を提供する機器やシステムの導入にあたっては十分な検討と配慮が必要である。コンピュータやインターネットそれ自体が目的でなく、あくまで子どもたちの直接経験がより豊かなものになるように使用すべきなのである。

また、最近のホームページは、刺激的なもの、描写が残酷なもの、性的なものなどであふれている（これは、先述した「誰もが情報発信者になれる」ということの問題点でもある）。

もし子どもたちに自由にインターネットを利用させるのなら、フィルターソフトなどを導入し、そのようなページにアクセスできないようにする配慮が必要である。

とはいえ、そのような問題点があるからといって、インターネットの導入をことさら拒否する姿勢もどうであろうか。倉橋惣三は「保育の場は社会の縮図であるべきである」という趣旨のことを書いている。インターネットのように、家庭その他の子どもの生活の場に普及しているものを保育現場だけが拒否しても、子どもたちは当然それに触れてしまうのである。そして、上述のようにインターネットの世界は子どもが無防備に飛び込んでし

まうと非常に危険なスペースなのである。保育者はむしろ、子どもたちにインターネットによい形で触れ合えるようなきっかけや方向性のもてる経験をさせてあげるべきではないだろうか。

　(1)で紹介した事例4-25では、子どもたちがメールに関心をもち実践する姿を紹介した。この経験で子どもたちは、もちろん文字に関心をもったのであるが、それだけでなく、コミュニケーションの方法にはいろいろとあり、それぞれに長所と短所があって、目的や場合によって使い分けていくことや、長所を生かして、また短所に配慮しながらコミュニケートしていくことを、少しずつ学んでいた。担任たちは、もし子どもたちがそのようなことに気づかずメールの即時性だけに気を取られて遊んでいたなら、どのようにアドバイスをするかも事前に検討してから、メールの場を提供したのである。

　インターネットの活用としては、ホームページ閲覧のほうが一般的であろう。たとえば遠足で動物園に行くのなら、保育者があらかじめ調べておいた動物園のホームページを子どもたちに提示して興味をもってもらうなどである。その際、提示したら終わりではなく、子どもたちにも主体的に操作する機会を与えれば、そこに書いてある文字を読もうとする意欲が芽生えるきっかけにもなるであろう。

　最近は、子どもたちが活用できるホームページや、そのようなサイトを紹介するページも増えてきている。検索サイトで「幼児ホームページ」というようなキーワードで検索すれば発見できるので、保育や子どもたちの様子に合わせて活用してみるのもよいだろう。

(5)　デジタルカメラの活用

　デジタルカメラの価格が下がってきており、現在ではほとんどの家庭が1台は所有している。保育現場でも遊びや行事の撮影に活用していることと思われる。子どもたちの中にも、その操作ができる者も増えてきている。

　それでも、子どもたちが使う遊具・道具としては高価なものではあるが、思い切って安価なデジタルカメラを購入し、子どもたちに使ってもらうのも大変おもしろい。

　いくつかの園では、子どもたちに自由にデジタルカメラで撮影してもらっている。すると、大人の感性では考えられない写真を見ることができる。子どもの視点なので、すべてのものがローアングルで新鮮に見える。またある子どもは友達の靴だけをアップで撮影したり、他の子どもは築山を貫通する土管トンネルのこちら側からあちら側を見えるように撮影したりしていた。

　担任は子どもたちが撮影してきた写真ファイルをパソコンに取り込み、子どもたちでも閲覧できるように加工する。この作業は、ホームページ作成ソフトや写真アルバム作成ソフトで行っていることが多い。

　それを見た友達が、撮影した子どもに「なんで靴ばっかりなの？」とか「あの土管の写真と同じところに行ってみたよ」と声をかける。撮影した子どもも誇らしげに答えたり、どう説明しようかと一生懸命考えたりしている。けっして「言葉」領域に特化した遊びで

はないが、コミュニケーションへの関心の高まりや言葉での表現の深まりを確実に感じられる場面である。

　このようなデジタルカメラの画像をお絵かきソフトに取り込み、写真の説明を文字スタンプで書き込む子どもも現れている。また、これを発展させて実写版絵本を作るグループも出てくる。事例4-24ではOHPであったが、デジタルカメラ版の絵本では、自分たちが登場人物の扮装をして撮影し合う。OHP版よりも計画性、協調性などが要求されるので、5歳児にならないとできない活動だと思われるが、撮影やその発表自体は大変楽しいので、ぜひ挑戦してみてもらいたい。

(6)　ビデオカメラを利用した保育・保育研究
　デジタルカメラと同様、保育現場には1台はビデオカメラがあるであろう。これは「動き」を記録できるという点で、非常におもしろい道具である。
　しかし、保育を記録しておくということ以外、あまり保育自体に活用している例は見当たらない。ビデオの「動画」という性質上、時間というもののコントロールが必要とされるので、子どもには扱いにくい存在だと思われる。デジタルカメラなら、気が向いたときに気が向いた対象を撮影すればよいのだが、ビデオカメラだと、撮影している時間中その操作に集中していなければならず、また、どの場面をどのくらいの長さで撮影したら見る側を飽きさせないかなどを予測しなければならない。このような「思いをやる（視点の移動）」は、幼児にはまだ無理である。
　小学校では児童たちがビデオカメラを使って昼休みに校内ニュースを放送したり、寸劇で流したりしているが、これはかなりの計画性、予測能力、時間管理能力などが必要になってくるのである。
　しかし、子どもにビデオ撮影をしてもらうのは難しいにしても、保育の中で生かしていく方法は考えられる。
　たとえば生活表現発表会などで劇遊びをする場合、練習で子どもたちが台詞を言う場面をビデオ撮影しておいて、後で見せるということをすると、子ども自身が自分の台詞の発音や声の大きさ、しゃべり方の速さ・遅さを実感できる。子どもは言葉に限らず自分の行動をモニターする力はまだ高くないので、保育者がアドバイスしたり指導したりしても実感できないことが多い。それが、実際の動画を見ることでよくわかるのである。
　本書は「言葉」領域の教科書なので上のような例を示したが、たとえば運動会の練習などでも有効に活用できることは理解していただけるであろう。
　さて、保育自体にも有効に利用できるビデオカメラであるが、保育研究にも非常に有効である。
　上述したように、子どもにとって自分の行動を後からモニターすることはかなり難しいが、ビデオ画像を見ることによって実感的にモニターできるというメリットがあった。これは大人でも同様である。

実習生の動きや部分実習などをビデオカメラで撮影し、その日の反省会でビデオを再生しながら指導やアドバイスを行うことにより、実習の効果が飛躍的に上がったという研究がある。また、保育カンファレンス（保育について検討、議論して向上をめざす会議）で、保育をビデオ撮影したものをもとに行うことで、被写体となった保育者だけでなく、カンファレンスに参加した保育者それぞれの自覚や向上にとって有意義だったという報告もある。

　保育研究はどうしても言葉での表現、情報のやりとりが主となる。すると、その場の雰囲気や言葉のニュアンスなどは伝わりにくい。また、研究に参加した者同士で言葉や言い回しについて必ずしも共通の概念があるとは言えない部分もある。たとえば「促す」といっても、「指示する」という強い意味で使う人もいるだろうし、逆に「環境を整えて子どもが主体的にその行動を取りたくなるようにする」という意味で使う人もいるであろう。概念が異なっていると、いつまでも議論は深まらずかみ合わない。

　ビデオ映像はそのような行き違いや誤解を防ぐのに大いに役立つ。保育者や子どもの言葉のニュアンスや、話しているときの表情やしぐさも伝わってきて、見ているものに共通認識が生まれる。あるいは「促す」という発言の実体が、映像によってはっきりと理解できるのである。

　また、実習生や後輩へのアドバイスや指導、あるいは会議でのほかの保育者への指摘などは、ややもすると感情的なしこりを生み出すことがある。本来このような場はお互いが向上するためにあるのに、トラブルになったり、あるいはトラブルを避けるために本質的な指摘を曖昧にしてしまったりする。しかし、ビデオ映像は確実な証拠であり、それを前にしての指導やアドバイスは説得力をもち、それを受ける側も感情的になりにくいというメリットがある。

　以上は複数の保育者でビデオを見る場面であるが、保育者が自分でビデオ撮影し、それを後で見るというだけでも、保育を客観的に見ることができて勉強になるし、その後の保育実践でも（ビデオ撮影しなくても）リアルタイムに客観視しながら保育することができる。

〈小川　哲也〉

第3節 言葉遊びの世界を楽しむために

1　言葉遊びとは

　一般的に言葉遊びとして知られているのは、鎌倉時代から江戸時代にかけて貴族や公卿などが行った大人の「ナゾ解き」遊びである。それが民衆に広まり、川柳や狂歌として定着していった。また、その他の言葉遊びとしては「洒落」や「駄洒落」「舌もじり」（「なまむぎなまごめなまたまご」などの早口言葉）「回文」（「たけやぶやけた」「しんぶんし」など逆さ言葉）等、教養の材料として親しまれてきた。

　また、子どもの言葉遊びも、古くから伝承遊びやわらべうたなどの中で伝えられ、楽しまれてきた。これらは、言葉のもつ音の響きやリズムを楽しんだり、「みっちゃんみがつくみかんのこ」など同じ音の語呂合わせで、からかい歌遊びやしりとり遊び、逆さ言葉遊びなど言葉の音のおもしろさを楽しんだり、路地裏など異年齢集団で遊ばれたりしてきた。今日では異年齢でのかかわりも少なくなり、伝承遊びも忘れられてきている。しかし、言葉遊びは、音のおもしろさや響きを楽しむうちに、やがて文字につながっていることにも気づき、文字に興味をもつこともできることから、教育機関では、意図的に取り入れている場合もある。その他、言葉遊びには物の特徴でもある色や形を手掛かりに、言葉を見つけて遊んだり、また、概念語と具体語の関係に気づき、それを手掛かりに言葉を集めたりすることで、語彙を豊かにしていく遊びへとつながっていくものもある。さらに、絵本、紙芝居、童話などの文化財を通しお話の世界に触れ、自分もイメージをふくらませ、自由に話をつくって遊ぶときなど、言葉遊びで気づいた文字のはたらき、文のしくみなどが生かされてくる。

　これらの言葉遊びは、けっして学習的に行うのではなく、子どもの大好きな伝承遊び、手遊び、歌遊び、ゲーム遊び、カード遊びなどを通し、日々の生活の中で楽しむことができる。幼児期の子どもたちは、日々の集団生活の中で保育者や友達とさまざまな遊びや体験を共有し、心と言葉を共感し合いながら、内的世界を構築させ感情を表す言葉や考えるための言葉（思考）を獲得していく。

　幼児期には人や物とのかかわりを豊かにもつ日常生活の体験が基本にあり、そこで育てた言葉で遊ぶことで言語感覚を育てていく。

2　伝承遊びとしての言葉遊び

(1)　手遊びと言葉遊び

　乳児は大好きな保育者とふれあい、スキンシップを図ることができるので、言葉をリズムに乗せた手遊びや指遊び、ハンカチ遊びが大好きである。

時には「グーチョキパーでなにつくろう」など既存の遊びをもとに、「知らせたい言葉」の替え歌遊びなどをすることにより、語彙が豊かになっていく。

■おせんべやけたかな（対象：1～2歳）
【遊び方】
保育者が子どもを膝の上に抱き、子どもの片手を持って歌う。
① 「おせんべやけたかな」と言いながら、子どもの手のひらをトントントンと9回たたく。
② 「まあだまだ」と言いながら、子どもの手を裏返す。
③ 「おせんべやけたかな」と言いながら、子どもの手の甲をトントントンと9回たたく（①～③を数回繰り返す）。
④ 「もうやけた」と言い、最後に「お醤油つけて、のりつけて、はいどうぞ」と口の前に持っていく（味つけは、砂糖やチョコレートなど、自由に変えてもよい）。

(2) 伝承遊びと言葉遊びゲーム
■あぶくたった
【遊び方1：1～2歳】
保育者がご馳走になり、「あぶくたった～むしゃむしゃむしゃ、まだにえない」の遊びを何度か繰り返し、最後に「こらまて」と子どもを追いかける。そのフレーズのみを繰り返す鬼ごっこ遊びを楽しむ。
【遊び方2：3～5歳】
子どもの発想を大切にして、鍋の中身をいろいろな料理に替えたり（カレーライス、おでん等）、煮えた料理をしまう場所を「戸棚」ではなく「冷蔵庫」、「布団を敷いて寝る」等を「ベッド」にしたりする。
【遊び方3（カレーおばけ）：3～5歳】
保育者「お鍋で煮ているものはなあに？」
子ども「カレーライス」（子どもの発想を大切にして決める）
保育者「お鍋の中身は？」
子ども「ジャガイモ、ニンジン、たまねぎ、肉、リンゴ……」（自由に考える）
鬼は鍋の中身を自由に考えて言う。鬼が複数いれば、自分が好きなものを言う。
「あぶくたった」の歌を歌ったら、「トントントン」→「ワンワンワン（犬の声）」→「ああよかった」のかけあいをし、いろいろな音を出した最後に「カレーおばけ！」と言って鬼ごっこを始める。

事例4-26　カレーおばけ（3～4歳）
4歳児と3歳児を伴い、保育者が「入れて」とやってきた。保育者が「おなべで何

を煮てるの？」と尋ねると、年中児のＡちゃんが「カレー」と答える。中に入る鬼役は「ジャガイモ、ニンジン、玉ねぎ、お肉」、はたまた「チョコレート」「リンゴ」。３歳のＢくんは「アイス」。大騒ぎになり、一気に鬼が増える。また、「トントントン、何の音？」のときも、すぐに「鬼が出た！」とならずに、「ワンワンワン、何の音？」「イヌの音」「あーよかった」と好きな動物が出たり、「カレーおばけが出たー！」と新しい遊びに発展したりした。

■だるまさんがころんだ
【遊び方１：１～２歳】
　「だるまさんが」は両手で頭上に丸をつくり、その手を下ろしながら、また両手で大きな丸をつくる。「ころんだ」のところは「わらった」に替え、両手で顔を隠し、その手で「ばあ」とする。その他「おこった」「ないた」等いろいろな表情を表現し、言葉と表現のおもしろさを楽しませる。

【遊び方２：３～５歳】
　「だるまさんがころんだ」の遊び方で、言葉と表現をいろいろな動物やキャラクターに替えて、表現遊びとことば遊びを楽しむ。
「うさぎさんが　はねたよ」（跳びながら両手で耳をつくり、最後に「ピョン」と言って止まる）
「すずめさんが　とんだよ（チュン）」
「ドラえもんが　ころんだ（ゴロッ）」
「ウルトラマンが　とんだよ（シュワッ）」

(3) 集団伝承遊びでの保育者のかかわり方

- 一人遊びにはない、集団で遊ぶ楽しさを伝えていく。
- 集団遊びをしながら、コミュニケーション能力を育てる。
- 異年齢集団で遊ぶ中で、低年齢児への思いやる心を育てていく。
- 意味不明の言葉や難しい言葉を教えるのではなく、言葉の音のおもしろさやリズムを楽しませる。
- 最初は保育者が遊びを提案し、自由遊びの中で徐々に子ども同士で遊びを伝え合い、異年齢集団でも遊べるようにしていく。
- 遊びのルールは、遊び込んでいくうちに変化していく。子どもたちの発想を大切にし

ながらアレンジをしていく。
- 同じ伝承遊びでも、子どもの年齢や言葉の育ちに応じて遊びの方法を変えていく。
- 無理に遊びを伝えるのではなく、子どもが自ら興味をもって遊べるように、気長に遊びを提案する。
- 保育者自身が遊びを楽しみ、遊びの楽しさを伝えていく。

　ここでは、「伝承遊び」に新しいルールを加えることによって、新しい言葉遊びになった事例をいくつかあげてみる。
　まず、「あぶくたった」の遊びを子どもたちが遊んでいくうちに、鍋の中のご馳走を「シチュー」や「カレーライス」にしたり、「トントントン、なんのおと？」の音を「ワンワンワン」「ノシノシノシ」など「動物の鳴き声」や「動物の足音」、また「身近な物音」に変えたりするなど、「古くて新しい伝承あそび」へと変化していった。
　伝承遊びとしての言葉遊びは、わらべ歌、語呂合わせ歌、手遊びなど、言葉の音節の遊びが多い。しかし、これらはまだ舌がうまく回らず、音を正しく聞き取る力が弱い幼児期の子どもが遊ぶのには難しく、発音の間違いも多い。そこで、従来の「早口言葉遊び」を、１音ずつゆっくり発音し、言葉のまねっこをしていく「なにかな　なにかな？」という新しい言葉遊びにすることで、発音の間違いにも気づくようになる。
　また、「しりとり」の大好きな子どもたちが、「いか・かい・いか・かい」と、繰り返された言葉のおもしろさに気づいたり、言葉が逆になると違う言葉になったり、時には「とまと・とまと」のように同じだったりするおもしろさに気づき、自分や友達の名前をさかさに呼び合って遊ぶ姿も見られるようになった。
　「なぞなぞ遊び」も子どもたちが大好きな遊びの一つである。従来のなぞなぞ遊びのように「はぐらかし」のヒントではなく、子どもの発達や年齢に合わせ、「体が大きくて、ノッシノッシ歩き、鼻が長い動物はなあに？」（ゾウ）、「丸くて赤いくだもの、なあに？」（リンゴ、サクランボ）のように、「ものの特徴」をとらえ、出してもらったヒントで推理して遊んでいくことで、ものの見方や考え方に気づき、語彙を豊かにしていく。

3　ごっこ遊びとしての言葉遊び

　子どもは次々に体験を再現できる「ごっこ遊び」が大好きである。さまざまな表現遊びを総合的に活動し、たくさんの言葉を育て、遊びを創造していく。たとえば、砂場遊びでのケーキ作り、「どんなケーキにしようかな」と周りの草花などをトッピングして作ったケーキで「ケーキ屋さんごっこ」を始める。また、水遊びが大好きな子どもたちは、身近な花や葉っぱを水に浸し、色を出し、また、絵の具で色水づくりをしている子どもたちに保育者が「何ジュースを作っているの？」と問いかけをすることで、いろいろなジュースをイメージし、「ジュース屋さんごっこ」を始める。
　園でのさまざまな行事や経験の後、保育者が知らせたい言葉の「ごっこ遊び」を提案し

ていくと、その遊びの中で言葉を育てていく言葉遊びになっていく。

事例4-27　ケーキ屋さんごっこ（2～3歳）

いつも遊んでいる絵カードの中から、ケーキ屋さんで見てきたお菓子を見つけたので、子どもたちはそれを持って、保育者が扮した「ケーキ屋さん」へ出かける。

保育者「いらっしゃいませ、なにがいいですか？」
子ども「これ」「これ、ください」（黙ってカードを出す子もいる）
保育者「はい、イチゴケーキですね、きょうはとくべつおいしいですよ」「はい、ありがとうございました」「またどうぞ」
他の保育者の援助も借り、楽しそうにごっこ遊びを楽しむ。

お散歩で、街のケーキ屋さんを見学してきた子どもたち。早速、ままごと道具でケーキ屋さんごっこを始めた。数少ないままごとのケーキやお菓子の取り合いが始まったのをきっかけに、保育者が手作りでミニトーイをつくり、いつも遊んでいる絵カードを利用して遊びを深めていった。これをきっかけに、たくさんのお菓子の名前に興味を示すようになった。

4　話し言葉から書き言葉へ

日々何気なく遊んでいる言葉が、音節で区切られていることに気づき、音節ごとの文字に興味をもち、やがてそのはたらきに気づいていけるようになる。

「『あ』のつくひと、このゆびと～まれ」で、友達の名前にも気づいたり、保育者との手遊びで「あ」がつく言葉に「あり」「あひる」「あかちゃん」「アイスクリーム」などがあることに気づいていく。そして、日々の生活の中で獲得した言葉がいくつかの音でできていることを知り、語頭の音に気づいて、それらの音を書き表すのが「文字」であることを理解していく。

事例4-28　「あいうえお　なあに」（対象：3～5歳）
【遊び方1（コミュニケーション遊び）】
伝承遊び「おなべふ」を幼児向けにした遊びで、保育者とコミュニケーションを取りながら遊ぶ。
保育者は両親指で子どもの手首を持ち、肘のところまで「あ・い・う・え・お・あい……」と進んでいく。肘のところが「お」で終わったら、子どもの腕を持ち上げながら、「おりこうさん」と言ってあげる。他に「あ」あまえんぼう、「い」いたずらっ

こ、「う」うっかりやさん、「え」えらいひと、など。
【遊び方2（頭音を手掛かりに言葉を探す）】
　① A、Bの2人組をつくる（保育者と子ども、子ども同士）。
　② ジャンケンをし、勝った人が負けた人の腕を持ち、【遊び方1】の遊び方で進める。
　③ やってもらった人は言葉を考える。
　　例）「あ」あひる、アンパンマン、あかるいこ
　　　　「い」いぬ、いちばん、いちごがすきな子
　　　　「う」うさぎ、ウルトラマン、うれしい子
　　　　「え」えんぴつ、えんとつ、えんちょう先生
　　　　「お」おっとせい、おかあさん、おまわりさん　など
　その他「かきくけこ」「さしすせそ」などにも気づき、言葉を探して遊ぶ。
【留意点】
　・自分の名前や友達の名前、キャラクターの名前などの音節を分解し言葉を探していくなど、子どもの発想を大切にして遊びを深めていく。
　・五十音に気づいたら、環境として絵入りの五十音表などを保育室に貼っておくのもよい。

5　書き言葉で楽しむ

(1)　幼児期の文字の習得について

　幼稚園教育要領の「言葉」の領域では、内容(10)に「日常生活の中で、文字などで伝える楽しさを味わう」とある。
　「環境」の領域ではねらい(3)に「文字などに対する感覚を豊かにする」、内容(9)には「日常生活の中で簡単な標識や文字などに関心をもつ」とある。また、内容の取扱い(5)に「数量や文字などに関しては、日常生活の中で幼児自身の必要感に基づく体験を大切にし、数量や文字などに関する興味や関心、感覚が養われるようにすること」とある。
　一方、保育所保育指針（3歳以上児）では、「環境」のねらい③に「身近な事象を見たり、考えたり、扱ったりする中で、物の性質や数量、文字などに対する感覚を豊かにする」、内容⑩に「日常生活の中で簡単な標識や文字などに関心をもつ」とある。また、「言葉」の内容⑩に「日常生活の中で、文字などで伝える楽しさを味わう」とある。
　子どもたちが日常生活の中で、保育者や友達と文字のやりとり遊びを通し、文字のはたらきに気づき、文字を習得することで、子どもの生活がより豊かになるような環境づくりが大切である。
　幼児期の文字指導は子どもの興味・関心と発達に即し、決して無理強いをせず、その子どもが置かれている環境の中で習得させていくことが大切である。そして、まだ文字を読

んだり書いたりすることに興味がもてない子どもでも、文字に対する興味がもてるように友達や保育者とのかかわりの中で、環境設定をし、語彙が豊かになる言葉遊びなどを通し、文字遊びを楽しんでいけるように配慮することが大切である。

また、子どもの文字の学習は、ひらがなのみでなく、カタカナ、漢字、英語など自分が興味をもてるものに出会ったとき獲得をしていくことが大事である。

(2) 幼児期の文字環境について

たとえば、3歳児でも自分の持ち物、ロッカーや靴箱などにすべて名前が書かれていることで、その文字が一字一字読めなくとも、共通して「自分のしるし」として書かれた文字をとらえることができていく。それは、自分のマークシールなど非文字（記号、マークなど）と同じような感覚ではあるが、いずれ文字のはたらきに気づいていく。

そこで、この場合、けっして文字を「読む」「書く」指導ではなく、子どもたちが自然に文字に興味・関心がもてるような環境設定をしていくことが大切である。たとえば保育現場では、次のような配慮をしたい。

- クラス名や担任の名前、グループ名などを文字で書き表してある。
- 絵や写真を添えて日々の当番表、お誕生日表などを作る。
- 月日、曜日、天気など毎日黒板に板書する。
- 草花や飼育動物の名前、矢立て札を立てておく。
- 保育者自身の覚書のための板書など

また、子どもたちが自ら経験していく遊びとして、以下のような活動が考えられる。

■文字に触れていく遊び

- お店屋さんごっこ（看板、お金、案内状）
- カルタやトランプ遊び（絵と合わせて、文字神経衰弱など）
- 絵本や図鑑を見る・読む（絵と対応させながら）
- ごっこ遊び（お手紙ごっこ、忍者ごっこ、探検ごっこ、オリエンテーリング）などの絵手紙（文字と絵を使った謎解きなど、文字が読めなくても遊びを楽しむ）
- 絵本や紙芝居を観る、聞く（絵を手掛かりにしているが、書き言葉に触れ、文、文章の読みの下地ができる）
- 観察絵日記（アサガオ、野菜づくりなど絵を中心に描くうちに、知っている文字を書き入れ成長を記録し、それをきっかけに自分のものを長期観察でき、命の大切さにも気づくきっかけとなる）
- 言葉遊び（ゲーム、手遊び、歌遊び、絵カード遊びなど日常生活の諸々の活動の中で、言葉のおもしろさを楽しみ、イメージを豊かにし、語彙を深め、音を書き表す文字に触れたり、書き言葉にも気づいていくようにしたりする）
- 文字遊び（文字の形集め、文字合わせなど、文字で遊ぶ）

6 文字遊びの実践

　文字には形、音、意味（義）という構成要素がある。かな文字一字一字には意味がないが、かな文字の形、音に気づき、かな文字を合わせると意味がある言葉を表すものであると気づかせていくのが文字遊びである、といわれている（村石、1985）。幼児期は日々の生活の中でこれらを徐々に理解していく。

(1) 文字の読み

> **事例4-29　絵本を通し文字に興味をもつ（3歳）**
> 　乗り物の絵本が好きで、毎日寝る前に同じ本を読んでもらっていたAちゃん。あるとき、読めなくとも1人でその絵本を読むまねをする姿が見られた。
> 　また、幼稚園でマークシールと合わせ、書かれている自分の持ち物や靴箱ロッカーなど、自分の名前の文字に興味をもった。

> **事例4-30　伝承遊びを通し言葉の音に気づく（4歳）**
> 　外遊びが大好きなBくんはジャンケンをし、音を分解して遊ぶ「グリコ、チョコレート、パイナップル」のような言葉遊びが大好き。あるとき、それらが言葉の音数だけ跳ぶというルールに気づき、同じ語頭の言葉を探し、それらの音数で遊ぶなど、ほかの言葉も考えていった。

> **事例4-31　雨音探しの音遊びから濁音・半濁音に気づく（5歳）**
> 　梅雨のある日、雨音に興味をもった子どもたち。みんなで雨音を聞き、「バチャバチャ」「パチャパチャ」「パラパラ」「バラバラザーザー」などの音の違いに気づく。それをきっかけに、クラス全体で濁音や半濁音がつく擬音から「バラバラするもの、何があるだろう？」と言葉探しが始まる。保育者は子どもが集めた言葉をそのつど絵と文字で紙に書き、保育室に貼っておいた。しだいに自ら書く子が増えてきた。

(2) 文字の書き

　文字に興味を示し、読み始めると、文字のはたらきに気づき、文字で書き表したくなってくる。文字を正しく書くには図形のまね書きができ、字形（やさしいもの）の再生ができ、点画（長短、曲直、方向、角度、位置、間隔）、運筆（始筆、送筆、終筆。とめ、はね、はらい）、書き順（順番、方向、筆数）の3要素を理解しなければならない。
　しかし、幼児期はこれらの能力には個人差があるので、興味・関心と発達に応じ無理強いせずに遊びの中で習得させていくようにする。

第4章 言葉を楽しむ—言葉と心— **実 践 編**

> **事例4-32　年長のお姉さんに絵手紙をもらったＣちゃん（4歳）**
> 　元気がよく外遊びが好きなＣちゃん。それまでは仲良しの友達が文字を書いても見向きもしなかったが、ある日、同じバスの年長組の女児に手紙をもらう。折り紙に「手紙」を書いて返事を出すが、「なんてかいてあるの？　これ字ではないよ」と言われたのをきっかけに猛烈な勢いで読み書きに興味をもち、車で移動中も周りの看板の文字を親に尋ねることにより、マークと合わせ、漢字、カタカナ、ローマ字にまで興味をもつことで、Ｃちゃんの言葉と文字の世界が一気に広がっていった。

> **事例4-33　病気のお友達にお見舞い状を書く（5歳）**
> 　クラスの友達が病気で入院をする。そこでみんなで話し合いをし、お手紙を書くことになった。文字が書けない子は絵のみでよいとしたが、大好きな友達のためにどうしても書きたくなった子どもたちは、保育者に尋ねながら友達の名前や知っている文字をやっと書き、手紙を出す。その後、その子の母親からの代筆の返事を保育室に貼っておくと、みんなでその手紙を何度も読む。そのうちに、また、「返事を書きたい」と訴えてきた。そのようなことがきっかけで、クラスの中でお手紙ごっこが始まり、廊下に大きなポストを据えることで、園全体にお手紙ごっこが広がっていった。

■一筆書き遊び、絵かき歌、字書き歌遊び

<u>一筆書き遊び</u>

・点線で描いておき、その上をなぞって遊ぶ。

・一筆と二筆のふねは保育者がはじめに描いてみせ、何の絵か当てさせていく。
・自分で描きたい子には自由に描かせて遊ぶ。
　一筆で絵が描けるおもしろさを楽しみながら、鉛筆に慣れ、手先の運動機能を高めていくことができる遊びである。
　遊びながら子どもの創造性を大切に育てていく。

絵かき歌遊び
　リズムにのせて歌いながら、一筆ずつ意味づけをし、描くうちに絵が完成することを楽しませていく。また、手先の運動機能も高めていく。

【あひる】
① にいちゃんが
② 3円もらって
③ 豆買って
④ お口をとんがらかして
⑤ あひるさん

【かえる】
① 棒が一本あったとさ
② 葉っぱかな
③ 葉っぱじゃ
④ ないよ
⑤ かえるだよ
⑥ ぴょんぴょんぴょん
⑦ ぴょんぴょんぴょん

■お絵かきジャンケン
① 2人組でジャンケンをし、勝った人が一筆ずつ描いていき、早く絵を完成させたほ

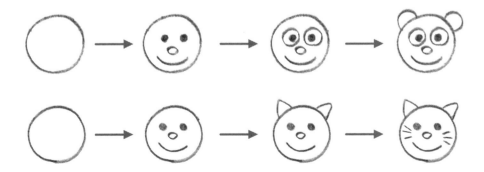

うが勝ち。
② 絵を描くときは描く順番を決めておき、方向も左から右、上から下の文字の筆順と同じにして描く。
③ 描く絵を決め、2人で同じ顔を描く。

■文字に親しむ遊び

言葉つくりゲーム

ひらがなを組み合わせると言葉ができることを知り、いろいろな文字を組み合わせて言葉をつくって遊ぶことができる。
① ひらがなカードを作る（保育者が作る）。
② 5～6人で遊ぶ。カードをバラバラにして裏返しにしておく。
③ 順番を決めてから、まず2枚めくり、それで言葉ができたらそのカードをもらう。
例）あ、め ⇒ 「雨」または「飴」ができたので、そのカードをもらう。
　　と、ん ⇒ 言葉ができないので、もう1枚取れる。「ふ」が出たら「ふとん」となり、3枚もらう。言葉ができなかったらもとに戻す。

ジャンケン文字書き

2～3人で遊ぶ。自分の名前が書けるようになったら遊ぶことができる。筆順をルールに加え、きちんと守りながらジャンケンに勝ったら一筆ずつ書いていく。相手も同じ名前を書き、名前を交代して遊ぶ。
例）さいとうふみこ

〔引用・参考文献〕
・村石昭三編著『文字遊びの指導』鈴木出版、1985年
・斎藤二三子著『2人からでも遊べる室内遊び Best50』鈴木出版、1996年
・尾原昭夫編著『日本のわらべうた　室内遊戯編』社会思想社、1972年

〈齋藤　二三子〉

資料編

平成29年3月31日告示

幼稚園教育要領（抄）

第1章　総則

第1　幼稚園教育の基本

　幼児期の教育は、生涯にわたる人格形成の基礎を培う重要なものであり、幼稚園教育は、学校教育法に規定する目的及び目標を達成するため、幼児期の特性を踏まえ、環境を通して行うものであることを基本とする。

　このため教師は、幼児との信頼関係を十分に築き、幼児が身近な環境に主体的に関わり、環境との関わり方や意味に気付き、これらを取り込もうとして、試行錯誤したり、考えたりするようになる幼児期の教育における見方・考え方を生かし、幼児と共によりよい教育環境を創造するように努めるものとする。これらを踏まえ、次に示す事項を重視して教育を行わなければならない。

1　幼児は安定した情緒の下で自己を十分に発揮することにより発達に必要な体験を得ていくものであることを考慮して、幼児の主体的な活動を促し、幼児期にふさわしい生活が展開されるようにすること。
2　幼児の自発的な活動としての遊びは、心身の調和のとれた発達の基礎を培う重要な学習であることを考慮して、遊びを通しての指導を中心として第2章に示すねらいが総合的に達成されるようにすること。
3　幼児の発達は、心身の諸側面が相互に関連し合い、多様な経過をたどって成し遂げられていくものであること、また、幼児の生活経験がそれぞれ異なることなどを考慮して、幼児一人一人の特性に応じ、発達の課題に即した指導を行うようにすること。

　その際、教師は、幼児の主体的な活動が確保されるよう幼児一人一人の行動の理解と予想に基づき、計画的に環境を構成しなければならない。この場合において、教師は、幼児と人やものとの関わりが重要であることを踏まえ、教材を工夫し、物的・空間的環境を構成しなければならない。また、幼児一人一人の活動の場面に応じて、様々な役割を果たし、その活動を豊かにしなければならない。

第2　幼稚園教育において育みたい資質・能力及び「幼児期の終わりまでに育ってほしい姿」

1　幼稚園においては、生きる力の基礎を育むため、この章の第1に示す幼稚園教育の基本を踏まえ、次に掲げる資質・能力を一体的に育むよう努めるものとする。
　(1)　豊かな体験を通じて、感じたり、気付いたり、分かったり、できるようになったりする「知識及び技能の基礎」
　(2)　気付いたことや、できるようになったことなどを使い、考えたり、試したり、工夫したり、表現したりする「思考力、判断力、表現力等の基礎」
　(3)　心情、意欲、態度が育つ中で、よりよい生活を営もうとする「学びに向かう力、人間性等」
2　1に示す資質・能力は、第2章に示すねらい及び内容に基づく活動全体によって育むものである。
3　次に示す「幼児期の終わりまでに育ってほしい姿」は、第2章に示すねらい及び内容に基づく活動全体を通して資質・能力が育まれている幼児の幼稚園修了時の具体的な姿であり、

教師が指導を行う際に考慮するものである。
(1) 健康な心と体
　　幼稚園生活の中で、充実感をもって自分のやりたいことに向かって心と体を十分に働かせ、見通しをもって行動し、自ら健康で安全な生活をつくり出すようになる。
(2) 自立心
　　身近な環境に主体的に関わり様々な活動を楽しむ中で、しなければならないことを自覚し、自分の力で行うために考えたり、工夫したりしながら、諦めずにやり遂げることで達成感を味わい、自信をもって行動するようになる。
(3) 協同性
　　友達と関わる中で、互いの思いや考えなどを共有し、共通の目的の実現に向けて、考えたり、工夫したり、協力したりし、充実感をもってやり遂げるようになる。
(4) 道徳性・規範意識の芽生え
　　友達と様々な体験を重ねる中で、してよいことや悪いことが分かり、自分の行動を振り返ったり、友達の気持ちに共感したりし、相手の立場に立って行動するようになる。また、きまりを守る必要性が分かり、自分の気持ちを調整し、友達と折り合いを付けながら、きまりをつくったり、守ったりするようになる。
(5) 社会生活との関わり
　　家族を大切にしようとする気持ちをもつとともに、地域の身近な人と触れ合う中で、人との様々な関わり方に気付き、相手の気持ちを考えて関わり、自分が役に立つ喜びを感じ、地域に親しみをもつようになる。また、幼稚園内外の様々な環境に関わる中で、遊びや生活に必要な情報を取り入れ、情報に基づき判断したり、情報を伝え合ったり、活用したりするなど、情報を役立てながら活動するようになるとともに、公共の施設を大切に利用するなどして、社会とのつながりなどを意識するようになる。
(6) 思考力の芽生え
　　身近な事象に積極的に関わる中で、物の性質や仕組みなどを感じ取ったり、気付いたりし、考えたり、予想したり、工夫したりするなど、多様な関わりを楽しむようになる。また、友達の様々な考えに触れる中で、自分と異なる考えがあることに気付き、自ら判断したり、考え直したりするなど、新しい考えを生み出す喜びを味わいながら、自分の考えをよりよいものにするようになる。
(7) 自然との関わり・生命尊重
　　自然に触れて感動する体験を通して、自然の変化などを感じ取り、好奇心や探究心をもって考え言葉などで表現しながら、身近な事象への関心が高まるとともに、自然への愛情や畏敬の念をもつようになる。また、身近な動植物に心を動かされる中で、生命の不思議さや尊さに気付き、身近な動植物への接し方を考え、命あるものとしていたわり、大切にする気持ちをもって関わるようになる。
(8) 数量や図形、標識や文字などへの関心・感覚
　　遊びや生活の中で、数量や図形、標識や文字などに親しむ体験を重ねたり、標識や文字の役割に気付いたりし、自らの必要感に基づきこれらを活用し、興味や関心、感覚をもつようになる。
(9) 言葉による伝え合い
　　先生や友達と心を通わせる中で、絵本や物語などに親しみながら、豊かな言葉や表現を身に付け、経験したことや考えたことなどを言葉で伝えたり、相手の話を注意して聞いたりし、言葉による伝え合いを楽しむようになる。

(10) 豊かな感性と表現

　　心を動かす出来事などに触れ感性を働かせる中で、様々な素材の特徴や表現の仕方などに気付き、感じたことや考えたことを自分で表現したり、友達同士で表現する過程を楽しんだりし、表現する喜びを味わい、意欲をもつようになる。

第3　教育課程の役割と編成等

1　教育課程の役割

　　各幼稚園においては、教育基本法及び学校教育法その他の法令並びにこの幼稚園教育要領の示すところに従い、創意工夫を生かし、幼児の心身の発達と幼稚園及び地域の実態に即応した適切な教育課程を編成するものとする。

　　また、各幼稚園においては、6に示す全体的な計画にも留意しながら、「幼児期の終わりまでに育ってほしい姿」を踏まえ教育課程を編成すること、教育課程の実施状況を評価してその改善を図っていくこと、教育課程の実施に必要な人的又は物的な体制を確保するとともにその改善を図っていくことなどを通して、教育課程に基づき組織的かつ計画的に各幼稚園の教育活動の質の向上を図っていくこと（以下「カリキュラム・マネジメント」という。）に努めるものとする。

2　各幼稚園の教育目標と教育課程の編成

　　教育課程の編成に当たっては、幼稚園教育において育みたい資質・能力を踏まえつつ、各幼稚園の教育目標を明確にするとともに、教育課程の編成についての基本的な方針が家庭や地域とも共有されるよう努めるものとする。

3　教育課程の編成上の基本的事項

(1)　幼稚園生活の全体を通して第2章に示すねらいが総合的に達成されるよう、教育課程に係る教育期間や幼児の生活経験や発達の過程などを考慮して具体的なねらいと内容を組織するものとする。この場合においては、特に、自我が芽生え、他者の存在を意識し、自己を抑制しようとする気持ちが生まれる幼児期の発達の特性を踏まえ、入園から修了に至るまでの長期的な視野をもって充実した生活が展開できるように配慮するものとする。

(2)　幼稚園の毎学年の教育課程に係る教育週数は、特別の事情のある場合を除き、39週を下ってはならない。

(3)　幼稚園の1日の教育課程に係る教育時間は、4時間を標準とする。ただし、幼児の心身の発達の程度や季節などに適切に配慮するものとする。

4　教育課程の編成上の留意事項

　　教育課程の編成に当たっては、次の事項に留意するものとする。

(1)　幼児の生活は、入園当初の一人一人の遊びや教師との触れ合いを通して幼稚園生活に親しみ、安定していく時期から、他の幼児との関わりの中で幼児の主体的な活動が深まり、幼児が互いに必要な存在であることを認識するようになり、やがて幼児同士や学級全体で目的をもって協同して幼稚園生活を展開し、深めていく時期などに至るまでの過程を様々に経ながら広げられていくものであることを考慮し、活動がそれぞれの時期にふさわしく展開されるようにすること。

(2)　入園当初、特に、3歳児の入園については、家庭との連携を緊密にし、生活のリズムや安全面に十分配慮すること。また、満3歳児については、学年の途中から入園することを考慮し、幼児が安心して幼稚園生活を過ごすことができるよう配慮すること。

(3)　幼稚園生活が幼児にとって安全なものとなるよう、教職員による協力体制の下、幼児の主体的な活動を大切にしつつ、園庭や園舎などの環境の配慮や指導の工夫を行うこと。

5 小学校教育との接続に当たっての留意事項
  (1) 幼稚園においては、幼稚園教育が、小学校以降の生活や学習の基盤の育成につながることに配慮し、幼児期にふさわしい生活を通して、創造的な思考や主体的な生活態度などの基礎を培うようにするものとする。
  (2) 幼稚園教育において育まれた資質・能力を踏まえ、小学校教育が円滑に行われるよう、小学校の教師との意見交換や合同の研究の機会などを設け、「幼児期の終わりまでに育ってほしい姿」を共有するなど連携を図り、幼稚園教育と小学校教育との円滑な接続を図るよう努めるものとする。
6 全体的な計画の作成
  各幼稚園においては、教育課程を中心に、第3章に示す教育課程に係る教育時間の終了後等に行う教育活動の計画、学校保健計画、学校安全計画などとを関連させ、一体的に教育活動が展開されるよう全体的な計画を作成するものとする。

第4 指導計画の作成と幼児理解に基づいた評価

1 指導計画の考え方
  幼稚園教育は、幼児が自ら意欲をもって環境と関わることによりつくり出される具体的な活動を通して、その目標の達成を図るものである。
  幼稚園においてはこのことを踏まえ、幼児期にふさわしい生活が展開され、適切な指導が行われるよう、それぞれの幼稚園の教育課程に基づき、調和のとれた組織的、発展的な指導計画を作成し、幼児の活動に沿った柔軟な指導を行わなければならない。
2 指導計画の作成上の基本的事項
  (1) 指導計画は、幼児の発達に即して一人一人の幼児が幼児期にふさわしい生活を展開し、必要な体験を得られるようにするために、具体的に作成するものとする。
  (2) 指導計画の作成に当たっては、次に示すところにより、具体的なねらい及び内容を明確に設定し、適切な環境を構成することなどにより活動が選択・展開されるようにするものとする。
    ア 具体的なねらい及び内容は、幼稚園生活における幼児の発達の過程を見通し、幼児の生活の連続性、季節の変化などを考慮して、幼児の興味や関心、発達の実情などに応じて設定すること。
    イ 環境は、具体的なねらいを達成するために適切なものとなるように構成し、幼児が自らその環境に関わることにより様々な活動を展開しつつ必要な体験を得られるようにすること。その際、幼児の生活する姿や発想を大切にし、常にその環境が適切なものとなるようにすること。
    ウ 幼児の行う具体的な活動は、生活の流れの中で様々に変化するものであることに留意し、幼児が望ましい方向に向かって自ら活動を展開していくことができるよう必要な援助をすること。

  その際、幼児の実態及び幼児を取り巻く状況の変化などに即して指導の過程についての評価を適切に行い、常に指導計画の改善を図るものとする。
3 指導計画の作成上の留意事項
  指導計画の作成に当たっては、次の事項に留意するものとする。
  (1) 長期的に発達を見通した年、学期、月などにわたる長期の指導計画やこれとの関連を保ちながらより具体的な幼児の生活に即した週、日などの短期の指導計画を作成し、適切

な指導が行われるようにすること。特に、週、日などの短期の指導計画については、幼児の生活のリズムに配慮し、幼児の意識や興味の連続性のある活動が相互に関連して幼稚園生活の自然な流れの中に組み込まれるようにすること。
  (2) 幼児が様々な人やものとの関わりを通して、多様な体験をし、心身の調和のとれた発達を促すようにしていくこと。その際、幼児の発達に即して主体的・対話的で深い学びが実現するようにするとともに、心を動かされる体験が次の活動を生み出すことを考慮し、一つ一つの体験が相互に結び付き、幼稚園生活が充実するようにすること。
  (3) 言語に関する能力の発達と思考力等の発達が関連していることを踏まえ、幼稚園生活全体を通して、幼児の発達を踏まえた言語環境を整え、言語活動の充実を図ること。
  (4) 幼児が次の活動への期待や意欲をもつことができるよう、幼児の実態を踏まえながら、教師や他の幼児と共に遊びや生活の中で見通しをもったり、振り返ったりするよう工夫すること。
  (5) 行事の指導に当たっては、幼稚園生活の自然の流れの中で生活に変化や潤いを与え、幼児が主体的に楽しく活動できるようにすること。なお、それぞれの行事についてはその教育的価値を十分検討し、適切なものを精選し、幼児の負担にならないようにすること。
  (6) 幼児期は直接的な体験が重要であることを踏まえ、視聴覚教材やコンピュータなど情報機器を活用する際には、幼稚園生活では得難い体験を補完するなど、幼児の体験との関連を考慮すること。
  (7) 幼児の主体的な活動を促すためには、教師が多様な関わりをもつことが重要であることを踏まえ、教師は、理解者、共同作業者など様々な役割を果たし、幼児の発達に必要な豊かな体験が得られるよう、活動の場面に応じて、適切な指導を行うようにすること。
  (8) 幼児の行う活動は、個人、グループ、学級全体などで多様に展開されるものであることを踏まえ、幼稚園全体の教師による協力体制を作りながら、一人一人の幼児が興味や欲求を十分に満足させるよう適切な援助を行うようにすること。
4 幼児理解に基づいた評価の実施
  幼児一人一人の発達の理解に基づいた評価の実施に当たっては、次の事項に配慮するものとする。
  (1) 指導の過程を振り返りながら幼児の理解を進め、幼児一人一人のよさや可能性などを把握し、指導の改善に生かすようにすること。その際、他の幼児との比較や一定の基準に対する達成度についての評定によって捉えるものではないことに留意すること。
  (2) 評価の妥当性や信頼性が高められるよう創意工夫を行い、組織的かつ計画的な取組を推進するとともに、次年度又は小学校等にその内容が適切に引き継がれるようにすること。

第5 特別な配慮を必要とする幼児への指導
1 障害のある幼児などへの指導
  障害のある幼児などへの指導に当たっては、集団の中で生活することを通して全体的な発達を促していくことに配慮し、特別支援学校などの助言又は援助を活用しつつ、個々の幼児の障害の状態などに応じた指導内容や指導方法の工夫を組織的かつ計画的に行うものとする。また、家庭、地域及び医療や福祉、保健等の業務を行う関係機関との連携を図り、長期的な視点で幼児への教育的支援を行うために、個別の教育支援計画を作成し活用することに努めるとともに、個々の幼児の実態を的確に把握し、個別の指導計画を作成し活用することに努めるものとする。
2 海外から帰国した幼児や生活に必要な日本語の習得に困難のある幼児の幼稚園生活への適

応

海外から帰国した幼児や生活に必要な日本語の習得に困難のある幼児については、安心して自己を発揮できるよう配慮するなど個々の幼児の実態に応じ、指導内容や指導方法の工夫を組織的かつ計画的に行うものとする。

（略）

第2章　ねらい及び内容

この章に示すねらいは、幼稚園教育において育みたい資質・能力を幼児の生活する姿から捉えたものであり、内容は、ねらいを達成するために指導する事項である。各領域は、これらを幼児の発達の側面から、心身の健康に関する領域「健康」、人との関わりに関する領域「人間関係」、身近な環境との関わりに関する領域「環境」、言葉の獲得に関する領域「言葉」及び感性と表現に関する領域「表現」としてまとめ、示したものである。内容の取扱いは、幼児の発達を踏まえた指導を行うに当たって留意すべき事項である。

各領域に示すねらいは、幼稚園における生活の全体を通じ、幼児が様々な体験を積み重ねる中で相互に関連をもちながら次第に達成に向かうものであること、内容は、幼児が環境に関わって展開する具体的な活動を通して総合的に指導されるものであることに留意しなければならない。

また、「幼児期の終わりまでに育ってほしい姿」が、ねらい及び内容に基づく活動全体を通して資質・能力が育まれている幼児の幼稚園修了時の具体的な姿であることを踏まえ、指導を行う際に考慮するものとする。

なお、特に必要な場合には、各領域に示すねらいの趣旨に基づいて適切な、具体的な内容を工夫し、それを加えても差し支えないが、その場合には、それが第1章の第1に示す幼稚園教育の基本を逸脱しないよう慎重に配慮する必要がある。

健康　（略）
人間関係　（略）
環境　（略）

言葉
〔経験したことや考えたことなどを自分なりの言葉で表現し、相手の話す言葉を聞こうとする意欲や態度を育て、言葉に対する感覚や言葉で表現する力を養う。〕
1　ねらい
　(1)　自分の気持ちを言葉で表現する楽しさを味わう。
　(2)　人の言葉や話などをよく聞き、自分の経験したことや考えたことを話し、伝え合う喜びを味わう。
　(3)　日常生活に必要な言葉が分かるようになるとともに、絵本や物語などに親しみ、言葉に対する感覚を豊かにし、先生や友達と心を通わせる。
2　内容
　(1)　先生や友達の言葉や話に興味や関心をもち、親しみをもって聞いたり、話したりする。
　(2)　したり、見たり、聞いたり、感じたり、考えたりなどしたことを自分なりに言葉で表現する。
　(3)　したいこと、してほしいことを言葉で表現したり、分からないことを尋ねたりする。
　(4)　人の話を注意して聞き、相手に分かるように話す。
　(5)　生活の中で必要な言葉が分かり、使う。

(6) 親しみをもって日常の挨拶をする。
(7) 生活の中で言葉の楽しさや美しさに気付く。
(8) いろいろな体験を通じてイメージや言葉を豊かにする。
(9) 絵本や物語などに親しみ、興味をもって聞き、想像をする楽しさを味わう。
(10) 日常生活の中で、文字などで伝える楽しさを味わう。

3 内容の取扱い

上記の取扱いに当たっては、次の事項に留意する必要がある。

(1) 言葉は、身近な人に親しみをもって接し、自分の感情や意志などを伝え、それに相手が応答し、その言葉を聞くことを通して次第に獲得されていくものであることを考慮して、幼児が教師や他の幼児と関わることにより心を動かされるような体験をし、言葉を交わす喜びを味わえるようにすること。
(2) 幼児が自分の思いを言葉で伝えるとともに、教師や他の幼児などの話を興味をもって注意して聞くことを通して次第に話を理解するようになっていき、言葉による伝え合いができるようにすること。
(3) 絵本や物語などで、その内容と自分の経験とを結び付けたり、想像を巡らせたりするなど、楽しみを十分に味わうことによって、次第に豊かなイメージをもち、言葉に対する感覚が養われるようにすること。
(4) 幼児が生活の中で、言葉の響きやリズム、新しい言葉や表現などに触れ、これらを使う楽しさを味わえるようにすること。その際、絵本や物語に親しんだり、言葉遊びなどをしたりすることを通して、言葉が豊かになるようにすること。
(5) 幼児が日常生活の中で、文字などを使いながら思ったことや考えたことを伝える喜びや楽しさを味わい、文字に対する興味や関心をもつようにすること。

表現（略）

第3章　教育課程に係る教育時間の終了後等に行う教育活動などの留意事項（略）

平成29年3月31日告示

保育所保育指針（抄）

第1章　総則

　この指針は、児童福祉施設の設備及び運営に関する基準（昭和23年厚生省令第63号。以下「設備運営基準」という。）第35条の規定に基づき、保育所における保育の内容に関する事項及びこれに関連する運営に関する事項を定めるものである。各保育所は、この指針において規定される保育の内容に係る基本原則に関する事項等を踏まえ、各保育所の実情に応じて創意工夫を図り、保育所の機能及び質の向上に努めなければならない。

1　保育所保育に関する基本原則
　(1)　保育所の役割
　　ア　保育所は、児童福祉法（昭和22年法律第164号）第39条の規定に基づき、保育を必要とする子どもの保育を行い、その健全な心身の発達を図ることを目的とする児童福祉施設であり、入所する子どもの最善の利益を考慮し、その福祉を積極的に増進することに最もふさわしい生活の場でなければならない。
　　イ　保育所は、その目的を達成するために、保育に関する専門性を有する職員が、家庭との緊密な連携の下に、子どもの状況や発達過程を踏まえ、保育所における環境を通して、養護及び教育を一体的に行うことを特性としている。
　　ウ　保育所は、入所する子どもを保育するとともに、家庭や地域の様々な社会資源との連携を図りながら、入所する子どもの保護者に対する支援及び地域の子育て家庭に対する支援等を行う役割を担うものである。
　　エ　保育所における保育士は、児童福祉法第18条の4の規定を踏まえ、保育所の役割及び機能が適切に発揮されるように、倫理観に裏付けられた専門的知識、技術及び判断をもって、子どもを保育するとともに、子どもの保護者に対する保育に関する指導を行うものであり、その職責を遂行するための専門性の向上に絶えず努めなければならない。
　(2)　保育の目標
　　ア　保育所は、子どもが生涯にわたる人間形成にとって極めて重要な時期に、その生活時間の大半を過ごす場である。このため、保育所の保育は、子どもが現在を最も良く生き、望ましい未来をつくり出す力の基礎を培うために、次の目標を目指して行わなければならない。
　　　(ｱ)　十分に養護の行き届いた環境の下に、くつろいだ雰囲気の中で子どもの様々な欲求を満たし、生命の保持及び情緒の安定を図ること。
　　　(ｲ)　健康、安全など生活に必要な基本的な習慣や態度を養い、心身の健康の基礎を培うこと。
　　　(ｳ)　人との関わりの中で、人に対する愛情と信頼感、そして人権を大切にする心を育てるとともに、自主、自立及び協調の態度を養い、道徳性の芽生えを培うこと。
　　　(ｴ)　生命、自然及び社会の事象についての興味や関心を育て、それらに対する豊かな心情や思考力の芽生えを培うこと。
　　　(ｵ)　生活の中で、言葉への興味や関心を育て、話したり、聞いたり、相手の話を理解しようとするなど、言葉の豊かさを養うこと。
　　　(ｶ)　様々な体験を通して、豊かな感性や表現力を育み、創造性の芽生えを培うこと。

イ　保育所は、入所する子どもの保護者に対し、その意向を受け止め、子どもと保護者の安定した関係に配慮し、保育所の特性や保育士等の専門性を生かして、その援助に当たらなければならない。
　(3)　保育の方法
　　　保育の目標を達成するために、保育士等は、次の事項に留意して保育しなければならない。
　　ア　一人一人の子どもの状況や家庭及び地域社会での生活の実態を把握するとともに、子どもが安心感と信頼感をもって活動できるよう、子どもの主体としての思いや願いを受け止めること。
　　イ　子どもの生活のリズムを大切にし、健康、安全で情緒の安定した生活ができる環境や、自己を十分に発揮できる環境を整えること。
　　ウ　子どもの発達について理解し、一人一人の発達過程に応じて保育すること。その際、子どもの個人差に十分配慮すること。
　　エ　子ども相互の関係づくりや互いに尊重する心を大切にし、集団における活動を効果あるものにするよう援助すること。
　　オ　子どもが自発的・意欲的に関われるような環境を構成し、子どもの主体的な活動や子ども相互の関わりを大切にすること。特に、乳幼児期にふさわしい体験が得られるように、生活や遊びを通して総合的に保育すること。
　　カ　一人一人の保護者の状況やその意向を理解、受容し、それぞれの親子関係や家庭生活等に配慮しながら、様々な機会をとらえ、適切に援助すること。
　(4)　保育の環境
　　　保育の環境には、保育士等や子どもなどの人的環境、施設や遊具などの物的環境、更には自然や社会の事象などがある。保育所は、こうした人、物、場などの環境が相互に関連し合い、子どもの生活が豊かなものとなるよう、次の事項に留意しつつ、計画的に環境を構成し、工夫して保育しなければならない。
　　ア　子ども自らが環境に関わり、自発的に活動し、様々な経験を積んでいくことができるよう配慮すること。
　　イ　子どもの活動が豊かに展開されるよう、保育所の設備や環境を整え、保育所の保健的環境や安全の確保などに努めること。
　　ウ　保育室は、温かな親しみとくつろぎの場となるとともに、生き生きと活動できる場となるように配慮すること。
　　エ　子どもが人と関わる力を育てていくため、子ども自らが周囲の子どもや大人と関わっていくことができる環境を整えること。
　(5)　保育所の社会的責任
　　ア　保育所は、子どもの人権に十分配慮するとともに、子ども一人一人の人格を尊重して保育を行わなければならない。
　　イ　保育所は、地域社会との交流や連携を図り、保護者や地域社会に、当該保育所が行う保育の内容を適切に説明するよう努めなければならない。
　　ウ　保育所は、入所する子ども等の個人情報を適切に取り扱うとともに、保護者の苦情などに対し、その解決を図るよう努めなければならない。
(略)
3　保育の計画及び評価
　(1)　全体的な計画の作成
　　ア　保育所は、1の(2)に示した保育の目標を達成するために、各保育所の保育の方針や目

標に基づき、子どもの発達過程を踏まえて、保育の内容が組織的・計画的に構成され、保育所の生活の全体を通して、総合的に展開されるよう、全体的な計画を作成しなければならない。
　　イ　全体的な計画は、子どもや家庭の状況、地域の実態、保育時間などを考慮し、子どもの育ちに関する長期的見通しをもって適切に作成されなければならない。
　　ウ　全体的な計画は、保育所保育の全体像を包括的に示すものとし、これに基づく指導計画、保健計画、食育計画等を通じて、各保育所が創意工夫して保育できるよう、作成されなければならない。
　(2)　指導計画の作成
　　ア　保育所は、全体的な計画に基づき、具体的な保育が適切に展開されるよう、子どもの生活や発達を見通した長期的な指導計画と、それに関連しながら、より具体的な子どもの日々の生活に即した短期的な指導計画を作成しなければならない。
　　イ　指導計画の作成に当たっては、第2章及びその他の関連する章に示された事項のほか、子ども一人一人の発達過程や状況を十分に踏まえるとともに、次の事項に留意しなければならない。
　　　(ｱ)　3歳未満児については、一人一人の子どもの生育歴、心身の発達、活動の実態等に即して、個別的な計画を作成すること。
　　　(ｲ)　3歳以上児については、個の成長と、子ども相互の関係や協同的な活動が促されるよう配慮すること。
　　　(ｳ)　異年齢で構成される組やグループでの保育においては、一人一人の子どもの生活や経験、発達過程などを把握し、適切な援助や環境構成ができるよう配慮すること。
　　ウ　指導計画においては、保育所の生活における子どもの発達過程を見通し、生活の連続性、季節の変化などを考慮し、子どもの実態に即した具体的なねらい及び内容を設定すること。また、具体的なねらいが達成されるよう、子どもの生活する姿や発想を大切にして適切な環境を構成し、子どもが主体的に活動できるようにすること。
　　エ　一日の生活のリズムや在園時間が異なる子どもが共に過ごすことを踏まえ、活動と休息、緊張感と解放感等の調和を図るよう配慮すること。
　　オ　午睡は生活のリズムを構成する重要な要素であり、安心して眠ることのできる安全な睡眠環境を確保するとともに、在園時間が異なることや、睡眠時間は子どもの発達の状況や個人によって差があることから、一律とならないよう配慮すること。
　　カ　長時間にわたる保育については、子どもの発達過程、生活のリズム及び心身の状態に十分配慮して、保育の内容や方法、職員の協力体制、家庭との連携などを指導計画に位置付けること。
　　キ　障害のある子どもの保育については、一人一人の子どもの発達過程や障害の状態を把握し、適切な環境の下で、障害のある子どもが他の子どもとの生活を通して共に成長できるよう、指導計画の中に位置付けること。また、子どもの状況に応じた保育を実施する観点から、家庭や関係機関と連携した支援のための計画を個別に作成するなど適切な対応を図ること。
　(3)　指導計画の展開
　　　指導計画に基づく保育の実施に当たっては、次の事項に留意しなければならない。
　　ア　施設長、保育士など、全職員による適切な役割分担と協力体制を整えること。
　　イ　子どもが行う具体的な活動は、生活の中で様々に変化することに留意して、子どもが望ましい方向に向かって自ら活動を展開できるよう必要な援助を行うこと。

ウ　子どもの主体的な活動を促すためには、保育士等が多様な関わりをもつことが重要であることを踏まえ、子どもの情緒の安定や発達に必要な豊かな体験が得られるよう援助すること。
　　エ　保育士等は、子どもの実態や子どもを取り巻く状況の変化などに即して保育の過程を記録するとともに、これらを踏まえ、指導計画に基づく保育の内容の見直しを行い、改善を図ること。
（略）
4　幼児教育を行う施設として共有すべき事項
　(1)　育みたい資質・能力
　　ア　保育所においては、生涯にわたる生きる力の基礎を培うため、1の(2)に示す保育の目標を踏まえ、次に掲げる資質・能力を一体的に育むよう努めるものとする。
　　　(ｱ)　豊かな体験を通じて、感じたり、気付いたり、分かったり、できるようになったりする「知識及び技能の基礎」
　　　(ｲ)　気付いたことや、できるようになったことなどを使い、考えたり、試したり、工夫したり、表現したりする「思考力、判断力、表現力等の基礎」
　　　(ｳ)　心情、意欲、態度が育つ中で、よりよい生活を営もうとする「学びに向かう力、人間性等」
　　イ　アに示す資質・能力は、第2章に示すねらい及び内容に基づく保育活動全体によって育むものである。
　(2)　幼児期の終わりまでに育ってほしい姿
　　次に示す「幼児期の終わりまでに育ってほしい姿」は、第2章に示すねらい及び内容に基づく保育活動全体を通して資質・能力が育まれている子どもの小学校就学時の具体的な姿であり、保育士等が指導を行う際に考慮するものである。
　　ア　健康な心と体
　　　保育所の生活の中で、充実感をもって自分のやりたいことに向かって心と体を十分に働かせ、見通しをもって行動し、自ら健康で安全な生活をつくり出すようになる。
　　イ　自立心
　　　身近な環境に主体的に関わり様々な活動を楽しむ中で、しなければならないことを自覚し、自分の力で行うために考えたり、工夫したりしながら、諦めずにやり遂げることで達成感を味わい、自信をもって行動するようになる。
　　ウ　協同性
　　　友達と関わる中で、互いの思いや考えなどを共有し、共通の目的の実現に向けて、考えたり、工夫したり、協力したりし、充実感をもってやり遂げるようになる。
　　エ　道徳性・規範意識の芽生え
　　　友達と様々な体験を重ねる中で、してよいことや悪いことが分かり、自分の行動を振り返ったり、友達の気持ちに共感したりし、相手の立場に立って行動するようになる。また、きまりを守る必要性が分かり、自分の気持ちを調整し、友達と折り合いを付けながら、きまりをつくったり、守ったりするようになる。
　　オ　社会生活との関わり
　　　家族を大切にしようとする気持ちをもつとともに、地域の身近な人と触れ合う中で、人との様々な関わり方に気付き、相手の気持ちを考えて関わり、自分が役に立つ喜びを感じ、地域に親しみをもつようになる。また、保育所内外の様々な環境に関わる中で、遊びや生活に必要な情報を取り入れ、情報に基づき判断したり、情報を伝え合ったり、活用したり

するなど、情報を役立てながら活動するようになるとともに、公共の施設を大切に利用するなどして、社会とのつながりなどを意識するようになる。

　カ　思考力の芽生え

　　身近な事象に積極的に関わる中で、物の性質や仕組みなどを感じ取ったり、気付いたりし、考えたり、予想したり、工夫したりするなど、多様な関わりを楽しむようになる。また、友達の様々な考えに触れる中で、自分と異なる考えがあることに気付き、自ら判断したり、考え直したりするなど、新しい考えを生み出す喜びを味わいながら、自分の考えをよりよいものにするようになる。

　キ　自然との関わり・生命尊重

　　自然に触れて感動する体験を通して、自然の変化などを感じ取り、好奇心や探究心をもって考え言葉などで表現しながら、身近な事象への関心が高まるとともに、自然への愛情や畏敬の念をもつようになる。また、身近な動植物に心を動かされる中で、生命の不思議さや尊さに気付き、身近な動植物への接し方を考え、命あるものとしていたわり、大切にする気持ちをもって関わるようになる。

　ク　数量や図形、標識や文字などへの関心・感覚

　　遊びや生活の中で、数量や図形、標識や文字などに親しむ体験を重ねたり、標識や文字の役割に気付いたりし、自らの必要感に基づきこれらを活用し、興味や関心、感覚をもつようになる。

　ケ　言葉による伝え合い

　　保育士等や友達と心を通わせる中で、絵本や物語などに親しみながら、豊かな言葉や表現を身に付け、経験したことや考えたことなどを言葉で伝えたり、相手の話を注意して聞いたりし、言葉による伝え合いを楽しむようになる。

　コ　豊かな感性と表現

　　心を動かす出来事などに触れ感性を働かせる中で、様々な素材の特徴や表現の仕方などに気付き、感じたことや考えたことを自分で表現したり、友達同士で表現する過程を楽しんだりし、表現する喜びを味わい、意欲をもつようになる。

第2章　保育の内容

　この章に示す「ねらい」は、第1章の1の(2)に示された保育の目標をより具体化したものであり、子どもが保育所において、安定した生活を送り、充実した活動ができるように、保育を通じて育みたい資質・能力を、子どもの生活する姿から捉えたものである。また、「内容」は、「ねらい」を達成するために、子どもの生活やその状況に応じて保育士等が適切に行う事項と、保育士等が援助して子どもが環境に関わって経験する事項を示したものである。

　保育における「養護」とは、子どもの生命の保持及び情緒の安定を図るために保育士等が行う援助や関わりであり、「教育」とは、子どもが健やかに成長し、その活動がより豊かに展開されるための発達の援助である。本章では、保育士等が、「ねらい」及び「内容」を具体的に把握するため、主に教育に関わる側面からの視点を示しているが、実際の保育においては、養護と教育が一体となって展開されることに留意する必要がある。

1　乳児保育に関わるねらい及び内容

　(1)　基本的事項

　　ア　乳児期の発達については、視覚、聴覚などの感覚や、座る、はう、歩くなどの運動機能が著しく発達し、特定の大人との応答的な関わりを通じて、情緒的な絆が形成されるといった特徴がある。これらの発達の特徴を踏まえて、乳児保育は、愛情豊かに、応答的に行

われることが特に必要である。
(略)
　(2)　ねらい及び内容
(略)
　　イ　身近な人と気持ちが通じ合う
　　　受容的・応答的な関わりの下で、何かを伝えようとする意欲や身近な大人との信頼関係を育て、人と関わる力の基盤を培う。
　　　(ｱ)　ねらい
　　　　①　安心できる関係の下で、身近な人と共に過ごす喜びを感じる。
　　　　②　体の動きや表情、発声等により、保育士等と気持ちを通わせようとする。
　　　　③　身近な人と親しみ、関わりを深め、愛情や信頼感が芽生える。
　　　(ｲ)　内容
　　　　①　子どもからの働きかけを踏まえた、応答的な触れ合いや言葉がけによって、欲求が満たされ、安定感をもって過ごす。
　　　　②　体の動きや表情、発声、喃語等を優しく受け止めてもらい、保育士等とのやり取りを楽しむ。
　　　　③　生活や遊びの中で、自分の身近な人の存在に気付き、親しみの気持ちを表す。
　　　　④　保育士等による語りかけや歌いかけ、発声や喃語等への応答を通じて、言葉の理解や発語の意欲が育つ。
　　　　⑤　温かく、受容的な関わりを通じて、自分を肯定する気持ちが芽生える。
　　　(ｳ)　内容の取扱い
　　　　上記の取扱いに当たっては、次の事項に留意する必要がある。
　　　　①　保育士等との信頼関係に支えられて生活を確立していくことが人と関わる基盤となることを考慮して、子どもの多様な感情を受け止め、温かく受容的・応答的に関わり、一人一人に応じた適切な援助を行うようにすること。
　　　　②　身近な人に親しみをもって接し、自分の感情などを表し、それに相手が応答する言葉を聞くことを通して、次第に言葉が獲得されていくことを考慮して、楽しい雰囲気の中での保育士等との関わり合いを大切にし、ゆっくりと優しく話しかけるなど、積極的に言葉のやり取りを楽しむことができるようにすること。
　　ウ　身近なものと関わり感性が育つ
　　　身近な環境に興味や好奇心をもって関わり、感じたことや考えたことを表現する力の基盤を培う。
　　　(ｱ)　ねらい
　　　　①　身の回りのものに親しみ、様々なものに興味や関心をもつ。
　　　　②　見る、触れる、探索するなど、身近な環境に自分から関わろうとする。
　　　　③　身体の諸感覚による認識が豊かになり、表情や手足、体の動き等で表現する。
　　　(ｲ)　内容
　　　　①　身近な生活用具、玩具や絵本などが用意された中で、身の回りのものに対する興味や好奇心をもつ。
　　　　②　生活や遊びの中で様々なものに触れ、音、形、色、手触りなどに気付き、感覚の働きを豊かにする。
　　　　③　保育士等と一緒に様々な色彩や形のものや絵本などを見る。
　　　　④　玩具や身の回りのものを、つまむ、つかむ、たたく、引っ張るなど、手や指を使っ

⑤ 保育士等のあやし遊びに機嫌よく応じたり、歌やリズムに合わせて手足や体を動かして楽しんだりする。
(ウ) 内容の取扱い
上記の取扱いに当たっては、次の事項に留意する必要がある。
① 玩具などは、音質、形、色、大きさなど子どもの発達状態に応じて適切なものを選び、その時々の子どもの興味や関心を踏まえるなど、遊びを通して感覚の発達が促されるものとなるように工夫すること。なお、安全な環境の下で、子どもが探索意欲を満たして自由に遊べるよう、身の回りのものについては、常に十分な点検を行うこと。
② 乳児期においては、表情、発声、体の動きなどで、感情を表現することが多いことから、これらの表現しようとする意欲を積極的に受け止めて、子どもが様々な活動を楽しむことを通して表現が豊かになるようにすること。

(略)

2 1歳以上3歳未満児の保育に関わるねらい及び内容

(1) 基本的事項

ア この時期においては、歩き始めから、歩く、走る、跳ぶなどへと、基本的な運動機能が次第に発達し、排泄の自立のための身体的機能も整うようになる。つまむ、めくるなどの指先の機能も発達し、食事、衣類の着脱なども、保育士等の援助の下で自分で行うようになる。発声も明瞭になり、語彙も増加し、自分の意思や欲求を言葉で表出できるようになる。このように自分でできることが増えてくる時期であることから、保育士等は、子どもの生活の安定を図りながら、自分でしようとする気持ちを尊重し、温かく見守るとともに、愛情豊かに、応答的に関わることが必要である。

(略)

(2) ねらい及び内容

ア 健康（略）
イ 人間関係（略）
ウ 環境（略）
エ 言葉

経験したことや考えたことなどを自分なりの言葉で表現し、相手の話す言葉を聞こうとする意欲や態度を育て、言葉に対する感覚や言葉で表現する力を養う。

(ア) ねらい
① 言葉遊びや言葉で表現する楽しさを感じる。
② 人の言葉や話などを聞き、自分でも思ったことを伝えようとする。
③ 絵本や物語等に親しむとともに、言葉のやり取りを通じて身近な人と気持ちを通わせる。

(イ) 内容
① 保育士等の応答的な関わりや話しかけにより、自ら言葉を使おうとする。
② 生活に必要な簡単な言葉に気付き、聞き分ける。
③ 親しみをもって日常の挨拶に応じる。
④ 絵本や紙芝居を楽しみ、簡単な言葉を繰り返したり、模倣をしたりして遊ぶ。
⑤ 保育士等とごっこ遊びをする中で、言葉のやり取りを楽しむ。
⑥ 保育士等を仲立ちとして、生活や遊びの中で友達との言葉のやり取りを楽しむ。
⑦ 保育士等や友達の言葉や話に興味や関心をもって、聞いたり、話したりする。

(ウ) 内容の取扱い
　　上記の取扱いに当たっては、次の事項に留意する必要がある。
① 身近な人に親しみをもって接し、自分の感情などを伝え、それに相手が応答し、その言葉を聞くことを通して、次第に言葉が獲得されていくものであることを考慮して、楽しい雰囲気の中で保育士等との言葉のやり取りができるようにすること。
② 子どもが自分の思いを言葉で伝えるとともに、他の子どもの話などを聞くことを通して、次第に話を理解し、言葉による伝え合いができるようになるよう、気持ちや経験等の言語化を行うことを援助するなど、子ども同士の関わりの仲立ちを行うようにすること。
③ この時期は、片言から、二語文、ごっこ遊びでのやり取りができる程度へと、大きく言葉の習得が進む時期であることから、それぞれの子どもの発達の状況に応じて、遊びや関わりの工夫など、保育の内容を適切に展開することが必要であること。
オ　表現

3　3歳以上児の保育に関するねらい及び内容
(1) 基本的事項
ア　この時期においては、運動機能の発達により、基本的な動作が一通りできるようになるとともに、基本的な生活習慣もほぼ自立できるようになる。理解する語彙数が急激に増加し、知的興味や関心も高まってくる。仲間と遊び、仲間の中の一人という自覚が生じ、集団的な遊びや協同的な活動も見られるようになる。これらの発達の特徴を踏まえて、この時期の保育においては、個の成長と集団としての活動の充実が図られるようにしなければならない。
(略)
(2) ねらい及び内容
　ア　健康（略）
　イ　人間関係（略）
　ウ　環境（略）
　エ　言葉（略）
　　経験したことや考えたことなどを自分なりの言葉で表現し、相手の話す言葉を聞こうとする意欲や態度を育て、言葉に対する感覚や言葉で表現する力を養う。
(ｱ) ねらい
① 自分の気持ちを言葉で表現する楽しさを味わう。
② 人の言葉や話などをよく聞き、自分の経験したことや考えたことを話し、伝え合う喜びを味わう。
③ 日常生活に必要な言葉が分かるようになるとともに、絵本や物語などに親しみ、言葉に対する感覚を豊かにし、保育士等や友達と心を通わせる。
(ｲ) 内容
① 保育士等や友達の言葉や話に興味や関心をもち、親しみをもって聞いたり、話したりする。
② したり、見たり、聞いたり、感じたり、考えたりなどしたことを自分なりに言葉で表現する。
③ したいこと、してほしいことを言葉で表現したり、分からないことを尋ねたりする。
④ 人の話を注意して聞き、相手に分かるように話す。
⑤ 生活の中で必要な言葉が分かり、使う。

　　　　⑥　親しみをもって日常の挨拶をする。
　　　　⑦　生活の中で言葉の楽しさや美しさに気付く。
　　　　⑧　いろいろな体験を通じてイメージや言葉を豊かにする。
　　　　⑨　絵本や物語などに親しみ、興味をもって聞き、想像をする楽しさを味わう。
　　　　⑩　日常生活の中で、文字などで伝える楽しさを味わう。
　　（ｳ）　内容の取扱い
　　　　上記の取扱いに当たっては、次の事項に留意する必要がある。
　　　　①　言葉は、身近な人に親しみをもって接し、自分の感情や意志などを伝え、それに相手が応答し、その言葉を聞くことを通して次第に獲得されていくものであることを考慮して、子どもが保育士等や他の子どもと関わることにより心を動かされるような体験をし、言葉を交わす喜びを味わえるようにすること。
　　　　②　子どもが自分の思いを言葉で伝えるとともに、保育士等や他の子どもなどの話を興味をもって注意して聞くことを通して次第に話を理解するようになっていき、言葉による伝え合いができるようにすること。
　　　　③　絵本や物語などで、その内容と自分の経験とを結び付けたり、想像を巡らせたりするなど、楽しみを十分に味わうことによって、次第に豊かなイメージをもち、言葉に対する感覚が養われるようにすること。
　　　　④　子どもが生活の中で、言葉の響きやリズム、新しい言葉や表現などに触れ、これらを使う楽しさを味わえるようにすること。その際、絵本や物語に親しんだり、言葉遊びなどをしたりすることを通して、言葉が豊かになるようにすること。
　　　　⑤　子どもが日常生活の中で、文字などを使いながら思ったことや考えたことを伝える喜びや楽しさを味わい、文字に対する興味や関心をもつようにすること。
　オ　表現（以下略）

平成29年3月31日告示

幼保連携型認定こども園教育・保育要領（抄）

第1章　総則

第1　幼保連携型認定こども園における教育及び保育の基本及び目標等

1　幼保連携型認定こども園における教育及び保育の基本

　　乳幼児期の教育及び保育は、子どもの健全な心身の発達を図りつつ生涯にわたる人格形成の基礎を培う重要なものであり、幼保連携型認定こども園における教育及び保育は、就学前の子どもに関する教育、保育等の総合的な提供の推進に関する法律（平成18年法律第77号。以下「認定こども園法」という。）第2条第7項に規定する目的及び第9条に掲げる目標を達成するため、乳幼児期全体を通して、その特性及び保護者や地域の実態を踏まえ、環境を通して行うものであることを基本とし、家庭や地域での生活を含めた園児の生活全体が豊かなものとなるように努めなければならない。

　　このため保育教諭等は、園児との信頼関係を十分に築き、園児が自ら安心して身近な環境に主体的に関わり、環境との関わり方や意味に気付き、これらを取り込もうとして、試行錯誤したり、考えたりするようになる幼児期の教育における見方・考え方を生かし、その活動が豊かに展開されるよう環境を整え、園児と共によりよい教育及び保育の環境を創造するように努めるものとする。これらを踏まえ、次に示す事項を重視して教育及び保育を行わなければならない。

(1)　乳幼児期は周囲への依存を基盤にしつつ自立に向かうものであることを考慮して、周囲との信頼関係に支えられた生活の中で、園児一人一人が安心感と信頼感をもっていろいろな活動に取り組む体験を十分に積み重ねられるようにすること。

(2)　乳幼児期においては生命の保持が図られ安定した情緒の下で自己を十分に発揮することにより発達に必要な体験を得ていくものであることを考慮して、園児の主体的な活動を促し、乳幼児期にふさわしい生活が展開されるようにすること。

(3)　乳幼児期における自発的な活動としての遊びは、心身の調和のとれた発達の基礎を培う重要な学習であることを考慮して、遊びを通しての指導を中心として第2章に示すねらいが総合的に達成されるようにすること。

(4)　乳幼児期における発達は、心身の諸側面が相互に関連し合い、多様な経過をたどって成し遂げられていくものであること、また、園児の生活経験がそれぞれ異なることなどを考慮して、園児一人一人の特性や発達の過程に応じ、発達の課題に即した指導を行うようにすること。

　　その際、保育教諭等は、園児の主体的な活動が確保されるよう、園児一人一人の行動の理解と予想に基づき、計画的に環境を構成しなければならない。この場合において、保育教諭等は、園児と人やものとの関わりが重要であることを踏まえ、教材を工夫し、物的・空間的環境を構成しなければならない。また、園児一人一人の活動の場面に応じて、様々な役割を果たし、その活動を豊かにしなければならない。

　　なお、幼保連携型認定こども園における教育及び保育は、園児が入園してから修了するまでの在園期間全体を通して行われるものであり、この章の第3に示す幼保連携型認定こども園として特に配慮すべき事項を十分に踏まえて行うものとする。

2　幼保連携型認定こども園における教育及び保育の目標

幼保連携型認定こども園は、家庭との連携を図りながら、この章の第1の1に示す幼保連携型認定こども園における教育及び保育の基本に基づいて一体的に展開される幼保連携型認定こども園における生活を通して、生きる力の基礎を育成するよう認定こども園法第9条に規定する幼保連携型認定こども園の教育及び保育の目標の達成に努めなければならない。幼保連携型認定こども園は、このことにより、義務教育及びその後の教育の基礎を培うとともに、子どもの最善の利益を考慮しつつ、その生活を保障し、保護者と共に園児を心身ともに健やかに育成するものとする。

　なお、認定こども園法第9条に規定する幼保連携型認定こども園の教育及び保育の目標については、発達や学びの連続性及び生活の連続性の観点から、小学校就学の始期に達するまでの時期を通じ、その達成に向けて努力すべき目当てとなるものであることから、満3歳未満の園児の保育にも当てはまることに留意するものとする。

3　幼保連携型認定こども園の教育及び保育において育みたい資質・能力及び「幼児期の終わりまでに育ってほしい姿」

(1)　幼保連携型認定こども園においては、生きる力の基礎を育むため、この章の1に示す幼保連携型認定こども園の教育及び保育の基本を踏まえ、次に掲げる資質・能力を一体的に育むよう努めるものとする。

　ア　豊かな体験を通じて、感じたり、気付いたり、分かったり、できるようになったりする「知識及び技能の基礎」

　イ　気付いたことや、できるようになったことなどを使い、考えたり、試したり、工夫したり、表現したりする「思考力、判断力、表現力等の基礎」

　ウ　心情、意欲、態度が育つ中で、よりよい生活を営もうとする「学びに向かう力、人間性等」

(2)　(1)に示す資質・能力は、第2章に示すねらい及び内容に基づく活動全体によって育むものである。

(3)　次に示す「幼児期の終わりまでに育ってほしい姿」は、第2章に示すねらい及び内容に基づく活動全体を通して資質・能力が育まれている園児の幼保連携型認定こども園修了時の具体的な姿であり、保育教諭等が指導を行う際に考慮するものである。

　ア　健康な心と体

　　　幼保連携型認定こども園における生活の中で、充実感をもって自分のやりたいことに向かって心と体を十分に働かせ、見通しをもって行動し、自ら健康で安全な生活をつくり出すようになる。

　イ　自立心

　　　身近な環境に主体的に関わり様々な活動を楽しむ中で、しなければならないことを自覚し、自分の力で行うために考えたり、工夫したりしながら、諦めずにやり遂げることで達成感を味わい、自信をもって行動するようになる。

　ウ　協同性

　　　友達と関わる中で、互いの思いや考えなどを共有し、共通の目的の実現に向けて、考えたり、工夫したり、協力したりし、充実感をもってやり遂げるようになる。

　エ　道徳性・規範意識の芽生え

　　　友達と様々な体験を重ねる中で、してよいことや悪いことが分かり、自分の行動を振り返ったり、友達の気持ちに共感したりし、相手の立場に立って行動するようになる。また、きまりを守る必要性が分かり、自分の気持ちを調整し、友達と折り合いを付けながら、きまりをつくったり、守ったりするようになる。

オ　社会生活との関わり

家族を大切にしようとする気持ちをもつとともに、地域の身近な人と触れ合う中で、人との様々な関わり方に気付き、相手の気持ちを考えて関わり、自分が役に立つ喜びを感じ、地域に親しみをもつようになる。また、幼保連携型認定こども園内外の様々な環境に関わる中で、遊びや生活に必要な情報を取り入れ、情報に基づき判断したり、情報を伝え合ったり、活用したりするなど、情報を役立てながら活動するようになるとともに、公共の施設を大切に利用するなどして、社会とのつながりなどを意識するようになる。

カ　思考力の芽生え

身近な事象に積極的に関わる中で、物の性質や仕組みなどを感じ取ったり、気付いたりし、考えたり、予想したり、工夫したりするなど、多様な関わりを楽しむようになる。また、友達の様々な考えに触れる中で、自分と異なる考えがあることに気付き、自ら判断したり、考え直したりするなど、新しい考えを生み出す喜びを味わいながら、自分の考えをよりよいものにするようになる。

キ　自然との関わり・生命尊重

自然に触れて感動する体験を通して、自然の変化などを感じ取り、好奇心や探究心をもって考え言葉などで表現しながら、身近な事象への関心が高まるとともに、自然への愛情や畏敬の念をもつようになる。また、身近な動植物に心を動かされる中で、生命の不思議さや尊さに気付き、身近な動植物への接し方を考え、命あるものとしていたわり、大切にする気持ちをもって関わるようになる。

ク　数量や図形、標識や文字などへの関心・感覚

遊びや生活の中で、数量や図形、標識や文字などに親しむ体験を重ねたり、標識や文字の役割に気付いたりし、自らの必要感に基づきこれらを活用し、興味や関心、感覚をもつようになる。

ケ　言葉による伝え合い

保育教諭等や友達と心を通わせる中で、絵本や物語などに親しみながら、豊かな言葉や表現を身に付け、経験したことや考えたことなどを言葉で伝えたり、相手の話を注意して聞いたりし、言葉による伝え合いを楽しむようになる。

コ　豊かな感性と表現

心を動かす出来事などに触れ感性を働かせる中で、様々な素材の特徴や表現の仕方などに気付き、感じたことや考えたことを自分で表現したり、友達同士で表現する過程を楽しんだりし、表現する喜びを味わい、意欲をもつようになる。

第2　教育及び保育の内容並びに子育ての支援等に関する全体的な計画等
 1　教育及び保育の内容並びに子育ての支援等に関する全体的な計画の作成等
　(1)　教育及び保育の内容並びに子育ての支援等に関する全体的な計画の役割

各幼保連携型認定こども園においては、教育基本法（平成18年法律第120号）、児童福祉法（昭和22年法律第164号）及び認定こども園法その他の法令並びにこの幼保連携型認定こども園教育・保育要領の示すところに従い、教育と保育を一体的に提供するため、創意工夫を生かし、園児の心身の発達と幼保連携型認定こども園、家庭及び地域の実態に即応した適切な教育及び保育の内容並びに子育ての支援等に関する全体的な計画を作成するものとする。

教育及び保育の内容並びに子育ての支援等に関する全体的な計画とは、教育と保育を一体的に捉え、園児の入園から修了までの在園期間の全体にわたり、幼保連携型認定こども

園の目標に向かってどのような過程をたどって教育及び保育を進めていくかを明らかにするものであり、子育ての支援と有機的に連携し、園児の園生活全体を捉え、作成する計画である。

　　各幼保連携型認定こども園においては、「幼児期の終わりまでに育ってほしい姿」を踏まえ教育及び保育の内容並びに子育ての支援等に関する全体的な計画を作成すること、その実施状況を評価して改善を図っていくこと、また実施に必要な人的又は物的な体制を確保するとともにその改善を図っていくことなどを通して、教育及び保育の内容並びに子育ての支援等に関する全体的な計画に基づき組織的かつ計画的に各幼保連携型認定こども園の教育及び保育活動の質の向上を図っていくこと（以下「カリキュラム・マネジメント」という。）に努めるものとする。

(2)　各幼保連携型認定こども園の教育及び保育の目標と教育及び保育の内容並びに子育ての支援等に関する全体的な計画の作成

　　教育及び保育の内容並びに子育ての支援等に関する全体的な計画の作成に当たっては、幼保連携型認定こども園の教育及び保育において育みたい資質・能力を踏まえつつ、各幼保連携型認定こども園の教育及び保育の目標を明確にするとともに、教育及び保育の内容並びに子育ての支援等に関する全体的な計画の作成についての基本的な方針が家庭や地域とも共有されるよう努めるものとする。

(3)　教育及び保育の内容並びに子育ての支援等に関する全体的な計画の作成上の基本的事項

　ア　幼保連携型認定こども園における生活の全体を通して第2章に示すねらいが総合的に達成されるよう、教育課程に係る教育期間や園児の生活経験や発達の過程などを考慮して具体的なねらいと内容を組織するものとする。この場合においては、特に、自我が芽生え、他者の存在を意識し、自己を抑制しようとする気持ちが生まれるなどの乳幼児期の発達の特性を踏まえ、入園から修了に至るまでの長期的な視野をもって充実した生活が展開できるように配慮するものとする。

　イ　幼保連携型認定こども園の満3歳以上の園児の教育課程に係る教育週数は、特別の事情のある場合を除き、39週を下ってはならない。

　ウ　幼保連携型認定こども園の1日の教育課程に係る教育時間は、4時間を標準とする。ただし、園児の心身の発達の程度や季節などに適切に配慮するものとする。

　エ　幼保連携型認定こども園の保育を必要とする子どもに該当する園児に対する教育及び保育の時間（満3歳以上の保育を必要とする子どもに該当する園児については、この章の第2の1の(3)ウに規定する教育時間を含む。）は、1日につき8時間を原則とし、園長がこれを定める。ただし、その地方における園児の保護者の労働時間その他家庭の状況等を考慮するものとする。

(4)　教育及び保育の内容並びに子育ての支援等に関する全体的な計画の実施上の留意事項

　　各幼保連携型認定こども園においては、園長の方針の下に、園務分掌に基づき保育教諭等職員が適切に役割を分担しつつ、相互に連携しながら、教育及び保育の内容並びに子育ての支援等に関する全体的な計画や指導の改善を図るものとする。また、各幼保連携型認定こども園が行う教育及び保育等に係る評価については、教育及び保育の内容並びに子育ての支援等に関する全体的な計画の作成、実施、改善が教育及び保育活動や園運営の中核となることを踏まえ、カリキュラム・マネジメントと関連付けながら実施するよう留意するものとする。

(5)　小学校教育との接続に当たっての留意事項

ア　幼保連携型認定こども園においては、その教育及び保育が、小学校以降の生活や学習の基盤の育成につながることに配慮し、乳幼児期にふさわしい生活を通して、創造的な思考や主体的な生活態度などの基礎を培うようにするものとする。
　　イ　幼保連携型認定こども園の教育及び保育において育まれた資質・能力を踏まえ、小学校教育が円滑に行われるよう、小学校の教師との意見交換や合同の研究の機会などを設け、「幼児期の終わりまでに育ってほしい姿」を共有するなど連携を図り、幼保連携型認定こども園における教育及び保育と小学校教育との円滑な接続を図るよう努めるものとする。
2　指導計画の作成と園児の理解に基づいた評価
　(1)　指導計画の考え方
　　　幼保連携型認定こども園における教育及び保育は、園児が自ら意欲をもって環境と関わることによりつくり出される具体的な活動を通して、その目標の達成を図るものである。
　　　幼保連携型認定こども園においてはこのことを踏まえ、乳幼児期にふさわしい生活が展開され、適切な指導が行われるよう、調和のとれた組織的、発展的な指導計画を作成し、園児の活動に沿った柔軟な指導を行わなければならない。
　(2)　指導計画の作成上の基本的事項
　　ア　指導計画は、園児の発達に即して園児一人一人が乳幼児期にふさわしい生活を展開し、必要な体験を得られるようにするために、具体的に作成するものとする。
　　イ　指導計画の作成に当たっては、次に示すところにより、具体的なねらい及び内容を明確に設定し、適切な環境を構成することなどにより活動が選択・展開されるようにするものとする。
　　　(ｱ)　具体的なねらい及び内容は、幼保連携型認定こども園の生活における園児の発達の過程を見通し、園児の生活の連続性、季節の変化などを考慮して、園児の興味や関心、発達の実情などに応じて設定すること。
　　　(ｲ)　環境は、具体的なねらいを達成するために適切なものとなるように構成し、園児が自らその環境に関わることにより様々な活動を展開しつつ必要な体験を得られるようにすること。その際、園児の生活する姿や発想を大切にし、常にその環境が適切なものとなるようにすること。
　　　(ｳ)　園児の行う具体的な活動は、生活の流れの中で様々に変化するものであることに留意し、園児が望ましい方向に向かって自ら活動を展開していくことができるよう必要な援助をすること。
　　　　その際、園児の実態及び園児を取り巻く状況の変化などに即して指導の過程についての評価を適切に行い、常に指導計画の改善を図るものとする。
　(3)　指導計画の作成上の留意事項
　　　指導計画の作成に当たっては、次の事項に留意するものとする。
　　ア　園児の生活は、入園当初の一人一人の遊びや保育教諭等との触れ合いを通して幼保連携型認定こども園の生活に親しみ、安定していく時期から、他の園児との関わりの中で園児の主体的な活動が深まり、園児が互いに必要な存在であることを認識するようになる。その後、園児同士や学級全体で目的をもって協同して幼保連携型認定こども園の生活を展開し、深めていく時期などに至るまでの過程を様々に経ながら広げられていくものである。これらを考慮し、活動がそれぞれの時期にふさわしく展開されるようにすること。
　　　　また、園児の入園当初の教育及び保育に当たっては、既に在園している園児に不安や

動揺を与えないようにしつつ、可能な限り個別的に対応し、園児が安定感を得て、次第に幼保連携型認定こども園の生活になじんでいくよう配慮すること。
イ　長期的に発達を見通した年、学期、月などにわたる長期の指導計画やこれとの関連を保ちながらより具体的な園児の生活に即した週、日などの短期の指導計画を作成し、適切な指導が行われるようにすること。特に、週、日などの短期の指導計画については、園児の生活のリズムに配慮し、園児の意識や興味の連続性のある活動が相互に関連して幼保連携型認定こども園の生活の自然な流れの中に組み込まれるようにすること。
ウ　園児が様々な人やものとの関わりを通して、多様な体験をし、心身の調和のとれた発達を促すようにしていくこと。その際、園児の発達に即して主体的・対話的で深い学びが実現するようにするとともに、心を動かされる体験が次の活動を生み出すことを考慮し、一つ一つの体験が相互に結び付き、幼保連携型認定こども園の生活が充実するようにすること。
エ　言語に関する能力の発達と思考力等の発達が関連していることを踏まえ、幼保連携型認定こども園における生活全体を通して、園児の発達を踏まえた言語環境を整え、言語活動の充実を図ること。
オ　園児が次の活動への期待や意欲をもつことができるよう、園児の実態を踏まえながら、保育教諭等や他の園児と共に遊びや生活の中で見通しをもったり、振り返ったりするよう工夫すること。
カ　行事の指導に当たっては、幼保連携型認定こども園の生活の自然な流れの中で生活に変化や潤いを与え、園児が主体的に楽しく活動できるようにすること。なお、それぞれの行事については教育及び保育における価値を十分検討し、適切なものを精選し、園児の負担にならないようにすること。
キ　乳幼児期は直接的な体験が重要であることを踏まえ、視聴覚教材やコンピュータなど情報機器を活用する際には、幼保連携型認定こども園の生活では得難い体験を補完するなど、園児の体験との関連を考慮すること。
ク　園児の主体的な活動を促すためには、保育教諭等が多様な関わりをもつことが重要であることを踏まえ、保育教諭等は、理解者、共同作業者など様々な役割を果たし、園児の情緒の安定や発達に必要な豊かな体験が得られるよう、活動の場面に応じて、園児の人権や園児一人一人の個人差等に配慮した適切な指導を行うようにすること。
ケ　園児の行う活動は、個人、グループ、学級全体などで多様に展開されるものであることを踏まえ、幼保連携型認定こども園全体の職員による協力体制を作りながら、園児一人一人が興味や欲求を十分に満足させるよう適切な援助を行うようにすること。
コ　園児の生活は、家庭を基盤として地域社会を通じて次第に広がりをもつものであることに留意し、家庭との連携を十分に図るなど、幼保連携型認定こども園における生活が家庭や地域社会と連続性を保ちつつ展開されるようにするものとする。その際、地域の自然、高齢者や異年齢の子どもなどを含む人材、行事や公共施設などの地域の資源を積極的に活用し、園児が豊かな生活体験を得られるように工夫するものとする。また、家庭との連携に当たっては、保護者との情報交換の機会を設けたり、保護者と園児との活動の機会を設けたりなどすることを通じて、保護者の乳幼児期の教育及び保育に関する理解が深まるよう配慮するものとする。
サ　地域や幼保連携型認定こども園の実態等により、幼保連携型認定こども園間に加え、幼稚園、保育所等の保育施設、小学校、中学校、高等学校及び特別支援学校などとの間の連携や交流を図るものとする。特に、小学校教育との円滑な接続のため、幼保連携型

認定こども園の園児と小学校の児童との交流の機会を積極的に設けるようにするものとする。また、障害のある園児児童生徒との交流及び共同学習の機会を設け、共に尊重し合いながら協働して生活していく態度を育むよう努めるものとする。
(略)
3 特別な配慮を必要とする園児への指導
　(1) 障害のある園児などへの指導
　　障害のある園児などへの指導に当たっては、集団の中で生活することを通して全体的な発達を促していくことに配慮し、適切な環境の下で、障害のある園児が他の園児との生活を通して共に成長できるよう、特別支援学校などの助言又は援助を活用しつつ、個々の園児の障害の状態などに応じた指導内容や指導方法の工夫を組織的かつ計画的に行うものとする。また、家庭、地域及び医療や福祉、保健等の業務を行う関係機関との連携を図り、長期的な視点で園児への教育及び保育的支援を行うために、個別の教育及び保育支援計画を作成し活用することに努めるとともに、個々の園児の実態を的確に把握し、個別の指導計画を作成し活用することに努めるものとする。
　(2) 海外から帰国した園児や生活に必要な日本語の習得に困難のある園児の幼保連携型認定こども園の生活への適応
　　海外から帰国した園児や生活に必要な日本語の習得に困難のある園児については、安心して自己を発揮できるよう配慮するなど個々の園児の実態に応じ、指導内容や指導方法の工夫を組織的かつ計画的に行うものとする。

第3　幼保連携型認定こども園として特に配慮すべき事項
　幼保連携型認定こども園における教育及び保育を行うに当たっては、次の事項について特に配慮しなければならない。
1 当該幼保連携型認定こども園に入園した年齢により集団生活の経験年数が異なる園児がいることに配慮する等、0歳から小学校就学前までの一貫した教育及び保育を園児の発達や学びの連続性を考慮して展開していくこと。特に満3歳以上については入園する園児が多いことや同一学年の園児で編制される学級の中で生活することなどを踏まえ、家庭や他の保育施設等との連携や引継ぎを円滑に行うとともに、環境の工夫をすること。
2 園児の一日の生活の連続性及びリズムの多様性に配慮するとともに、保護者の生活形態を反映した園児の在園時間の長短、入園時期や登園日数の違いを踏まえ、園児一人一人の状況に応じ、教育及び保育の内容やその展開について工夫をすること。特に入園及び年度当初においては、家庭との連携の下、園児一人一人の生活の仕方やリズムに十分に配慮して一日の自然な生活の流れをつくり出していくようにすること。
3 環境を通して行う教育及び保育の活動の充実を図るため、幼保連携型認定こども園における教育及び保育の環境の構成に当たっては、乳幼児期の特性及び保護者や地域の実態を踏まえ、次の事項に留意すること。
　(1) 0歳から小学校就学前までの様々な年齢の園児の発達の特性を踏まえ、満3歳未満の園児については特に健康、安全や発達の確保を十分に図るとともに、満3歳以上の園児については同一学年の園児で編制される学級による集団活動の中で遊びを中心とする園児の主体的な活動を通して発達や学びを促す経験が得られるよう工夫をすること。特に、満3歳以上の園児同士が共に育ち、学び合いながら、豊かな体験を積み重ねることができるよう工夫をすること。
　(2) 在園時間が異なる多様な園児がいることを踏まえ、園児の生活が安定するよう、家庭や地域、幼保連携型認定こども園における生活の連続性を確保するとともに、一日の生活

のリズムを整えるよう工夫をすること。特に満3歳未満の園児については睡眠時間等の個人差に配慮するとともに、満3歳以上の園児については集中して遊ぶ場と家庭的な雰囲気の中でくつろぐ場との適切な調和等の工夫をすること。
(3) 家庭や地域において異年齢の子どもと関わる機会が減少していることを踏まえ、満3歳以上の園児については、学級による集団活動とともに、満3歳未満の園児を含む異年齢の園児による活動を、園児の発達の状況にも配慮しつつ適切に組み合わせて設定するなどの工夫をすること。
(4) 満3歳以上の園児については、特に長期的な休業中、園児が過ごす家庭や園などの生活の場が異なることを踏まえ、それぞれの多様な生活経験が長期的な休業などの終了後等の園生活に生かされるよう工夫をすること。

4 指導計画を作成する際には、この章に示す指導計画の作成上の留意事項を踏まえるとともに、次の事項にも特に配慮すること。
(1) 園児の発達の個人差、入園した年齢の違いなどによる集団生活の経験年数の差、家庭環境等を踏まえ、園児一人一人の発達の特性や課題に十分留意すること。特に満3歳未満の園児については、大人への依存度が極めて高い等の特性があることから、個別的な対応を図ること。また、園児の集団生活への円滑な接続について、家庭等との連携及び協力を図る等十分留意すること。
(2) 園児の発達の連続性を考慮した教育及び保育を展開する際には、次の事項に留意すること。
　ア 満3歳未満の園児については、園児一人一人の生育歴、心身の発達、活動の実態等に即して、個別的な計画を作成すること。
　イ 満3歳以上の園児については、個の成長と、園児相互の関係や協同的な活動が促されるよう考慮すること。
　ウ 異年齢で構成されるグループ等での指導に当たっては、園児一人一人の生活や経験、発達の過程などを把握し、適切な指導や環境の構成ができるよう考慮すること。
(3) 一日の生活のリズムや在園時間が異なる園児が共に過ごすことを踏まえ、活動と休息、緊張感と解放感等の調和を図るとともに、園児に不安や動揺を与えないようにする等の配慮を行うこと。その際、担当の保育教諭等が替わる場合には、園児の様子等引継ぎを行い、十分な連携を図ること。
(4) 午睡は生活のリズムを構成する重要な要素であり、安心して眠ることのできる安全な午睡環境を確保するとともに、在園時間が異なることや、睡眠時間は園児の発達の状況や個人によって差があることから、一律とならないよう配慮すること。
(5) 長時間にわたる教育及び保育については、園児の発達の過程、生活のリズム及び心身の状態に十分配慮して、保育の内容や方法、職員の協力体制、家庭との連携などを指導計画に位置付けること。

5 生命の保持や情緒の安定を図るなど養護の行き届いた環境の下、幼保連携型認定こども園における教育及び保育を展開すること。
(1) 園児一人一人が、快適にかつ健康で安全に過ごせるようにするとともに、その生理的欲求が十分に満たされ、健康増進が積極的に図られるようにするため、次の事項に留意すること。
　ア 園児一人一人の平常の健康状態や発育及び発達の状態を的確に把握し、異常を感じる場合は、速やかに適切に対応すること。
　イ 家庭との連携を密にし、学校医等との連携を図りながら、園児の疾病や事故防止に関

する認識を深め、保健的で安全な環境の維持及び向上に努めること。
- ウ 清潔で安全な環境を整え、適切な援助や応答的な関わりを通して、園児の生理的欲求を満たしていくこと。また、家庭と協力しながら、園児の発達の過程等に応じた適切な生活のリズムがつくられていくようにすること。
- エ 園児の発達の過程等に応じて、適度な運動と休息をとることができるようにすること。また、食事、排泄、睡眠、衣類の着脱、身の回りを清潔にすることなどについて、園児が意欲的に生活できるよう適切に援助すること。

(2) 園児一人一人が安定感をもって過ごし、自分の気持ちを安心して表すことができるようにするとともに、周囲から主体として受け止められ主体として育ち、自分を肯定する気持ちが育まれていくようにし、くつろいで共に過ごし、心身の疲れが癒やされるようにするため、次の事項に留意すること。
- ア 園児一人一人の置かれている状態や発達の過程などを的確に把握し、園児の欲求を適切に満たしながら、応答的な触れ合いや言葉掛けを行うこと。
- イ 園児一人一人の気持ちを受容し、共感しながら、園児との継続的な信頼関係を築いていくこと。
- ウ 保育教諭等との信頼関係を基盤に、園児一人一人が主体的に活動し、自発性や探索意欲などを高めるとともに、自分への自信をもつことができるよう成長の過程を見守り、適切に働き掛けること。
- エ 園児一人一人の生活のリズム、発達の過程、在園時間などに応じて、活動内容のバランスや調和を図りながら、適切な食事や休息がとれるようにすること。

6 園児の健康及び安全は、園児の生命の保持と健やかな生活の基本であり、幼保連携型認定こども園の生活全体を通して健康や安全に関する管理や指導、食育の推進等に十分留意すること。

7 保護者に対する子育ての支援に当たっては、この章に示す幼保連携型認定こども園における教育及び保育の基本及び目標を踏まえ、子どもに対する学校としての教育及び児童福祉施設としての保育並びに保護者に対する子育ての支援について相互に有機的な連携が図られるようにすること。また、幼保連携型認定こども園の目的の達成に資するため、保護者が子どもの成長に気付き子育ての喜びが感じられるよう、幼保連携型認定こども園の特性を生かした子育ての支援に努めること。

第2章 ねらい及び内容並びに配慮事項

この章に示すねらいは、幼保連携型認定こども園の教育及び保育において育みたい資質・能力を園児の生活する姿から捉えたものであり、内容は、ねらいを達成するために指導する事項である。各視点や領域は、この時期の発達の特徴を踏まえ、教育及び保育のねらい及び内容を乳幼児の発達の側面から、乳児は三つの視点として、幼児は五つの領域としてまとめ、示したものである。内容の取扱いは、園児の発達を踏まえた指導を行うに当たって留意すべき事項である。

各視点や領域に示すねらいは、幼保連携型認定こども園における生活の全体を通じ、園児が様々な体験を積み重ねる中で相互に関連をもちながら次第に達成に向かうものであること、内容は、園児が環境に関わって展開する具体的な活動を通して総合的に指導されるものであることに留意しなければならない。

また、「幼児期の終わりまでに育ってほしい姿」が、ねらい及び内容に基づく活動全体を通して資質・能力が育まれている園児の幼保連携型認定こども園修了時の具体的な姿であることを踏まえ、指導を行う際に考慮するものとする。

なお、特に必要な場合には、各視点や領域に示すねらいの趣旨に基づいて適切な、具体的な内容を工夫し、それを加えても差し支えないが、その場合には、それが第1章の第1に示す幼保連携型認定こども園の教育及び保育の基本及び目標を逸脱しないよう慎重に配慮する必要がある。

第1 乳児期の園児の保育に関するねらい及び内容

基本的事項
1 乳児期の発達については、視覚、聴覚などの感覚や、座る、はう、歩くなどの運動機能が著しく発達し、特定の大人との応答的な関わりを通じて、情緒的な絆が形成されるといった特徴がある。これらの発達の特徴を踏まえて、乳児期の園児の保育は、愛情豊かに、応答的に行われることが特に必要である。
（略）
ねらい及び内容
（略）
身近な人と気持ちが通じ合う
〔受容的・応答的な関わりの下で、何かを伝えようとする意欲や身近な大人との信頼関係を育て、人と関わる力の基盤を培う。〕
1 ねらい
　(1) 安心できる関係の下で、身近な人と共に過ごす喜びを感じる。
　(2) 体の動きや表情、発声等により、保育教諭等と気持ちを通わせようとする。
　(3) 身近な人と親しみ、関わりを深め、愛情や信頼感が芽生える。
2 内容
　(1) 園児からの働き掛けを踏まえた、応答的な触れ合いや言葉掛けによって、欲求が満たされ、安定感をもって過ごす。
　(2) 体の動きや表情、発声、喃語等を優しく受け止めてもらい、保育教諭等とのやり取りを楽しむ。
　(3) 生活や遊びの中で、自分の身近な人の存在に気付き、親しみの気持ちを表す。
　(4) 保育教諭等による語り掛けや歌い掛け、発声や喃語等への応答を通じて、言葉の理解や発語の意欲が育つ。
　(5) 温かく、受容的な関わりを通じて、自分を肯定する気持ちが芽生える。
3 内容の取扱い
　　上記の取扱いに当たっては、次の事項に留意する必要がある。
　(1) 保育教諭等との信頼関係に支えられて生活を確立していくことが人と関わる基盤となることを考慮して、園児の多様な感情を受け止め、温かく受容的・応答的に関わり、一人一人に応じた適切な援助を行うようにすること。
　(2) 身近な人に親しみをもって接し、自分の感情などを表し、それに相手が応答する言葉を聞くことを通して、次第に言葉が獲得されていくことを考慮して、楽しい雰囲気の中での保育教諭等との関わり合いを大切にし、ゆっくりと優しく話し掛けるなど、積極的に言葉のやり取りを楽しむことができるようにすること。

身近なものと関わり感性が育つ
〔身近な環境に興味や好奇心をもって関わり、感じたことや考えたことを表現する力の基盤を培う。〕
1 ねらい
　(1) 身の回りのものに親しみ、様々なものに興味や関心をもつ。
　(2) 見る、触れる、探索するなど、身近な環境に自分から関わろうとする。

(3) 身体の諸感覚による認識が豊かになり、表情や手足、体の動き等で表現する。
　2 内容
　　(1) 身近な生活用具、玩具や絵本などが用意された中で、身の回りのものに対する興味や好奇心をもつ。
　　(2) 生活や遊びの中で様々なものに触れ、音、形、色、手触りなどに気付き、感覚の働きを豊かにする。
　　(3) 保育教諭等と一緒に様々な色彩や形のものや絵本などを見る。
　　(4) 玩具や身の回りのものを、つまむ、つかむ、たたく、引っ張るなど、手や指を使って遊ぶ。
　　(5) 保育教諭等のあやし遊びに機嫌よく応じたり、歌やリズムに合わせて手足や体を動かして楽しんだりする。
　3 内容の取扱い
　　　上記の取扱いに当たっては、次の事項に留意する必要がある。
　　(1) 玩具などは、音質、形、色、大きさなど園児の発達状態に応じて適切なものを選び、その時々の園児の興味や関心を踏まえるなど、遊びを通して感覚の発達が促されるものとなるように工夫すること。なお、安全な環境の下で、園児が探索意欲を満たして自由に遊べるよう、身の回りのものについては常に十分な点検を行うこと。
　　(2) 乳児期においては、表情、発声、体の動きなどで、感情を表現することが多いことから、これらの表現しようとする意欲を積極的に受け止めて、園児が様々な活動を楽しむことを通して表現が豊かになるようにすること。

第2　満1歳以上満3歳未満の園児の保育に関するねらい及び内容
　基本的事項
　1　この時期においては、歩き始めから、歩く、走る、跳ぶなどへと、基本的な運動機能が次第に発達し、排泄の自立のための身体的機能も整うようになる。つまむ、めくるなどの指先の機能も発達し、食事、衣類の着脱なども、保育教諭等の援助の下で自分で行うようになる。発声も明瞭になり、語彙も増加し、自分の意思や欲求を言葉で表出できるようになる。このように自分でできることが増えてくる時期であることから、保育教諭等は、園児の生活の安定を図りながら、自分でしようとする気持ちを尊重し、温かく見守るとともに、愛情豊かに、応答的に関わることが必要である。
(略)
　ねらい及び内容
(略)
　健康（略）
　人間関係（略）
　環境（略）
　言葉
〔経験したことや考えたことなどを自分なりの言葉で表現し、相手の話す言葉を聞こうとする意欲や態度を育て、言葉に対する感覚や言葉で表現する力を養う。〕
　1 ねらい
　　(1) 言葉遊びや言葉で表現する楽しさを感じる。
　　(2) 人の言葉や話などを聞き、自分でも思ったことを伝えようとする。
　　(3) 絵本や物語等に親しむとともに、言葉のやり取りを通じて身近な人と気持ちを通わせる。
　2 内容

(1)　保育教諭等の応答的な関わりや話し掛けにより、自ら言葉を使おうとする。
　(2)　生活に必要な簡単な言葉に気付き、聞き分ける。
　(3)　親しみをもって日常の挨拶に応じる。
　(4)　絵本や紙芝居を楽しみ、簡単な言葉を繰り返したり、模倣をしたりして遊ぶ。
　(5)　保育教諭等とごっこ遊びをする中で、言葉のやり取りを楽しむ。
　(6)　保育教諭等を仲立ちとして、生活や遊びの中で友達との言葉のやり取りを楽しむ。
　(7)　保育教諭等や友達の言葉や話に興味や関心をもって、聞いたり、話したりする。
 3　内容の取扱い
　　上記の取扱いに当たっては、次の事項に留意する必要がある。
　(1)　身近な人に親しみをもって接し、自分の感情などを伝え、それに相手が応答し、その言葉を聞くことを通して、次第に言葉が獲得されていくものであることを考慮して、楽しい雰囲気の中で保育教諭等との言葉のやり取りができるようにすること。
　(2)　園児が自分の思いを言葉で伝えるとともに、他の園児の話などを聞くことを通して、次第に話を理解し、言葉による伝え合いができるようになるよう、気持ちや経験等の言語化を行うことを援助するなど、園児同士の関わりの仲立ちを行うようにすること。
　(3)　この時期は、片言から、二語文、ごっこ遊びでのやり取りができる程度へと、大きく言葉の習得が進む時期であることから、それぞれの園児の発達の状況に応じて、遊びや関わりの工夫など、保育の内容を適切に展開することが必要であること。
表現（略）

第3　満3歳以上の園児の教育及び保育に関するねらい及び内容
基本的事項
1　この時期においては、運動機能の発達により、基本的な動作が一通りできるようになるとともに、基本的な生活習慣もほぼ自立できるようになる。理解する語彙数が急激に増加し、知的興味や関心も高まってくる。仲間と遊び、仲間の中の一人という自覚が生じ、集団的な遊びや協同的な活動も見られるようになる。これらの発達の特徴を踏まえて、この時期の教育及び保育においては、個の成長と集団としての活動の充実が図られるようにしなければならない。
（略）
健康（略）
人間関係（略）
環境（略）
言葉
〔経験したことや考えたことなどを自分なりの言葉で表現し、相手の話す言葉を聞こうとする意欲や態度を育て、言葉に対する感覚や言葉で表現する力を養う。〕
 1　ねらい
　(1)　自分の気持ちを言葉で表現する楽しさを味わう。
　(2)　人の言葉や話などをよく聞き、自分の経験したことや考えたことを話し、伝え合う喜びを味わう。
　(3)　日常生活に必要な言葉が分かるようになるとともに、絵本や物語などに親しみ、言葉に対する感覚を豊かにし、保育教諭等や友達と心を通わせる。
 2　内容
　(1)　保育教諭等や友達の言葉や話に興味や関心をもち、親しみをもって聞いたり、話したりする。

(2) したり、見たり、聞いたり、感じたり、考えたりなどしたことを自分なりに言葉で表現する。
 (3) したいこと、してほしいことを言葉で表現したり、分からないことを尋ねたりする。
 (4) 人の話を注意して聞き、相手に分かるように話す。
 (5) 生活の中で必要な言葉が分かり、使う。
 (6) 親しみをもって日常の挨拶をする。
 (7) 生活の中で言葉の楽しさや美しさに気付く。
 (8) いろいろな体験を通じてイメージや言葉を豊かにする。
 (9) 絵本や物語などに親しみ、興味をもって聞き、想像をする楽しさを味わう。
 (10) 日常生活の中で、文字などで伝える楽しさを味わう。

3　内容の取扱い

上記の取扱いに当たっては、次の事項に留意する必要がある。

 (1) 言葉は、身近な人に親しみをもって接し、自分の感情や意志などを伝え、それに相手が応答し、その言葉を聞くことを通して次第に獲得されていくものであることを考慮して、園児が保育教諭等や他の園児と関わることにより心を動かされるような体験をし、言葉を交わす喜びを味わえるようにすること。
 (2) 園児が自分の思いを言葉で伝えるとともに、保育教諭等や他の園児などの話を興味をもって注意して聞くことを通して次第に話を理解するようになっていき、言葉による伝え合いができるようにすること。
 (3) 絵本や物語などで、その内容と自分の経験とを結び付けたり、想像を巡らせたりするなど、楽しみを十分に味わうことによって、次第に豊かなイメージをもち、言葉に対する感覚が養われるようにすること。
 (4) 園児が生活の中で、言葉の響きやリズム、新しい言葉や表現などに触れ、これらを使う楽しさを味わえるようにすること。その際、絵本や物語に親しんだり、言葉遊びなどをしたりすることを通して、言葉が豊かになるようにすること。
 (5) 園児が日常生活の中で、文字などを使いながら思ったことや考えたことを伝える喜びや楽しさを味わい、文字に対する興味や関心をもつようにすること。

表現

（以下略）

平成29年3月31日告示

小学校学習指導要領（抄）

第2章　各教科

第1節　国語

第1　目標

　言葉による見方・考え方を働かせ、言語活動を通して、国語で正確に理解し適切に表現する資質・能力を次のとおり育成することを目指す。
　(1)　日常生活に必要な国語について、その特質を理解し適切に使うことができるようにする。
　(2)　日常生活における人との関わりの中で伝え合う力を高め、思考力や想像力を養う。
　(3)　言葉がもつよさを認識するとともに、言語感覚を養い、国語の大切さを自覚し、国語を尊重してその能力の向上を図る態度を養う。

第2　各学年の目標及び内容

〔第1学年及び第2学年〕

1　目標
　(1)　日常生活に必要な国語の知識や技能を身に付けるとともに、我が国の言語文化に親しんだり理解したりすることができるようにする。
　(2)　順序立てて考える力や感じたり想像したりする力を養い、日常生活における人との関わりの中で伝え合う力を高め、自分の思いや考えをもつことができるようにする。
　(3)　言葉がもつよさを感じるとともに、楽しんで読書をし、国語を大切にして、思いや考えを伝え合おうとする態度を養う。

2　内容

〔知識及び技能〕

(1)　言葉の特徴や使い方に関する次の事項を身に付けることができるよう指導する。
　ア　言葉には、事物の内容を表す働きや、経験したことを伝える働きがあることに気付くこと。
　イ　音節と文字との関係、アクセントによる語の意味の違いなどに気付くとともに、姿勢や口形、発声や発音に注意して話すこと。
　ウ　長音、拗音、促音、撥音などの表記、助詞の「は」、「へ」及び「を」の使い方、句読点の打ち方、かぎ（「　」）の使い方を理解して文や文章の中で使うこと。また、平仮名及び片仮名を読み、書くとともに、片仮名で書く語の種類を知り、文や文章の中で使うこと。
　エ　第1学年においては、別表の学年別漢字配当表（以下「学年別漢字配当表」という。）の第1学年に配当されている漢字を読み、漸次書き、文や文章の中で使うこと。第2学年においては、学年別漢字配当表の第2学年までに配当されている漢字を読むこと。また、第1学年に配当されている漢字を書き、文や文章の中で使うとともに、第2学年に配当されている漢字を漸次書き、文や文章の中で使うこと。
　オ　身近なことを表す語句の量を増し、話や文章の中で使うとともに、言葉には意味による語句のまとまりがあることに気付き、語彙を豊かにすること。
　カ　文の中における主語と述語との関係に気付くこと。
　キ　丁寧な言葉と普通の言葉との違いに気を付けて使うとともに、敬体で書かれた文章に慣れること。

ク　語のまとまりや言葉の響きなどに気を付けて音読すること。
(2)　話や文章に含まれている情報の扱い方に関する次の事項を身に付けることができるよう指導する。
　　ア　共通、相違、事柄の順序など情報と情報との関係について理解すること。
(3)　我が国の言語文化に関する次の事項を身に付けることができるよう指導する。
　　ア　昔話や神話・伝承などの読み聞かせを聞くなどして、我が国の伝統的な言語文化に親しむこと。
　　イ　長く親しまれている言葉遊びを通して、言葉の豊かさに気付くこと。
　　ウ　書写に関する次の事項を理解し使うこと。
　　　(ア)　姿勢や筆記具の持ち方を正しくして書くこと。
　　　(イ)　点画の書き方や文字の形に注意しながら、筆順に従って丁寧に書くこと。
　　　(ウ)　点画相互の接し方や交わり方、長短や方向などに注意して、文字を正しく書くこと。
　　エ　読書に親しみ、いろいろな本があることを知ること。
〔思考力、判断力、表現力等〕
A　話すこと・聞くこと
(1)　話すこと・聞くことに関する次の事項を身に付けることができるよう指導する。
　　ア　身近なことや経験したことなどから話題を決め、伝え合うために必要な事柄を選ぶこと。
　　イ　相手に伝わるように、行動したことや経験したことに基づいて、話す事柄の順序を考えること。
　　ウ　伝えたい事柄や相手に応じて、声の大きさや速さなどを工夫すること。
　　エ　話し手が知らせたいことや自分が聞きたいことを落とさないように集中して聞き、話の内容を捉えて感想をもつこと。
　　オ　互いの話に関心をもち、相手の発言を受けて話をつなぐこと。
(2)　(1)に示す事項については、例えば、次のような言語活動を通して指導するものとする。
　　ア　紹介や説明、報告など伝えたいことを話したり、それらを聞いて声に出して確かめたり感想を述べたりする活動。
　　イ　尋ねたり応答したりするなどして、少人数で話し合う活動。
B　書くこと
(1)　書くことに関する次の事項を身に付けることができるよう指導する。
　　ア　経験したことや想像したことなどから書くことを見付け、必要な事柄を集めたり確かめたりして、伝えたいことを明確にすること。
　　イ　自分の思いや考えが明確になるように、事柄の順序に沿って簡単な構成を考えること。
　　ウ　語と語や文と文との続き方に注意しながら、内容のまとまりが分かるように書き表し方を工夫すること。
　　エ　文章を読み返す習慣を付けるとともに、間違いを正したり、語と語や文と文との続き方を確かめたりすること。
　　オ　文章に対する感想を伝え合い、自分の文章の内容や表現のよいところを見付けること。
(2)　(1)に示す事項については、例えば、次のような言語活動を通して指導するものとする。
　　ア　身近なことや経験したことを報告したり、観察したことを記録したりするなど、見聞きしたことを書く活動。
　　イ　日記や手紙を書くなど、思ったことや伝えたいことを書く活動。
　　ウ　簡単な物語をつくるなど、感じたことや想像したことを書く活動。

C　読むこと
　　(1)　読むことに関する次の事項を身に付けることができるよう指導する。
　　　ア　時間的な順序や事柄の順序などを考えながら、内容の大体を捉えること。
　　　イ　場面の様子や登場人物の行動など、内容の大体を捉えること。
　　　ウ　文章の中の重要な語や文を考えて選び出すこと。
　　　エ　場面の様子に着目して、登場人物の行動を具体的に想像すること。
　　　オ　文章の内容と自分の体験とを結び付けて、感想をもつこと。
　　　カ　文章を読んで感じたことや分かったことを共有すること。
　　(2)　(1)に示す事項については、例えば、次のような言語活動を通して指導するものとする。
　　　ア　事物の仕組みを説明した文章などを読み、分かったことや考えたことを述べる活動。
　　　イ　読み聞かせを聞いたり物語などを読んだりして、内容や感想などを伝え合ったり、演じたりする活動。
　　　ウ　学校図書館などを利用し、図鑑や科学的なことについて書いた本などを読み、分かったことなどを説明する活動。
(略)
第3　指導計画の作成と内容の取扱い
　1　指導計画の作成に当たっては、次の事項に配慮するものとする。
(略)
　　(7)　低学年においては、第1章総則の第2の4の(1)を踏まえ、他教科等との関連を積極的に図り、指導の効果を高めるようにするとともに、幼稚園教育要領等に示す幼児期の終わりまでに育ってほしい姿との関連を考慮すること。特に、小学校入学当初においては、生活科を中心とした合科的・関連的な指導や、弾力的な時間割の設定を行うなどの工夫をすること。
(以下略)

執筆者一覧

（所属等は2017年12月現在）

【編著者】

大越　和孝（おおごし かずたか）　東京家政大学大学院客員教授
安見　克夫（やすみ かつお）　東京成徳短期大学教授、
　　　　　　　　　　　　　　　板橋富士見幼稚園（東京都板橋区）園長
髙梨　珪子（たかなし けいこ）　高崎健康福祉大学教授
野上　秀子（のがみ ひでこ）　久我山幼稚園（東京都杉並区）園長
齋藤二三子（さいとう ふみこ）　幼児教育研究家

【執筆者】

大越　和孝　前掲
林　嘉瑞子　東京家政大学准教授
野口　隆子　東京家政大学准教授
宮　　絢子　前 東京家政大学准教授
安見　克夫　前掲
鍋島　惠美　京都光華女子大学教授
髙梨　珪子　前掲
小川香代子　みらい保育園（東京都武蔵村山市）園長
渡邉　　俊　群馬大学非常勤講師
森田満理子　埼玉県立大学講師
野上　秀子　前掲
畠山　範子　久我山幼稚園（東京都杉並区）教育カウンセラー
齋藤二三子　前掲
岸　　美桜　国際学院埼玉短期大学非常勤講師
小川　哲也　川崎ふたば幼稚園（神奈川県川崎市）園長

保育内容「言葉」
改訂新版　言葉とふれあい、言葉で育つ

2018（平成30）年 2 月 3 日　初版第 1 刷発行
2023（令和 5 ）年 3 月24日　初版第 3 刷発行

編著者：大越 和孝
　　　　安見 克夫
　　　　髙梨 珪子
　　　　野上 秀子
　　　　齋藤 二三子
発行者：錦織 圭之介
発行所：株式会社東洋館出版社
　　　　〒101-0054　東京都千代田区神田錦町2丁目9番地1号
　　　　　　　　　　コンフォール安田ビル2階
　　　　（代　　表）電話03-6778-4343　FAX03-5281-8091
　　　　（営業部）　電話03-6778-7278　FAX03-5281-8092
　　　　振替　00180-7-96823
　　　　URL　https://www.toyokan.co.jp

印刷・製本：藤原印刷株式会社
デザイン・イラスト：小林 亜希子

ISBN978-4-491-03434-8
Printed in Japan

JCOPY <㈳出版者著作権管理機構 委託出版物>

本書の無断複写は著作権法上での例外を除き禁じられています。複写される場合は、そのつど事前に、㈳出版者著作権管理機構（電話 03-5244-5088、FAX 03-5244-5089、e-mail：info@jcopy.or.jp）の許諾を得てください。